ND# 日本の危機言語

言語・方言の多様性と独自性

呉人 惠 編

iyayraykere……
ナンコイ
アメンデナー
建ツ/建ットル/健チョル
ワルガッタナ
オミオッケ
ザンメーヨーイ
オメデトゴザイモス
メンソーレー

北海道大学出版会

はじめに

　本書は，日本の言語・方言の多様性と独自性，その変容と衰退，さらには新たなアイデンティティの獲得の様相を，アイヌ語，本土方言，琉球語(あるいは琉球列島諸方言)という日本語標準語を越えたパースペクティブのなかで論じることを目的としている。

　日本語(標準語)は世界で第 8 位の話者数を誇る大言語であり，国語として認定される「安泰な safe」言語である。今や，標準語は日本全国津々浦々に浸透し，標準語が理解できない人はおそらくいない。しかし，日本にあるのは，標準語だけでも，日本語だけでもない。北にはアイヌ語という日本語とは系統を異にする言語があり，南には琉球語という本土の日本語と系統を同じくすることが証明されている唯一の言語がある。さらに，方言というレベルで言うならば，日本には北海道から九州まで多様な本土方言が分布している。日本語の方言は大きく，東日本方言，西日本方言，八丈方言，九州方言に分類され，さらにこれらの方言は極めて多くの下位方言に細分される。方言分類は日本語に限ったことではない。先に挙げたアイヌ語，琉球語にも方言があるが，とりわけ，琉球語は集落ごとに異なる方言を持つというその方言分岐の高さが際立っている。

　しかし，その一方で，これらの言語・方言は急速に衰退の方向に向かっている。折しも，2009 年 2 月 19 日，国連教育科学文化機関(ユネスコ)は世界で約 2,500 の言語が消滅の危機にさらされているとの調査結果を発表し，日本では，アイヌ語を極めて「深刻な状態にある」言語と指定した他，沖縄県の八重山語，与那国語を「重大な危険にある」言語に，沖縄語，国頭語(くにがみ)，宮古語，鹿児島県・奄美諸島の奄美語，東京都・八丈島などの八丈語を「危険」な言語と分類し，計 8 語を危機言語のリストに加えた(2009 年 2 月 20 日朝日新聞夕刊)。言語や方言の違いを看過して，「語」でひとくくりにしてしまっているその分類それ自体に問題はあるとしても，安泰といわれる標準語

の背後に，実は深刻な言語危機があることを指摘したこと自体は無視できない。

とはいえ，これらの言語や方言の今のステータスは，「正しくない汚いことば」として差別の対象となっていたかつてのそれとは違う。これらの多くは，残念ながら伝統的な形を保持しつつ，生活言語として世代継承される見込みはなくなってしまったが，その一方で，近年のフォークロリズムの流れの中で，ふるさと回帰のイメージや地域アイデンティティの形成手段としての地位を獲得しつつある。また，若者向けの方言本のブームなど，「方言のアクセサリー化」と言われるような現象は，方言が生活言語とは切り離されたところで我々のコミュニケーションに利用されるようになってきていることを物語っている。さらに，言語学の側面から言うならば，日本語方言学が，世界の言語に対して開かれたグローバルな視野を獲得することにより，標準語が「正しく整った美しいことば」などというのは幻想で，方言が時にはグローバル・スタンダードであることもあるのだという主張が堂々となされるようになっている。

以上のことから，今の日本は，言語や方言が，衰退と新たなアイデンティティの獲得という拮抗の中で危うくバランスを保っている状態にあるとも言える。その拮抗の振り子が，衰退の方向ではなく，保持の方向に大きく振り戻されるためには，今の日本の言語・方言の多様性の姿とその変容，さらに新たなアイデンティティの獲得の様相を正しく把握することが肝要かつ緊要である。そして，その研究成果を一般読者の方々にお示しすることは，日本の言語・方言の未来を占ううえでも極めて今日的な意義を有するものである。このような問題意識のもとに書かれたのが本書である。

本書は，なによりもまず，アイヌ語，日本語諸方言，琉球語研究のまさに第一線で活躍する優れた研究陣が一堂に会し執筆にたずさわったところに，最大の魅力がある。日本を北から南へと縦断する形で書かれた日本の言語の書はおそらくそれほど多くはあるまい。それだけではない。方言の書でありながら，日本語標準語研究者も執筆に参加し，方言が標準語研究に持つ意義を「内的対照」の重要性の角度から詳細かつ明快に示してくれている。加えて，日本を越え，世界の危機言語研究にたずさわってきた言語研究者が，よ

り広い視野から言語の多様性を保持することの重要性を訴えている。その意味で，これから日本の言語研究に踏み出そうとしている若手の研究者の方々，日本の言語の状況をより鳥瞰的に知りたいと思っている方々にとって，本書はまたとない手引書になってくれるはずである。

　本書は4部からなる。まず第Ⅰ部では，日本のなかの言語の多様性について概観するとともに現状の紹介をする。次に第Ⅱ部では各論に入り，日本の言語を北から南へと紹介していく。扱われる言語と方言は，アイヌ語，北海道方言，秋田方言，水海道方言，東京弁，八丈方言，宇和島方言，鹿児島方言，そして琉球語である。第Ⅲ部では日本語の標準語から方言の重要性が論じられ，第Ⅳ部では世界から見た言語の多様性保持の意義が語られる。

　さらに，本書には付録として，各言語・方言の挨拶ことば集CDが付されており，読者の方々は耳からも日本語の言語の多様性を実感できるようになっている。

　最後になるが，本書ができあがるまでにいただいたさまざまな方々からのあたたかいご協力とご理解に心から感謝したい。とりわけ，第Ⅱ部や付録CDの収録が，それぞれの執筆者が行ってきた調査で貴重な言語や方言の知識を惜しみなく伝授してくださった現地の方々の長期間のご協力とご理解がなければできなかったことはいうまでもない。以下に付録CDをふくめ，本書の完成に協力いただいた方々のお名前を五十音順に記して感謝の意を表したい(敬称略)。

麻生玲子・安達次郎・安保悦子・安保雄一・伊狩典子・池田フサ子・入佐一俊・大滝仁作・大友洋子・大貫司郎・沖山恒子・奥山熊雄・海江田和子・木原辰雄・小松茂樹・小松裕美子・粂田幸利・佐藤昭彦・佐藤公子・下地理則・白沢なべ・大良ソノエ・大良照雄・高橋保子・辻笑子・富山信一・富山セツ・中谷久左衛門・浜田広三・浜田順子・浜田セキノ・福田栄子・真坂マサヨ・松田喜三・皆川雅仁・宮島達夫・武藤祐浩・森尾照彦・柳是一・HT・IH・IK・KA・KH・KK・KN・KS・KT・MJ・OD・SS・SY・Ta・TT・TZ・UE・UM・USの各氏
秋田県教育委員会・常総市教育委員会・常総市社会福祉協議会・常総市立石

下中学校・常総市立石下西中学校・常総市立鬼怒中学校・常総市立水海道中学校・常総市立水海道西中学校・無明舎出版

　なお，本書の起案のきっかけとなったのは，2009年3月14日に開かれた日本言語学会「危機言語」小委員会企画の公開シンポジウム「日本のなかの危機言語：アイヌ語，琉球語，本土方言」(東京大学)である(私は当時，この小委員会の委員長として企画にたずさわった)。シンポジウムの講演者は，本書執筆者のうち，佐藤知己氏，日高水穂氏，西岡敏氏，角田太作氏の4名であった。しかし，この企画が北海道大学出版会の成田和男氏の目にとまり，出版を勧めていただくという幸運に恵まれたおかげで，さらに多くの執筆者をえて，本書として結実させることが可能となった。成田和男氏にはこのようなまたとない機会を与えてくださったことに心から感謝するとともに，その誠実で粘り強い編集に敬意を表したい。
　　　　2011年2月20日

呉人　惠

目次

はじめに　i

第Ⅰ部　日本の言語状況

日本の言語状況（佐々木　冠）　3

  1．日本国内の八つの危機言語　3
  2．新たに生じつつある多様性　7
  3．危機に瀕した言語を記録することの意義　10
  引用・参考文献　11

第Ⅱ部　独自性と現状

第1章　アイヌ語の研究（佐藤　知己）　15

  1．はじめに　15
  2．アイヌ語と私　16
  3．アイヌ語の「魔力」　19
  4．アイヌ語の研究を始めたころ　22
  5．アイヌ語の古文書の研究　23
  6．アイヌ語の実地調査について　24
  7．実地調査に基づいて論文を書く　27
  8．実地調査研究の意義と白沢さんとの別れ　29
  9．おむつとおつむ——大切なのは調査の後　31
  10．おわりに——アイヌ語研究の今後　35
  引用・参考文献　37

第2章　北海道方言——様々な本土方言の融合体(菅　泰雄)　39

　1．北海道方言の形成事情　39
　　　北海道の歴史と海岸方言・内陸方言　39／北海道方言研究の流れ　42
　2．移住と方言——徳島方言話者の例　44
　　　静内町・本別町と徳島方言　44／静内の親子二代のことば　51／地域社会の共同体と方言　54
　3．伝統的方言の消失と新方言　56
　　　方言カルタの俚言　56／北海道の新方言　58／新たな「方言の実験室」　62
　引用・参考文献　62

第3章　秋田方言——多様性を内包する「仮想方言」のダイナミクス
　　　　(日高　水穂)　65

　1．「方言」への根源的な問い　65
　2．「秋田方言」の実体化　67
　3．「秋田方言」の位置付け　69
　4．「秋田方言」の継承の現状　74
　5．「秋田弁危機」のメディア言説　78
　6．「地域性のインデックス」としての方言　79
　　　方言の社会的位置付けの変遷　80／「ふるさと資源」としての方言　82／B級グルメと方言　83
　7．「方言」の現代的な価値　85
　引用・参考文献　87
　日本海グロットグラム　88

第4章　水海道方言——標準語に近いのに遠い方言(佐々木　冠)　99

　1．はじめに　99
　2．形態統語論上の特徴——類型的有標性と無標性　101
　　　三つの連体修飾格　103／斜格主語固有の格形式　105／標準語よりも

「普通」のパターン　109
3．音韻的不透明性　112
関東的な音素目録と東北的な音韻プロセス　112／連濁，無声化，p→h，持続性の中和の不透明な相互作用の結果としての硬化　115／順列主義の部分的導入以外に解決策はなし　120／二つのレベルの存在の背後にあるもの　125
4．若年層における伝統方言の継承　126
5．まとめ　132
引用・参考文献　135

第5章　滅びゆく言語「東京弁」(秋永　一枝)　137

1．東京弁とは何か？　137
2．滅びつつあることば　140
3．衰退する訛り，衰退しない訛り　145
4．東京弁アクセントの減少　147
5．おわりに　150
引用・参考文献　150

第6章　八丈方言——古代東国方言のなごり(金田　章宏)　153

1．はじめに　153
基本データ　153／概要など　154
2．東国方言と関わる諸現象　154
形容詞のエ段連体形　154／動詞のオ段連体形　156／動詞のノマロ形　158／推量のナモ　160／語彙について　161／その他の古風な文法現象　163／独自の文法現象　166
3．今後の展望など　169
引用・参考文献　169

第7章 愛媛県宇和島方言の時間の捉え方——標準語の文法を相対化する視点（工藤 真由美） 171

1. 方言に体系的な文法はあるか　171
2. 方言から標準語の文法を考えるとどうなるか　172
3. 宇和島方言は英語とどのような共通性があるか　174
4. 整然とした方言アスペクトはどう形成されているか　175
5. 宇和島方言の動詞はどのようにグループ化されているか　177
6. 動的な出来事を特徴付ける時間的な性質とは何か　178
7. 方言の文法は何を提起するか　183

引用・参考文献　185

第8章 鹿児島方言——南端の難解な方言（木部 暢子） 187

1. 鹿児島方言の難解さ　187
2. 聞き取りにくさの実態　187
   母音が短くなる　187／音が詰まる　191
3. いつごろから聞き取りにくくなったのか　194
   ロシアにある薩摩語の資料　194／18世紀初頭の薩摩語の状況　196
4. 離島の方言　197
5. これからの鹿児島方言　200

引用・参考文献　202

第9章 琉球語——「シマ」ごとに異なる方言（西岡 敏） 203

1. 琉球語とは何か　203
   シマクトゥバ（島言葉）　203／琉球語の音声的特徴　207／北琉球方言群　208／南琉球方言群　211／首里方言における助詞「に」の表現法　213
2. 古代日本語とのつながり　215
3. 琉球語の危機　218
4. 琉球語の再活性化運動　224

引用・参考文献　228

第Ⅲ部　標準語から見る日本語の方言研究

標準語から見る日本語の方言研究（加藤　重広）　233

1. はじめに　233
2. 正しい日本語としての標準語　234
3. 標準語の重力と言語研究　240
4. 二重ヲ格制約の本質　247
5. 状態性述語のテイル化　252
6. 内的対照と見えにくい危機　256

引用・参考文献　260

第Ⅳ部　世界から見た日本語の多様性

世界から見た日本語の多様性（角田　太作）　265

1. はじめに　265
2. 日本語の共通語　266
   日本語の共通語(1)：普通の言語である側面　266／日本語の共通語(2)：珍しい言語である側面　269
3. 日本語の方言と琉球語の方言　271
   日本語の水海道方言（茨城県）　271／琉球語の波照間方言　272
4. 言語再活性化運動　274
5. 何を記録すべきか？　276

引用・参考文献　279

付録CDについて　281

　アイヌ語(佐藤　知己)　281
　北海道方言(菅　泰雄)　282
　秋田方言(日高　水穂)　285
　水海道方言(佐々木　冠)　293
　東京弁(秋永　一枝)　294
　八丈方言(金田　章宏)　295
　鹿児島方言(木部　暢子)　296
　琉球語(西岡　敏)　299
　索　引　305

第 I 部

日本の言語状況

日本の言語状況

佐々木　冠

　日本国内には縄文時代以来の長い年月をかけて培われてきた言語的多様性が存在する。日本語とアイヌ語の間には，語彙だけでなく，時制や態の体系そして抱合の有無をはじめとする文法構造に大きな違いがある。また，日本語の方言にも語彙と文法の両方に言語的多様性が見られる。アイヌ語は明治以来の差別と同化圧力のもと消滅の危機に瀕している。日本語は標準語に関しては安泰な言語と見なすことができるが，伝統方言は消滅の危機に瀕している。こうした言語的多様性を脅かす事態がある一方で，標準語の影響下に生じた新しい言語体系にも言語的多様性が生じている。日本国内の言語的多様性は，これからどうなっていくのだろうか。そして，消滅の危機に瀕した言語を記述・記録することが言語の消滅の危機に対して持つ意義は何か。

1. 日本国内の八つの危機言語

　2009年2月20日付の朝日新聞朝刊に「世界2500言語消滅危機，ユネスコ「日本は8語対象」」と題する記事が掲載された。この記事では，2月19日に日本国内のアイヌ語を含む八つの言語をユネスコが危機言語と認定したことが報じられている。八つの言語とは，アイヌ語，奄美語，沖縄語，国頭語，八丈語，宮古語，八重山語，与那国語である。ユネスコが危機言語と認定した言語は，次に示すインターネット上の地図で確認することができる。この地図では地域名称と言語名の両方で検索が可能である。

UNESCO Interactive Atlas of the World's Languages in Danger
http://www.unesco.org/culture/ich/index.php?pg=00206

　ユネスコが危機言語として認定した八つの言語のうちアイヌ語を除く七つの言語体系は日本語の本土方言と同系性を持つ。同系性とは，比較方法により共通の祖語に遡り得る関係を指す。アイヌ語を除く七つの言語体系は日本語の方言として位置づけられることもある。また，その中の六つの言語体系は琉球語の方言として位置づけられることもある。同系性を持つ言語体系を「言語」と見なすか「方言」と見なすかは，分類の基準に依存する。方言として分類されることもある言語体系を独立した「言語」として認定したいきさつについて記事では「これらの言語が日本で方言として扱われているのは認識しているが，国際的な基準だと独立の言語と扱うのが妥当と考えた」とのユネスコの担当者のコメントが紹介されている。「国際的な基準」は具体的には相互理解可能性を指すものと思われる。先ほど紹介した地図の情報源を示す欄(各言語の「Sources」のタブ)を見ると，アイヌ語と八丈島方言を除く「言語」の情報源として Heinrich(2005a, b)と Uemura(2003)が挙げられている。Heinrich(2005a)は，相互理解可能性を基準として琉球列島で話されるいくつかの言語体系について言語としての位置付けを与えている。ユネスコによる「言語」としての認定はこの分析を反映したものと考えられる。

　前述のユネスコの地図は，言語の危機の度合いを次の五つの段階で表している。

　(1)　危険な状態(unsafe)
　　　　確定的な危機状態(definitely endangered)
　　　　厳しい危機状態(severely endangered)
　　　　致命的な危機状態(critically endangered)
　　　　消滅(extinct)

　八つの言語の危機の度合いは，次の通りである。

　(2)　確定的な危機状態(奄美語，沖縄語，国頭語，宮古語，八丈語)
　　　　厳しい危機状態(八重山語，与那国語)
　　　　致命的な危機状態(アイヌ語)

UNESCO Ad Hoc Expert Group on Endangered Languages(2003)による

と，ユネスコは，以下に挙げる九つの基準に基づいて言語の危機の度合いを認定している　①世代間の言語の継承，②話者数，③全人口に占める話者の割合，④言語使用領域の変化，⑤新しい言語使用領域やメディアへの対応，⑥言語教育や文学への利用可能性，⑦政府などの当該言語に対する姿勢，⑧地域共同体の構成員が自分自身の言語に対して取っている態度，⑨記録の量と質。これらの基準の何に基づいて危機の度合いを決めたのか，前述の地図の情報欄には明確には示されていない。唯一示されている情報は話者数であるが，アイヌ語と八丈語以外の言語については不明となっている。また，話者数が明確に示されている場合でも，アイヌ語の15名という数値には議論の余地がありそうであるし，八丈語の8,000名という数値は当該地域の住民のほとんどがその言語を話すものと仮定して出したものである。金田(2001)は八丈方言の話者数について，「おおく見積もって数千人ていど，きびしい目でみれば数百ではないだろうか」と述べており，実際にはユネスコの認定した状態よりも厳しい状態である可能性がある。

　今回のユネスコの発表は，日本国内においてアイヌ語だけでなく従来日本語の方言とされてきた言語体系の中にも危機言語として認定し得るものがあるという認識を国際的な機関が示したものである。方言として認識されることの多い言語体系を言語として位置付けた点や危機の度合の認定方法については様々な異論があり得るだろう。しかし，ユネスコが列挙した八つの言語体系が程度の差はあれ，次世代への継承が困難な状況にある点は否定できない。アイヌ語に関しては，これまでも危機言語として認識されてきたし，残る七つの日本語の地域的変種も，伝統方言としてのそれに限定してみると，危機の状態にあるという認識は，これまで行われてきた研究からも裏付けられる。また，ユネスコの発表では取り上げられていないが，本土においても伝統方言は危機状態にあると考えられる(上野，2002参照)。

　アイヌ語や日本語の伝統方言が存続の危機にあるということは，日本列島において長い年月をかけてはぐくまれた多様性の喪失を意味する。日本列島で話されている言語は，地球規模で見れば構造的類縁性を示しているという見解も成り立つ。松本(2007)は，①/r/と/l/の区別がない点，②形容詞が動詞的である点，③数詞類別型である点，④代名詞のシステムなどを根拠に，

日本海を取り囲む地域で話されているニブフ語，アイヌ語，日本語，朝鮮語が類型的にグループ化できるとする見解を示している。ただし，この構造的類縁性は日本海を取り囲む地域の言語的多様性を否定するものではない。ニブフ語，アイヌ語，日本語，朝鮮語は，いずれも系統関係が不明の孤立語である。四つの言語の間には比較方法では系統関係が確立できないほどの差異がある。比較方法は原理的に6,000年以上前に分岐した言語間では適用できない。共有する単語の数があまりに少なくなり，比較が成立しなくなるからだ。日本海周辺の言語の多様性は少なくとも6,000年以上の時間をかけて培われたものである。

　日本語の本土方言と琉球語そして八丈語の間には，比較方法で確立される同系性はあるものの相互理解不可能な程度の差異がある。琉球語内部の方言間にも同様の差異がある。上村(2002)は琉球祖語と九州方言の祖語が分岐した時期について紀元前3世紀から8世紀までの間と推定している。八丈方言は，古代東国方言の特徴を残しており，上代語でさえ失いかけていた文法現象も保存している(金田，2001参照)。日本語の伝統的本土方言の場合，隣接する方言同士で理解可能である点で琉球語の方言の場合と異なるが，伝統的本土方言の場合でも遠隔地では方言間の相互理解可能性は低い。

　文法構造においても日本列島で話されている言語体系は多様である。複統合的(polysynthetic)なアイヌ語と膠着的(agglutinative)なそれ以外の言語は形態類型論上の性質が異なる。多様性は，時制やアスペクトといった意味的なカテゴリーのコード化にも見られる。日本語の多くの方言では，古典語の「たり」に遡る形態素と述語の終止形によって過去と非過去の対立を表す。一方，アイヌ語では述語の形態によって時制の対立を示さない。日本語には，進行と結果を一つの形式(「している」)で表す方言がある一方で，西日本には進行「しよる」と結果「しとる」を形態的に区別する方言が多く分布している(工藤・八亀，2008および本書第II部第7章参照)。また，格標示に関しても多様性を示す。主語と目的語の格標示に関してみると，アイヌ語が主語と目的語を名詞の形式で区別しない中立型であるのに対し，日本語の方言には対格型(自動詞主語＝他動詞主語≠目的語)が多い。対格型が多い日本語の方言の中も一様ではない。標準語のように格標示に名詞の意味内容が関係のない方言

もあるが，名詞が生き物を指すかどうかによって格形式が変わる方言もある。また，標準語のように間接目的語（「彼にそれを渡す」の「彼に」）と斜格主語（「僕にはわからない」の「僕に」）を同じ形式で表す方言がある一方で，これらを形態的に区別する方言もある（本書第II部第4章参照）。こうした文法的要素の多様性の言語類型論における意義については，第IV部を参照されたい。アクセントに関して，日本列島で話されている言語体系が多様性を示すことは日本語研究のごく初期から認識されており，日本語の方言において最も盛んに研究されるトピックである。多様性を示すアクセントの系統関係については，上野(2006)を参照。

　こうした多様性は，系統樹によって図式化される通時的な分岐と隣接する方言間の干渉によってもたらされた。方言の衰退を引き起こしている標準語の影響も，言語体系間の干渉と言えるが，地域的に隣接する方言同士の相互干渉ではない点で，伝統方言の形成過程で生じた相互干渉とは性質が異なる。地域的に隣接しない有力言語による少数言語への圧迫という点では，標準語の影響による伝統方言の衰退は世界各地で起こっている言語の危機と同じ構図で生じているといえる。

2. 新たに生じつつある多様性

　ユネスコが危機言語として認定した八つの言語や本土各地の伝統方言が消滅の危機に瀕していることは非常に長い時間をかけて培ってきた言語的多様性の損失を意味するが，そのことは同時に標準語による言語的均質性が日本列島を覆うことを意味するのだろうか。この二つはイコールではない。標準語の要素（語彙や形態素など）を受け入れつつ，日本語祖語からの分岐によって生じた言語的多様性を受け継ぎ，これまでとは異なったかたちの言語的多様性が現れてきていると考えられるからである。

　地方で人々が方言と意識せずに話している日本語には，表面的には標準語と共通点を持ちながら完全に標準語と同一ではなく，その地方独自の特徴を持つものがある。ネオ方言(真田, 1990)や変容方言(佐藤, 1996)と呼ばれる地域的な言語変種である。地方独自の特徴は，イントネーションやアクセント

といった音韻に現れる場合もあるし，形態や統語や語彙に現れる場合もある。

筆者は2007年からYahoo! APIを利用したプログラムでインターネット上の北海道方言の語形を収集する調査を行っている。その調査の中で，プロフィール欄に「方言の話せない北海道民」と自己紹介してあるブログで北海道方言を特徴づける形態法が含まれる文章を見つけた。具体的には次の文である。

 (3) 普通クレープは一枚の皮が何重にも巻かさってるから，もげることはまず無いんだよね。

コンビニエンスストアで購入したクレープに関する描写である。この文は格助詞や終助詞が標準語的である。「巻かさってる」という述語の形態法を見てみよう。「ている」が「てる」と縮約形になっているが，これは標準語でも見られる異形態である。一方，「巻く」から「巻かさる」を派生する形態法は，北海道方言を特徴づける形態法の一つである自発述語形成である[*1]。自発述語にはいくつかの用法があるが，この例は，テイル形が状態を表していることから逆使役用法と見ることができる[*2]。

この文の中では地方独自の要素はたった一つだが，自発述語形成という形態法の存在は類型的に見て決して小さなものではない。この文に現れた自発述語は逆使役用法である。逆使役は他動詞文の動作主を削除し，他動詞文の目的語を主語にする態である。他動性交替の類型論では，自動詞と他動詞のペアがある場合，自動詞が派生的になる傾向のある言語と他動詞が派生的になる傾向がある言語そして派生の方向性が双方向的である言語があることが知られている。Haspelmath(1993)は，標準語の語彙的な自他対応のデータをもとに，日本語を双方向的な言語に分類している。自他対応のサンプルに語彙的自他対応だけでなく生産的な形態法による派生も含めるならば，標準語は使役形態法の存在により他動詞化が好まれる言語に分類される。北海道

[*1] 接尾辞/rasar-/を使った自発述語形成は，北海道だけでなく北東北や栃木県などでも見られる形態法で，標準語には見られない形態法である。
[*2] 逆使役(anticausative)という概念はNedjalkov & Silnitsky(1973)によって提唱されたものである。

方言は，使役だけでなく(自発の一用法としての)逆使役の形態法も持つため，他動性交替の類型では標準語とは異なり，双方向的なタイプに分類できる。たった一つの文法要素の存在により，この文を生成した言語体系は他動性交替の類型で標準語と異なるタイプに属することになるのである。「方言の話せない北海道民」の言葉は，話者によって方言として認識されていないことから変容方言の一つと考えることができる。ここでは，伝統方言から継承した要素によって標準語と共通する要素が多い言語体系(変容方言)に言語的多様性が実現している。

　言語的多様性は標準語にない要素によってだけ実現されるわけではない。方言に取り入れられた標準語の要素によって言語的多様性が実現することもある。

　水谷・齊藤(2007)は，奄美大島の方言に取り入れられた標準語のとりたて詞「なんか」に関する研究である。この論文が明らかにしたところによると，奄美大島の方言に標準語から取り入れられた「なんか」には，標準語の「なんか」には見られない用法が存在する。具体的には，「なんか」により複数性を表す用法や，標準語で「とか」「やら」「でも」を使って例示を行う箇所で「なんか」を用いる用法である。そして，これらの用法は，標準語の「なんか」に対応する伝統方言のとりたて詞「ンキャ」の用法の影響によって説明できるという。奄美大島の「なんか」の例は，形態的に標準語と同一の要素でも伝統方言の影響により用法が異なってくる現象である。

　標準語から強い影響を受けた地域で話される言語体系が文法的多様性を呈しているありさまは，帝国主義的な膨張により世界中で話されるようになった結果，複数形(Englishes)で語られるようになった英語を思い起こさせる。地域で用いられる共通語が標準語と全く同じものではなくその地域固有の特徴を帯びたものであることが指摘されている(佐藤・米田，1999)。長い年月をかけて分岐と融合によって形作られてきた伝統的な言語的多様性は日本列島から失われつつある。一方，伝統方言は，標準語の強い影響のもとで現在生じつつある地域的変異に現れる言語的多様性の一つの要因として機能している。日本列島の言語的多様性は，位相を変えて存在していくことになると考えられる。

3. 危機に瀕した言語を記録することの意義

　言語は，それを話す人々の文化と環境の認識を反映している。宮岡(2002)によれば，言語的多様性の背景にはこのような言語の性質があるという。言語の消滅の危機は，長い時間をかけて培われてきた文化遺産の消失を意味する。ユネスコによる八つの危機言語の認定により，あらためてアイヌ語と伝統方言の消滅の危機がクローズアップされた。これらの言語体系の消滅は，日本列島において縄文時代以来長い年月をかけて培われてきた文化遺産の消失を意味する。

　現在日本国内で生じつつある言語的多様性の背後には伝統方言の存在がある。このことは，日本語の場合，長い年月をかけて培われてきた言語的多様性が位相を変えて継承されていく可能性があることを示唆する。伝統方言の記述と記録は，伝統方言を生じさせた文化と環境認識を理解する上で重要である。そして，現在生じつつある多様性を正しく理解するためにも重要である。

　アイヌ語の場合，現在生じつつある言語的多様性にその言語特徴が継承されていないため，消滅の危機の性質は日本語の伝統方言の場合と異なる。危機は，位相を変えたかたちでの継承もない完全な消滅の危険性として存在している。消滅の危機に瀕した言語は，永遠に失われるとは限らない。世界各地で維持・復興の取り組みがなされている。そして言語の維持・復興には広いジャンルをカバーする豊富な記録が必要である(角田, 2006 参照)。言語の記述と記録は維持・復興に不可欠な材料を確保する上で必要である。

　言語は母語話者の集団にとって伝達や認識の手段であると同時にアイデンティティーの証でもある。アイヌ語と伝統方言が消滅の危機に瀕していることは，これらの言語体系を話していた言語共同体に対して不当な差別があった(そして，今もある)ことを示すものである。差別はする側が態度を変えない限りなくならない。言語の消滅の危機が問題になるということは，差別する側の人間がその不当性を認識し始めたことの兆候である。多数者とは異なる言語を話す人々を尊重する傾向が強まることを期待したい。

[引用・参考文献]
Haspelmath, Martin. 1993. More on the typology of inchoative/causative alternations. In: Bernard Comrie & Maria Polinsky (eds.), *Causatives and Transitivity*. 87-120. Amsterdam: John Benjamins Publishing Company.
Heinrich, Patrick. 2005a. Language loss and revitalization in the Ryukyu Islands. http://japanfocus.org/products/topdf/1596
Heinrich, Patrick. 2005b. What leaves a mark should no longer stain: Progressive erasure and reversing language shift activities in the Ryukyu Islands. http://www.sicri.org/ISIC1/j.%20ISIC1P%20Heinrich.pdf
金田章宏. 2001.『八丈方言動詞の基礎研究』笠間書院.
工藤真由美・八亀裕美. 2008.『複数の日本語：方言からはじめる言語学』講談社.
松本克己. 2007.『世界言語のなかの日本語』三省堂.
宮岡伯人. 2002.『「語」とは何か：エスキモー語から日本語をみる』三省堂.
水谷美保・齊藤美穂. 2007.「方言との接触による標準語形式の意味・用法の変容：奄美におけるとりたて形式『ナンカ』の用法の拡張」『日本語文法』7(2)：65-82.
Nedjalkov, V. P & G. G. Silnitsky. 1973. The Typology of Morphological and lexical causatives. *Trends in Soviet Theoretical Linguistics*. 1-32. Dordrecht: Reidel Publishing Company.
真田信治. 1990.『地域言語の社会言語学的研究』和泉書院.
佐藤和之. 1996.『方言主流社会：共生としての方言と標準語』おうふう.
佐藤和之・米田正人. 1999.『どうなる日本のことば：方言と共通語のゆくえ』大修館書店.
角田太作. 2006.「言語再活性化運動と記録保存の重要性」『今, 世界のことばが危ない！グローバル化と少数者の言語』(宮岡伯人編). 126-130. クバプロ.
上村幸雄. 2002.「日本における危機言語と関連する諸問題」『消滅の危機に瀕した世界の言語：ことばと文化の多様性を守るために』(宮岡伯人・崎山理編). 318-337. 明石書店.
Uemura, Yukio. 2003. *The Ryukyuan Language*. Endangered Languages of the Pacific Rim (Serise), A4-018: Osaka: Osaka Gakuin University.
UNESCO Ad Hoc Expert Group on Endangered Languages. 2003. Language Vitality and Endangerment. http://www.unesco.org/culture/ich/doc/src/00120-EN.pdf
上野善道. 2002.「日本語本土諸方言研究の課題：第十四章に関連して」『消滅の危機に瀕した世界の言語：ことばと文化の多様性を守るために』(宮岡伯人・崎山理編). 344-351. 明石書店.
上野善道. 2006.「日本語アクセントの再建」『言語研究』130：1-42.

第 II 部

独自性と現状

第*1*章

アイヌ語の研究

佐藤　知己

1. はじめに

　アイヌ語は北海道，サハリン(樺太)，千島列島(クリル諸島)の先住民族であるアイヌ民族の言語である。なお，地名から見て，カムチャツカ半島南部でもアイヌ語が話されていた可能性が指摘されている(村山 1971)。また，古くは本州の東北地方でも話されていたことは確実である(山田 1957)。民族名 aynu は「人，人間」の意である。アイヌ語は固有の文字を持たず，従って古い時代の記録は少ない。アイヌ民族は日本の中の少数者として不断の抑圧を受けて来た歴史を有する。アイヌ民族の「民族」としての法的地位はいまだ確立されているとはいえず，そのため公式の統計調査資料も不十分で，実態には不明の点が多い。北海道環境生活部(2005)によると北海道に居住するアイヌ民族の人口は約2万4,000人となっている(もちろん，北海道以外の都府県に居住する人はこの中に含まれていない)。教育格差，経済格差の解決が急務とされる一方で，伝統的アイヌ文化の衰退も深刻である。このことは，ユネスコによる調査においてアイヌ語の話者数が15人とされていること(朝日新聞2009年2月20日付夕刊)に象徴的に現れている。しかしながら，他方，文化や言語を保存，復興しようという運動も近年盛んになりつつあり，アイヌ民族をめぐる社会的，法律的問題の解決をめざす動きも活発化し，その流れは急速に加速している。日本政府によるこれまでの同化政策，あるいは差別問題，格差問題に対する無作為が問われつつある。具体的には，同化

政策の象徴的存在であった「北海道旧土人保護法」(1899年成立)が1997年にようやく廃止され，これに代わる法律としてアイヌ文化振興法(通称「アイヌ新法」)が成立した。これに伴い，財団法人アイヌ文化振興・研究推進機構が設立され，アイヌ文化の存在が公的に認知され，様々な取り組みが国によって行われるようになった。しかしながら，この法律はアイヌ文化の存在は認めるものの，アイヌ民族を先住民族として認め，その権利を保障するところまで踏み込んだものではなく，政治問題の解決は先送りされた。この点で，2008年6月6日，衆参両院本会議において，「アイヌの先住民族認定を求める決議」が全会一致で可決，採択され，今後の施策立案に向けて「有識者懇談会」(「アイヌ政策のあり方に関する有識者懇談会」)が設置されたことは画期的なことであった。以後，有識者懇談会は2009年7月29日，提言をまとめた報告書を官房長官に提出し，その中で文化復興，立法措置，政府窓口機関の設置などの重要性を指摘している(北海道新聞2009年7月29日付夕刊)。さらに，自民党から民主党への政権交代をうけて，民主党の鳩山由紀夫首相は所信表明演説の中でアイヌ民族に言及し，「先住民族であるアイヌの方々の歴史や文化を尊重する」と述べた(北海道新聞2009年10月26日付夕刊)。さらに，アイヌ民族の委員を増員した新たな有識者懇談会として官房長官を座長とする「アイヌ政策推進会議」が発足し，政府の対応は，また新たな段階に入りつつある(北海道新聞2009年12月23日付朝刊)。このような事態の推移の中で，アイヌ語も，様々な意味で今後，新たな位置付けを与えられることが予想される。

2. アイヌ語と私

このように，アイヌ民族，アイヌ文化，そしてアイヌ語は日本の社会の中で広く関心を集めつつあるわけだが，具体的なこととなると，必ずしも良く知られているとは言い難い。こうした背景の中で，アイヌ語はどういうことばなのか，また，アイヌ語と関わるということはどういうことなのかを，アイヌ語にあまりなじみのない人にも分かってもらうにはどうしたら良いのか，私なりに考えてみた。いろいろと考えた末，やはり，安易といえば安易では

あるけれど，自分自身の体験を述べるのが一番てっとり早い方法ではないかと考えた。そこで，以下では，私がどのようにアイヌ語を研究してきたのかを簡単に振り返ってみることにしたい。最も，私の体験は私の体験にすぎないので，個人的な偏りがあり，誰にでも当てはまるということでは必ずしもないだろうし，古いことなので思い違いも多々あるかと思う。あくまでも参考例の一つとお考えいただきたいと思う。また，読者の中には，回顧的なことではなく，現時点での，生々しいアイヌ語やアイヌ民族の現状について知りたい，という方がおられるであろうことも重々承知しているが，私自身は実地調査の現場から少し距離をおいて既に久しく，そのような期待に応えるだけの自信がない。そのため，ごく限られた側面にしか触れることができないということを，あらかじめ読者の方々にお詫び申し上げたいと思う。しかし，実地調査から離れているからといって，私がアイヌ語の研究から離れてしまっているわけではない。このような点については説明が必要だが，言語観，研究観の問題があって，ここでは詳説する余裕がない。言語研究における実地調査の位置付けについては別に書いたものがあるので(佐藤 2007a)，興味ある方はそちらを参照していただきたいと思う。

　さて，よく，「どうしてアイヌ語を研究しようと思ったのか」と聞かれることがあるが，自分でも本当のところはよく分からない。その時，その時で，相手が納得しそうなことを答えるのだが，自分でも何か違うな，と思うことが多い。北海道に生まれ育ったということは確かに大きな要因として挙げられるかもしれないが，今あらためて振り返ってみると，アイヌ語の研究をこれまで続けてくるに当たって，生い立ちや私の持って生まれた性格というものが非常に大きな役割を果たしているように思われてならない。人があまりやらないようなことに興味を持って，ひたすらそれにこだわる，という性格なのである。どうしてそうなったのか。一言で言えば，自分の世界にこもりたかったからである。ここではあまり詳しく述べないが，子供には少しきつかったな，と思うような事情があった上に，もともと私は情緒がひどく不安定な子供だったので，些細なことでも余計に応えた，という面もあったかもしれない。臆病で気が小さく，ほんのちょっとしたことでひどく動揺してしまう。悲しい歌詞の歌を聞いただけで気分が悪くなる。他の子供が楽しく見

ているテレビ番組が怖くて一緒に見ていられない。はじめのうちは幼稚園にも通えなかった。とにかく人見知りが激しく，集団になじめない性格なのである。新しい環境にもなかなか適応できない（今の職場は母校で，学生時代を含めると約30年も同じ建物に通っているというのに，相変わらず心情的には「余所者」という気持ちが抜けない）。反面，非常に短気で怒りっぽく，感情に流されやすく，冷静に論理的に物事を考えるのが極度に苦手な性格なのだから厄介である。こういう矛盾した性質は，本人的には非常にきつい。つまるところ，ごく些細なことで大きく動揺し，何も手につかなくなってしまうし，ぽーっとして物忘れがひどい反面，思い込みが激しく，過去の嫌なこと（だけ）を何十年たっても事細かに覚えていて容易に忘れることができない，ということになるわけで，これは生きていく上で大きな障害となるからである。防御本能なのだろうが，感情の振幅を制御する努力を過剰に続けた結果，外界の刺激を遮断して，一人でものを考える，という性癖が身に付いてしまった，というわけなのである。このことを端的に示しているのが，子供のころの私の嗜好である。私が子供のころ，一番好きだったものとは何か。「湧き水」である。近くの空き地に，水が湧き出ている場所があったのである。小さな水たまりのなかをのぞきこむと，砂をもこもこ言わせながら水が湧いているのが見えた。それを時間を忘れて眺めていたことを思い出す。その間は，不安を忘れて，心の落ち着きを得ることができたからだと思う。もっとも，長年，この自分の性癖と付き合ってくると，だんだんあきらめもついてきて，初めに述べたように，「こういう性格だから，アイヌ語の研究ができたのかもしれない」と思うようになった。なぜか？ アイヌ語に限らず，言語の研究というものは，機械的に要領よく働くことが大事，という面も確かにあるけれども，手がかりの少ない少数言語の場合は特に，そう単純には行かないことも少なくない。「ある一つのことにこだわって，それを寝ても覚めても何年もしつこく考え続ける」ということが必要な場合もあるのである。人があまりやらないようなアイヌ語という言語について，必ず解決できるという目算も全くないのに，難しい問題を飽きもせず何年も考え続けることができたのは，ある意味，私のこのやっかいな「暗い」性格のおかげかもしれない，と思うわけである（この点については後述）。

3. アイヌ語の「魔力」

　さて，このように，アイヌ語には，私も含めて多くの人を引き付ける，強力な「魔力」のようなものがある，とつくづく感じることが多い。本題からは外れるかもしれないが，日本におけるアイヌ語というものの，ある種の位置付けに関わることだと思うので，個人的な偏った見解であることは承知しているが，この点について少し述べてみたい。

　アイヌ語に興味を持つ人を類別すると，いわゆる純粋の研究者タイプの人から，通常のアイヌ語ファン，それから，言葉はあまり良くないが，「アイヌ語オタク」のような人，さらに度が進むと「信者」，もっと度が進むと「教祖」に至る，ということになるだろうか。人柄も千差万別で，ごく常識的な人から，ちょっと風変わりな人まで，実に様々な人がアイヌ語を学び，熱心に関わっている。他の語学ではまず考えられないような幅がある。個人的な印象ではあるけれど，ドイツ語，フランス語，ロシア語といった語学であれば，英語と比べれば日本でやる人が少ないとはいえ，それぞれの言語を研究したり，学んだりする人のタイプには，(当たっているかどうかは別として)ある程度の固定したイメージがあるように思う。これに対し，私見ではアイヌ語を学んだり研究したりする人についてはそういう固定したタイプというものがあまりなく，ユニークさの度合いもこちらの予想を超えていることが少なくない。このことを端的に示すものとして，私の体験を少しばかり紹介しよう。

　私が研究者になって(すなわち研究機関に勤めて)20年が経過したが，当初からほぼ4年に一度くらいの割合で，ある種の人の来訪もしくは来信を受けている。もちろん，全て初対面か，それに近い未知の人である。どういう人か，というと，入ってくるなり，自分は佐藤さんよりもアイヌ語がよくできる，すごい研究をしている，というようなことを言う人である。有名な○×先生とも親しい，というようなことを言うこともある(こんなことを言われると私などは根が素直な人間なものだから，その先生の意を含んで来たものと直ちに解釈してしまう)。そして，あっけにとられている私を尻目に

「佐藤さんはたいした研究もしていないのに北大の先生をやっているなんてスゴイですねー」というようなことを真顔で言って帰っていくというのが，多少のバリエーションはあるものの，ほぼ一致したパターンである。私としては特に言うこともない。まあ，がんばってください，とか何とか，もごもご言って，送り出す程度である。確かに，私よりアイヌ語はよく「デキる」のかもしれないが，やはり社会通念上(私にこういう表現を使う資格はないとは思うけれども)，こういう行動は，ちょっとマズイのではないかと思う。

　最初は非常に驚いたが，こういう経験がたび重なると，あまり驚かなくなる。ためしに，同僚の英語，ドイツ語，フランス語，ロシア語の先生に聞いてみると，こういう体験は全くしたことがない，という答えである。「私はあなたより英語(ドイツ語，フランス語，ロシア語)ができる」というようなことを，わざわざ大学の見知らぬ他人の研究室を訪れて，言いに来るような人はまずいない，ということなのである。思うに，学問研究の世界というのは，原理的に「秀才，勉強家」ばかりが集まってくるところである。できる人間など，掃いて捨てるほどいるわけである。世界は広いし，上には上がいる。狭い範囲で自分を他人と比較してどうこう言っても仕方がないし，第一，身が持たない。だから普通はこういう「事件」が起こる余地はない，というわけなのだろう。もちろん，これらの先生方はいずれも学力，業績も立派で，私とは比較すべくもないわけで，何年に一度とはいえ，こういう目に遭うのも，ただただ私の不徳の致すところ，と言うしかないのだが，他方，そればかりでもないような気がするのも事実である。どこで読んだか忘れてしまったが，「宮沢賢治のファンは中原中也のファンに比べると人間のタイプの幅が非常に広い。中原中也はエリートコースから脱落した生活破綻者で，実生活上は破滅的な人生を送った詩人だが，作品のファンは概して堅実な常識的なタイプの人が多い。これに対し，宮沢賢治はエリートの学校教師として堅実な生活を送り，ひたすら理想を追求する清潔かつ禁欲的な人生を送った詩人であるのに，その作品のファンは聖者からその対極に至るまで，実に様々である」というような意味のことが，何かの本に書かれていたのが，印象深く記憶に残っている。おそらく，アイヌ語に関わる人のバラエティーの幅が広いのは，アイヌ語というものが一見，宮沢賢治の童話作品や詩が持ってい

るような「親しみやすさ，近づきやすさ」というものを持っていることを物語っているのではないかと思う。宮沢賢治の作品は，誰にでも分かる単語を使い，表現が素朴で具体的，かつ身近な題材を扱っているので誰にでも一見近づきやすく親しみやすい。しかし，その半面，日常的思考とは異なる次元の要素も豊富に含んでいるために，子供のみならず大人まで，しかも幅広い感性の人間を引き付けてやまないのだろうと推察される。アイヌ語の場合も，似たような事情がある。まず，アイヌ語の初歩を学ぶには，日本語で書かれた文献が読めれば良いので，誰にでも近づきやすい。難しい発音もそれほどなく，語順も日本語に似ているので入っていきやすい。アイヌ語で書かれたテキストの内容も，神々が登場するファンタジックな内容のものが多く，やはり誰にでも容易に親しめる。しかしながら，宮沢賢治の場合と同様，アイヌ語には表面的な「親しみやすさ」だけではない，別の側面があると思う。それはいわゆる日本文化とは全く異質の世界観，宗教観に基づく，別次元の思考を含むものである，という点である。これこそが，表面的な取り付きやすさから入り込んだ人，そこから進んで異なる世界観の魅力に取り付かれた人，子供から大人まで，多くのタイプの人間を引き付けてやまない，強力な「魔力」として作用しているのではないか，と私は思うのである。そこに尽きせぬ魅力を感じ，熱心に取り組むということは素晴らしいことである。なんら問題とすべきことではない。しかしながら，当然のことだが，どんなに好きで，どんなに努力しても，我々は決して宮沢賢治にはなれない，という点も忘れてはならないだろう。アイヌ語の研究も同じである。対象を好きになることは大切なことだが，一歩離れて醒めた視点から冷静に対象を見る，ということも研究には必要なのではないだろうか。言い換えれば，アイヌ語は，人にそういう冷静さを失わせ，自分だけが独占的にアイヌ語の全てを知っている，と思わせてしまうほどの強い磁力を持っているとも言えるのである（もっとも，これはアイヌ語に罪があるのではなく，それを受け止める我々の側の問題であることは，今更言うまでもない）。ちなみに，「待てよ，こういう，世間広しといえども，なかなかお目にかかれそうもない〝スゴイ人〟をどんどん引き寄せてしまうなんて，俺って，ひょっとすると〝スゴイ〟のかも」などと考えてしまう私のほうが，実は「もっとスゴイ人」とい

うことになるのかもしれない(もちろん冗談である。私は「スゴイ人」に会うのも，自分がなるのも，まっぴら御免である)。

4. アイヌ語の研究を始めたころ

　さて，本題に入ろう。私はどのようにアイヌ語を研究してきたのか。実は，アイヌ語を実地に調査してみたい，という気持ちはもちろん強かったが，最初から順調にアイヌ語の実地調査ができたわけではなかった。始めのころは，アイヌ語の話し手に会うこともなかなかできなかった。音声テープなどもほとんどなかったので，本で勉強するしかなかったのである。それに，今はそのようなことはないだろうが，アイヌ語を研究する，ということについての周囲の偏見もまだ根強かった。アイヌ語の研究など，大学でやることではない，という先生もいたくらいで，研究の便宜もあまりなかった。私の出身大学である北大はアイヌ民族に関する資料をたくさん所蔵していたけれども，70年代の学生運動の記憶がまだ生々しく残っている時代で，アイヌ語やアイヌ文化研究をある種，学生運動的なものと関係付けて色眼鏡で見るような傾向はあっても，奨励するような空気はあまりなかった。一学生の身分では，北大のメリットなどあまり感じられなかった。アイヌ語の資料には高価なものが多く，とても個人で買えるようなものではないのだが，大学の研究室にはアイヌ語の資料はほとんどなかった。図書館が所蔵しているから(！)，というのがその理由だった。研究するためには，常に必要な資料が手元で自由に使える状態になっていないとお話にならないのだが，学生の立場ではそうわがままも言えなかった。図書館が，一学生に，大量の資料を長期間貸し出してくれるわけがない。昔の北大は(いわゆる中央では単なる「田舎大学」の一つにすぎないとよく言われるのだが)，学生にとってはわけもなくやたらと敷居が高いところがあったのである。私のような性格の人間には最も苦痛な状況である。憂鬱ではあったが，誰に研究を頼まれたわけでもないのでどこへ文句を言うわけにもいかなかった。

5. アイヌ語の古文書の研究

　直接アイヌ語の話し手に会うことができない私は，指導教官の勧めもあり，卒業研究として文献に記録されたアイヌ語の研究を始めた。江戸時代につくられたアイヌ語の辞書を一つ選び，内容の分析に取りかかったのである。アイヌ語の実際の発音を聞いたこともないのに，くずし字で書かれた江戸時代の古文書のアイヌ語を研究するのであるから考えてみると無謀な話である。そもそも，くずし字がまったく読めないから，これもゼロから勉強しなければならない。文字通り，「隔靴掻痒」を地で行くものだった。結局のところ，300頁ほどもある，みみずののたくったような昔のくずし字で書かれたぶ厚い辞書に初めから終わりまでかろうじて目を通したが，内容の詳しい考察までには到底いたらず，私の卒業研究は甚だ不本意な結果に終わってしまった。もっとも，この辞書に関しては，その後，パソコンを導入してゼロから研究をやり直し，不適切な部分を削除して成果(佐藤 1995)を出版するまでに，結局まるまる12年もかかったので，この種の研究は割に合わない，学部学生の手に余るものであったわけだが，当時はそれが分からなかった。今思えば，もっとテーマを狭く限定し，分析範囲を絞って研究すべきだった。実を言えば，アイヌ語を記した古い文献の研究は，ある程度の経験を積んだ現在の私にとっても，それほど簡単なものではない。アイヌ語の各方言についての知識が求められるし，ちょっとしたものでも，扱うべき文字資料が莫大な数に上り，パソコンが使える現在でも大変な手間である。使用されている文字の索引(KWIC索引)はエクセルなどで簡単につくることができるようになったが，結局のところ数万にも上る例を一字一字検討していかなければならず，暫定的な結論を得るだけでも大変である。しかも，その中から，アイヌ語の歴史に関する有意義な情報を引き出すのはさらに困難である。その後も研究を続け，アイヌ語の歴史について概観を得ることに努めてきたつもりであるが，率直に言って多くのことが明らかになったとはとても言えない。この方面の研究は，主に佐藤(1995, 1998, 1999, 2003a, 2003b, 2007b, 2008a, 2009)としてこれまで発表したが，細かな発見はいろいろあるものの，アイヌ語の全

体的な流れについては，極めて僅かの，不確かな推測を行ったにすぎない。ここでごくごくおおざっぱな言い方で要約すると，文献に証拠を求められる範囲において，アイヌ語(北海道方言。ただし，現在残っている古文献は主に北海道方言のものであり，従って議論も北海道方言に限られるが)は，室町末期(16世紀末)には母音の長短の区別と，中舌母音(英語away「離れて」の頭音に現れる[ə]のような母音)を持っていた可能性があるが，江戸時代前期(18世紀前半)には中舌母音はeに合流し，母音の長短の区別は失われる傾向にあった。その後，江戸時代後期(18世紀後半〜19世紀前半)には母音の長短の区別が完全に失われるに至る，という経過をたどったようである。現在のアイヌ語諸方言の研究からも，ある程度は同様のことは言えるのだが，時代ごとの変遷は分からない。文献だと時代による変遷を跡付けることができる。もっとも，たったこれだけのことについても，仮説の域を出ないもので，さらに研究が必要であることはいうまでもない。アイヌ語の歴史的研究はまだまだ未開拓の分野であると言ってよいと思う。

　このように，学生時代は古文書の研究ばかりしていて，アイヌ語の実地調査がなかなかできなかったが，徐々にではあるが機会に恵まれて，アイヌ語の話し手にお会いすることもできるようになっていった。しかし，話し手に直接会うことができるようになっても，私の研究はあまり進展したとは言えなかった。その原因は，今思えば実地調査についての考え方にあったと思う。アイヌ語の話し手に会えさえすれば，全て問題解決である，と思っていた私が甘かったのである。話し手のところへ通ってお話を聞かせていただいても，それからどうすれば良いのかがよく分からなかった。アイヌ語の資料はだんだん蓄積されてくるけれども，研究はさっぱりまとまらなかった。実地調査の方法も，資料の整理・分析の方法も，手さぐりの時代が続いた。

6. アイヌ語の実地調査について

　私のアイヌ語研究は，なかなか前に進まなかった。その原因は，既に述べたように実地調査に対する私の考え方にあったように思う。話し手がなんでも説明してくれる，と，話し手に頼る気持ちが強すぎて，調査者の役割につ

いての認識が足りなかったと思う．また，中途半端な言語学の知識に頼りすぎる傾向も強かった．何を質問するのかについて，言語学的な権威付けがないと心もとないような気がして，せっかく調査に行っても，何を聞いたら良いか分からなくなってしまうこともよくあったのである．自分は言語学を専門としているのだから，構造主義言語学の手順通りに，要領良く，流れるように，規則正しく順序良く，きれいにアイヌ語の構造が分からないといけない，という強迫観念のようなものもあった．こういう妙なところに力が入っていたために，なかなか研究が進まなかったのだ，ということがだんだん分かってきた．そのきっかけは，千歳方言の話し手であった白沢なべさんと出会ったことだった．白沢さんは，人並み勝れた言語的能力の持ち主であったと思うが，忍耐力も非常に強い人だった．こちらが見当違いな質問をしても，よく考えて，「なるほど」という答え方をしてくれる人だった．白沢さんと話していると，とにかく興味深くて，いつも「アイヌ語の面白さ」というものを痛感させられるのだった．言語学の知識や方法，ということも，とりあえずはどうでもよくなって，ただ白沢さんのお話の面白さに，時の経つのも忘れて聞き惚れる，という貴重な体験を持つことができた．今思うと，これは，子供のころの私が，湧き水に見入って時の経つのも忘れた経験と似ていたと思う．白沢さんの口からこんこんと湧き出てくる，尽きない泉のような話を，じっと聞いているのが楽しかったのである．他の人がどう言うかは分からないが，実地調査において重要なのは，これを調査してやろう，と最初から思うのではなくて，相手の話が面白くて面白くて仕方がない，という境地に，まず調査者自身が至る，ということが大切だ，ということを感じた．それまでは，これを聞かなくては，あれを聞かなくては，と，前もって用意した枠組みで相手を縛ってばかりいたな，と思い至ったのである．そうではなく，まず初めは，相手がしてくれる面白い話を，子供のような好奇心を持って聞く，ということが重要なのである．そうすれば，自然と，相手に質問することもできるようになる．その質問は，必ずしも言語学的なものや，組織だったものではないかもしれないけれども，生き生きとした好奇心に基づいているので，話し手も積極的に答えてくれやすいし，関連する事柄に話題も発展しやすい．「こんな無関係な話を聞くひまがあったら，言語学的な

こういう問題に関する事柄を質問しなければ」などと考えてあせっているばかりでは，そもそも話がうまくはずむわけがない。

　さて，実は，問題はこの「後」なのである。これだけでも楽しくお話をして，アイヌ語もたくさん聞けて，それはそれで有意義な調査，ということになるわけだが，これで終わってはいけないのである。ここで終わってしまったら，言語学の調査にならない。白沢さんの言葉は，それまで調査していた方言とは別の方言に属するものであったので，私にとっては未知のことばかりだった。そこで，自然な流れとして，基本的な点を一つひとつ丁寧に確認しながら先へ進む，というやり方になったのだが，これが結果的に良かったのである。一つひとつの表現について，疑問に思ったことをメモする。多い時だと，一つの文だけで何十もの疑問が起きる。それらをあまり時間をおかず（次の日が最適だと思うが），話し手に質問，確認する，ということがとても大切なのである。もちろん，その場で質問しても良いわけだが，話の自然な流れを阻害するし，天才は別として，その場で必要な問題を，もれなく質問する，ということはまず無理である。いったん持ち帰って，冷静な目で資料を点検するほうが無理がない。また，理想を言えば，録音したものを再生して文字化し，全体をもれなく点検したほうが良いのは当然である（実は，私の場合，そこまではまずできなかった。宿屋に帰ると，ぐったり疲れていて，何をする気力もない，ということが多かった。おそらく，一流の研究者ならば徹夜ででも聞き直し作業をするのだろうが，私はぐうたらで，音楽（主に後期ロマン派の作品）を聴きながらばったり寝てしまうことの方が多かった。恥ずかしながら，次の日の朝，ノートを点検し，赤字で疑問点をチェックするのがやっとだった）。ところで，いったいなぜ，一度聞いたことをもう一度聞くのか？　それは，言語学というものは，言語の規則を明らかにする学問だからである。言語というものは原理的に規則的なものである。ただ，何が重要で，何が重要でないのかは観察者には初めからは分からない。規則的かどうかを知るには，何度確かめても同じ結果になる，ということが必要である（実際にはそう簡単にはいかないが）。そこで初めて研究が始まるのである。つまり，一度しか得られていない例で，何かを言うことはできないのである。また，一度の調査で簡単に分かるようなものに重要な問題はない。

7. 実地調査に基づいて論文を書く

こういう方法で調査していくと，質問が質問を呼び，それがまた質問を呼ぶ，という具合で，一つの疑問から芋づる式に別の疑問が生まれ，それを確認するうちにまた別の疑問が生まれるので，実に果てしがない。いったいどこを目指しているのか，自分でも訳が分からなくなる。「こんなことでいいのだろうか」と思わないでもなかったが，基本的なことでも分からないことだらけなので，初めのうちは仕方がない，と腹をくくって調査を続けた。しかしながら，こういう調査を重ねていくと，進み方はのろいけれど，疑問が掘り下げられていくので，着実に研究は進む。それまでは調査をしても結果を論文にまとめることがなかなかできなかったが，不十分ながらも論文に書けるような情報がだんだん蓄積されてきた。最初に論文としてまとめることができたのは親族名詞についての問題だった。白沢さんの言葉を調査していると，それまで調査していた方言では聞いたことがない用法が出てくることに気付いた。例えば，hapo ipe a ruwe?「お父さん，食事したの？」のような文である[*1]。初めは，三人称の文であるから，その場にいない第三者としてのお父さんについての疑問文だと思っていたのだが，それではどうもつじつまが合わない。確認していくうちに，これは，目の前の聞き手を指した用法だ，ということが分かってきた。日本語の「お父さん，ご飯食べたの？」と同じ用法である。日本語でも，父親に向かって「あなた，ご飯食べたの？」とは言わないから，アイヌ語の類似の表現も，一種の待遇表現(敬語のように，場面に応じて使い分けられる表現)だろう，という予測はついた。日本語の類似の表現については鈴木孝夫『ことばと文化』で詳しく扱われていて，聞き手を指す表現は「対称詞」，自己を指す表現は「自称詞」と呼ばれている。調べていくうちに，自分と同世代の親族名称の場合は，「私の」を意味する ku- という形式を付けて，ku-yupo「私の兄さん」，ku-sapo「私の姉さん」のような形式にしてから対称詞として用いるのに対し，自己

[*1] アイヌ語の多くの方言で hapo は「母親」だが，千歳方言では父親を意味する。

より上の世代の場合は ku- を付けた形式でなく，hapo「お父さん」, totto「お母さん」, huci「おばあさん」, ekasi「おじいさん」のような裸の形式を対称詞として用いること，親族名詞を自称詞として用いる用法は，日本語と比べるとそれほど一般的とは言えないこと，特に「兄さん」，「姉さん」は自称詞としては用いられないこと，「弟」，「妹」のような自己より年下の親族を意味する名詞は対称詞としては用いられないこと，などが分かってきた。この調査結果は，当時勤めていた研究所の紀要に，佐藤(1991)として発表することができた。それまでは，古文書の研究以外はまとまった成果をほとんど出すことができなかったので，アイヌ語の実地調査の結果を初めてまとめることができた，という意味で私にとっては画期的なことだった。私の無味乾燥な質問に，我慢強く答えてくださった白沢さんのおかげである。しかし，この研究はその後，ほとんど注目されないままになっている。それどころか，「年下の親族を意味する名詞は対称詞として用いられない」という私の調査結果が誤っており，こんなことも知らない佐藤はアイヌ語のアの字も知らない大馬鹿である，という感じの否定的な調子の論評がなされて今日に至っている（もっとも，ちゃっかりこのテーマを取り入れた本も最近では見られるようになったが）。私の調査も十分とは言えなかったけれども，私としては，アイヌ語の，これまで注目されていない側面を指摘した研究だ，と思っていたので，そういう点には触れず，年下の親族を意味する名詞を対称詞として用いた例を佐藤は持っていないが，自分は持っている，どうだ参ったか，というような，極めて表面的な議論で切って捨てられたのはちょっと不満だった。おそらく，双方に一面の真理があるのだろう，と今は思っている。「日常語において，同居の，毎日顔を合わせているような年少の親族に対しては親族名詞を対称詞として用いない」という私の主張は，（何度も確認したので少なくとも白沢さんの言葉においては）やはり正しいのだろうと思う。ただ，私の主張は，「同居していない，たまにしか会わない年少の親族，あるいは他人の場合はどうなるのか」については述べていない。また，口承文芸テキストではどうなるのかについても触れていない。これらの点が不十分だったことは認めなければならない。おそらく，それらの場合は年少者に対しても親族名詞を対称詞として用いることができるのかもしれない（ふだん

会わない相手や，年下であっても丁寧な表現を用いなければならない，というような特殊な場面下において)。ある意味，言語の実地調査は月の観察に似ている。光って見える面の裏側に，表からは見えない別の面があるかもしれない，ということを常に心に留めておく必要がある，ということであろう。

8. 実地調査研究の意義と白沢さんとの別れ

閑話休題。このように，親族名詞の問題を手始めとして，白沢さんのおかげでアイヌ語の実地調査も少しずつ軌道に乗り始め，「抱合」に関する論文(佐藤 1992)を書くこともできるようになってきた。他の研究者はまた違う考えを持っているのだろうが，これらの経験を通して私が痛感したのは，言語の実地調査において何が大切なのかは，事前にはなかなか分からないものだ，ということだった。それまでの私の調査は，「調査」という言葉に縛られていて，何を質問したら良いのか悩む時間の方が長かった。実は，「ある理論の枠組みにおける，こういう問題を聞いてやろう」と思って始めた調査が，計画通りスムースにうまく行くことはあまりないのである。また，初めからある程度手順が見えているような問題というのは，うまく行ったとしても，実はたいして重要な問題ではない，とも言えるのである。初めは，とにかく何でも分からないことを質問してみることが大切なのである。せっかく話し手を目の前にしながら，何を聞いたら良いか分からなくて，もたもたしてしまうより，愚問でもなんでも，とにかく質問する方が良い。そうでないと貴重な時間がただ無駄になってしまう。話し手から直接答えが引き出される，というところに実地調査の大きな意義があるのだ。ただし，その後，得られた結果をじっくり再検討する，ということが大切である。むしろ，何気なく聞き取った資料のなかに，実は非常に重要な問題が隠されていることが多いのだ。口はばったい言い方になるが，肝心なのは，その問題に気が付く能力と，それをあまり時をおかず，話者に確認する勤勉さなのである。もっとも，こういう調査研究の仕方によって得られた結果は，アイヌ語の深い研究にとっては重要かつ必要なものだとは思うが，あまりにも個別特殊すぎて，いわゆる学界ではあまり評価されない可能性がある，ということも言っておか

なければならない。少数言語の特殊な現象など，いくら面白いものであっても分野が違う研究者にとっては何の価値も興味もない「路傍の石」のようなものである。特定の一般的枠組みを用いた研究でないと，「学問的でない」というわけである。よく他分野の研究者から「アイヌ語の研究は(外国へ行く必要がなく，でたらめをやっても誰も分からないから)楽でいいですねー」とうらやまし(？)がられる。楽だと思うなら，あなたも一つやってみたらどうですか，と私は言うのだが，笑うだけで，私の勧めに従った人はこれまで一人もいない。一般理論を軽んじるわけではないが，そこには未知のものへの心おどりはもはやないような気がする。誰かが考えた枠組みでものを考えて何が面白いのか，と私などは思ってしまう。(あまり大きな声では言えないが)理論で予測できたら実地調査などやる必要はないではないか。何が出るか分からないから面白いのであるし，例え個別特殊な事実でも，それを自分で確認するからこそ面白いのである。個人的にはこういうマイナーな知識こそが言語の研究においては重要だ，と思っているのだが。それに，(半分やっかみであることは承知しているが)一般理論にも通じ，個別特殊な事実にも通じている，というのはなるほどあらまほしきことではあるけれども，実際にはそう簡単にはできないことだと思う。二つの分野で一流になれるほど，研究というものは甘い世界ではない。どちらも一流，というわけにはなかなか行かないものなのである。世の中というのは難しいものである。

　このように，私のアイヌ語の調査研究がようやくうまく行き始めたかに思われた矢先，突然，不幸が訪れた。白沢さんが亡くなったのである。ある朝，当時住んでいた官舎(古いので秋冬は朝起きると息が白くなり，ネズミが毎夜枕元を走りまわっていた)で，朝，テレビをつけて，また布団にもぐりこんで聞くともなしに聞いていると，「アイヌ文化伝承者として著名な千歳の白沢ナベさんが……」というアナウンサーの声が聞こえてきた。「また，なにか賞でももらったのかな」などと呑気に構えていた私の耳に飛び込んできたのは「昨夜亡くなられました」という衝撃的な一言だった。ご高齢(88歳)だったので，いつかはこういう日が来るかもしれない，という漠然とした予感はあったが，あまりにも突然だった。子供のころ，毎日通って，飽きることなく眺め，私のお気に入りであった泉は，ある日突然，ブルドーザー

で埋め立てられ，その上にアパートが建てられた。白沢さんという知識の泉もまた，ある日突然，私の前から消え去った。私は地図もなしに荒野にたった一人で放り出されてしまったような気がした。

9. おむつとおつむ——大切なのは調査の後

　白沢さんという先生を失って，私は頼りにするものを失い，私のアイヌ語研究も頓挫してしまった。3年ほどは，何も手に付かない状態が続いた。しかし，それまで手掛けていたアイヌ語の古文書に関する研究をまとめたりしているうちに，白沢さんから教わったことをまとめなければ，という気持ちが少しずつ湧いてきて，資料の整理を始めることにした。何をやっても，もう亡くなってしまったのだな，もうお話を聞くことはできないんだな，という気持ちが先に立って，空しい気持ちになるのをどうすることもできなかった。また，あらためて聞き直してみると，調査が不十分な点も随分あった。落ち込んだ気持ちのまま作業を進めたが，当然，あまりうまくは行かなかった。そんな時，私の身辺に大きな変化が起こった。結婚したのである。晩婚である。しかも，子供まで生まれてしまったので，こちらの体力が追いつかない。子供はかわいいに決まっているが，研究や勉強どころの騒ぎではない。赤ん坊を風呂に入れたり，哺乳瓶を煮沸したり，ぬるま湯でミルクをつくったりしなければならない。それとおむつの洗濯。今の世である。便利な紙おむつを使えばよいのに，と思うのだが，ただでさえ信頼のない私である。「研究で忙しい」などとは，口が裂けても言えない。「いつもヒマそうにしているくせに，例によってあんたは研究を口実に，嫌なことから逃れようとしているのだ」と言われてしまうに決まっている(もっとも，図星ではあったが)。その道の先輩である義弟からバケツと，特殊な網に入った石鹸がまわってきては，もう逃げ出すわけにもいかない。アパートの狭い風呂場にこもって，ひたすらおむつ洗いに精を出した。あまりにも精を出しすぎて，ふだんは雑巾をしぼることさえ滅多になかったので，指が腱鞘炎を起こし，箸がつかめなくなったくらいである。昔は普通だった握力が，今も半分以下のままである。ちなみに，環境が激変したためか，結婚して数年間は次々と体

調に異変が起きた。地下鉄には沿線の病院の広告がまとめて出ているのだったが，ある日，気付くと，数ある沿線の病院のほとんどを「制覇」しており，行ってないのは産婦人科と精神科だけになっていた。もっとも，大事に至らなかったのは幸いだったが。さて，風呂場にこもって，私がいったい何をしていたのかと言えば，やはりアイヌ語について一生懸命考えていたのだった。なにしろ，単純作業の繰り返しで，しかも途中で休むわけにもいかない，逃げ場がない状況では，ものを考えることくらいしかすることがなかったのである。こんなに集中してものが考えられる場所というのも，あまりないような気がする。その時考えていたのは，アイヌ語の抱合についてであった。1992年の論文では，白沢さんからの資料に基づいて，アイヌ語の抱合の基本パターンを明らかにしてはいたが，そのなかに奇妙なギャップがあることにも気づいていた。その後，何年もの間，そのギャップの意味について考え続けていたのだったが，どうにもうまく説明ができない。うまくいきそうなところまでいくこともあったが，最後にはやはりうまくいかない。来る日も来る日も，同じところをぐるぐるまわっているばかりで，突破口を見出すことができないままになっていた。順を追って考えを進めて行くのだが，あるところまで行くと説明ができなくなり，振り出しに戻ってしまう。それでまた同じところから始めて同じように考えて，あるところまで行くと行き詰まり，また振り出しに戻る。その繰り返し。それが何年も続くのである。例によっておむつ洗いをしていたある日，いつもの考えを頭の中でいじって，行きつ戻りつしていると，突然，ある考えが閃いた。それは，「第三類動詞が抱合のギャップを埋めている」というものだった。慎重に考え直しても，「そうだ，それに違いない」という確信が深まっていった。この問題を考え始めてから10年目にして，ついに問題解決の端緒をつかんだのだった。おむつを洗っているうちに，だんだん，おつむも浄化されて，名案が浮かんだのかもしれない。分かってしまえば，なぜこんな単純なことが分からなかったのか，と思うものだが，発見とはそういうものである。読者のなかには，第三類動詞とは何か，抱合のギャップとは何か，きちんと説明せよ，と思う方もおられるであろう。もっともである。しかし，具体的なことは佐藤(2001)を見ていただくほうが良いし，研究中のことであるので，ここで詳し

く書くことはできない。苦い経験があるのだ。どういうことか。志村五郎(一般には「谷山＝志村予想」という数学の理論で名高い方，だそうである)という数学者が書いたもの(志村 2008)を読んだことがあるが，アメリカの研究競争は想像を絶する熾烈さだそうである。例えば，ある教授に研究中の自分のアイディアと結果を話す。すると，あまり時をおかず，その教授の学生が同じテーマで，同じ予想を証明した博士論文を書く。当然，その教授に対する懇ろな謝辞はあるが，自分の名はどこにもない。もっと微妙な例もある。あるテーマについて議論した相手が直後に論文を書く。しかし，その論文の骨子となるアイディアが誰から提供されたものなのかは書かず，むしろ，あらゆる手段を尽くして隠そうとする，という類である。こういう人間が賢く，気の利いた人間なのであり，出し抜かれる方が馬鹿なのである。もっとも，注意すべきは，志村先生は長くアメリカで研究生活を送った方で，アメリカの学界の事情はよくよく熟知しているにもかかわらず，このような行為を決して(必要悪としても)認めていない，という点である。数学者らしい，淡々と事実を叙する態度を貫きながらも，こういう行為をする人々を，「当代下劣の人」(道元の法語を記した『正法眼蔵随聞記』に出てくる表現だそうである)という一言で切って捨てているのである。アメリカでだろうが，火星でだろうが，学問に携わる者(含宇宙人)のすべきことではない，というわけであろう。とはいえ，ごくかいつまんで要点を説明すると，以下のようである。

　先に述べたように，アイヌ語には抱合という現象がある。動詞が名詞を取り込んで，新しい動詞を作る，という現象である。アイヌ語の抱合にはいくつかのタイプがある。「主語」と動詞が合体される抱合(sir-pirka「天気・良い」の類)，「目的語」と動詞が合体される抱合(cep-koyki「魚・捕る」の類)が主なものであるが，可能性としては十分ありそうなのに，実際にはアイヌ語にはまず見られないタイプがある。*par-oyki「口・世話する(扶養する)」のような類である。このような場合，par「口」と oyki「世話する」を別々の単語として扱った一種の慣用句として表現するしかないのである(このような形式は伝統的なアイヌ語学では「第三類動詞」と呼ばれる)。意味の特殊化(「口を世話する」→「扶養する」)，音声的な結合の強さ(parと oyki の間に副詞や助詞が入ることは一般的ではない)という観点からす

れば,「一つの単語」と見てもおかしくない性質を備えているのだが,語形変化の観点から見ると,明らかに二語(「人が私を扶養する」は,i-par a-oyki と二語からなる句として表現され*2,一語としての活用を示す*a-i-paroyki のような形式にはならない)である。このことは,アイヌ語の目的語抱合の中に,所有者を持つ名詞(i-par「私の口」)は目的語として動詞に抱合できない,という空白地帯(ギャップ)があって,そのギャップは典型的な抱合とは異なる手段(第三類動詞)で埋められている,ということになるわけである*3。

　さて,この問題はこれで終わったのではなかった。最初の壁はなんとか崩れたものの,その次にもまた別の壁が控えていて,この問題は見かけよりずっと複雑な問題なのだった。その解決にまた数年かかった。同じように毎日考え続けていたある日,大学へ行こうとして地下鉄駅を出,道路の向こう側にある,学生時代から見慣れた,蔦のからまる風情のある家に目をやった瞬間,突然,解決のヒントが閃いた。一番最初に立てた,「こうだったらきれいに説明できるのに」という見通しが基本的には正しかったことが分かるのだが,その正しさを説明するのに,結局十数年間にわたり,「アイヌ語の抱合を特徴付ける重要な要因とは何か」という一つの問題を考え続けたことになる。今は資料を整理して,結果をまとめる段階に入っている。「孤独に,執拗に,一つのことをひたすら考え続ける」という子供のころから身についた性癖がここで役立ったのである。こういう困った性格でなかったら,ここまで続けることはできなかったかもしれない。人生,何が幸いするか,分からないものである。いろいろな問題について,こうしたプロセスを繰り返しながら,白沢さんから教えていただいたことを,ようやく一冊の本(佐藤2008b)としてひとまずまとめることができた。ちなみに,この本は,いわゆる「アイヌ語がよくできる人」からは,「分かりきったことをくどくど書い

---

*2 この例は口承文芸からの例なので人称表示が日常会話における形式と異なっている。
*3 従来の研究でも,第三類動詞と抱合の関係がまったく触れられていなかったわけではないが,筆者のように所有者を持つ名詞を目的語とする抱合は本来的にはアイヌ語の抱合タイプにおけるギャップである,という捉え方を明確に指摘したものはなかったと言える。

ているだけ」と酷評されているようだが，例文はもちろん，さりげなく表として挙げてある語形の一つひとつに至るまで，基本的には全て白沢さんから聞き取ったものをそのまま使用しており，私が勝手に作ったものは一つも使用していない，という点に特色がある。私に対する非難は甘んじて受けるが，白沢さんの残された言葉には虚心に耳を傾けていただきたいものだと思っている。

　ところで，ここまで読んだ方の中に，「なんて理解のない奥さんなんでしょう。私が代わってあげたいわ」などと考える人がいないとも限らない(いるわけがないか)ので，一言述べると，研究というものは，適度に障害があった方がいいのである。ソクラテスだって，奥さんから，「あなた，あなたの好物のモツ煮込みのスパルタ風よ(そんなものがあるのかどうか知らないが)。家のことは心配しないで，これでも食って馬力つけて思索に邁進してちょうだい」なんて毎日うるさく言われたら，かえってげんなりして，哲学的思索にふける気も失せるのではないだろうか。「いつも何をぼーっとしているの」，「いい年してなんて非常識なの」，「少しは家のことも考えてちょうだい」，「これまでよくそれで生きてこられたわね」などと怒られたり，うるさく言われているくらいがちょうどいいのである。なぜかというと，一つのことにこだわる，ということは，度を超すとある種の狂気にも通じるものだと思う。理念の世界に入り込むのはいいが，そこから帰って来られなくなったら大変である。時々は，はっと，現実に引き戻されることも必要なのである。私が何とか社会生活を送り，地下鉄沿線病院の「完全」制覇を(今のところは)せずに済んでいるのも，極めて常識に富む家人のおかげ，と深く感謝しているのである。

10. おわりに——アイヌ語研究の今後

　アイヌ語，アイヌ文化研究は難しい局面にある。研究の方法論や根本思想の重大な転換を迫られているからである。今後重要となるのは，なによりもまず，「アイヌ民族の視点に立った研究」という考え方であろう。何にせよ，一方的な立場からだけでは真理は見えてこない。しかし，相手と同じ視点に

立つ，ということは言うは易く，行うは難いことである。一例を挙げよう。ごく親しい，若手のアイヌ民族出身の研究者と話していると，「ちょっといいですか。」と言われることがある。こちらは何の気なしに話していても，向こうにはカチンとくる，ということがあるのだ。こっちも長年この世界でやってきていて，難しさは十分承知しているつもりなのだが，あらためて立場の違いを埋めることの限界を感じる。相手と同じ視点に立つなどとは，気易くは言えないことなのである。今後はアイヌ民族出身の研究者との共同研究が不可欠だということを痛感させられる。余談だが，研究者の意識もますます先鋭化してきていて，「アイヌ民族から歓迎される研究こそがレベルの高い研究である」という意見も聞かれるようになっている。「アイヌ民族の視点に立った研究」を強調した表現と考えれば理解できなくもないが，学問的な観点からすればおかしな話である。外国人研究者の日本研究を学問的に評価する場合に，「日本人から歓迎されているかどうか」を主たる基準とすることはない。なんだか，一昔前の「〜のための学問」（「〜」に「プロレタリアート」とか「人民」を入れてみると良い）みたいで，時代遅れな考えのように私には思える。このような考え方は，アイヌ民族の視点に立つ，ということとは，似て非なるものだと思う。相手の立場を理解し，尊重することはもちろん大切だが，対等な立場での率直な議論のないところに学問の進歩はないからである。

　以上，私の体験を例としてアイヌ語の研究についてあれこれと述べてきたが，要点をまとめると以下のようになる。

　① アイヌ語研究のような少数言語の研究は，歴史も浅く，研究者の数も少ないので，まだまだ未解決の問題が少なくなく，それだけに興味が尽きず，やりがいもある。

　② やりがいがある一方で，頼りになる先行研究が少ないので，どのような問題であっても研究は相当に困難で，簡単に解決できるものは少ない。先のまったく見えないなかで，わき目もふらず長期にわたり一つの問題に取り組む辛抱強さやこだわりがとりわけ要求される分野と言える。

　③ 少数言語の研究は学界でもマイナーな分野なのでいくら努力しようが他人の理解や評価はまず得られないことを覚悟しなければならない。そ

れどころか特にアイヌ語の場合は(誤解だが)誰でも片手間でできる，と思われがちである。初めから多くを期待せず，研究を続けられるだけでもありがたい，と思っているくらいが無難である。

④　実地調査は重要で，話し手からできるだけ多くの知識を引き出す努力が何よりも大切である。それと同時に，実地調査をすればその言語のすべてがわかる，と単純に過信しないほうがよい。ある角度から見ただけの，仮の姿にすぎないものかもしれない，という可能性を常に考慮する必要がある。

⑤　話し手の減少によって少数言語の研究は困難に直面するが，話し手の減少＝言語研究の終わり，という認識は誤りである。得られている言語資料について深く考察をめぐらすことにより，新しい事実が今後も数多く発見されるはずである。

⑥　少数言語の研究はその民族をめぐる社会状況と無縁ではあり得ない。研究者も社会的な問題(特に言語政策的問題)を避けて通ることはできない。しかし，社会的な問題は歴史的な長期的視座でしか結果がわからないものである。ドグマほど危険なものはない。試行錯誤しつつ，当事者であるその民族とともに，問題の解決に向けて地道に努力していくしかない。

様々な困難はありながらも，若い世代に研究が継承されて，この分野が今後も着実に発展することを望みたい。

[引用・参考文献]
北海道環境生活部. 2005.『アイヌ民族を理解するために』北海道.
村山七郎. 1971.『北千島アイヌ語』吉川弘文館.
佐藤知己. 1991.「アイヌ語千歳方言における自称詞と対称詞について」『日本研究』5：89-104.
佐藤知己. 1992.「抱合からみた北方の諸言語」『北の言語』(宮岡伯人編). 191-201. 三省堂.
佐藤知己. 1995.『蝦夷言いろは引の研究』北海道大学文学部言語学研究室.
佐藤知己. 1998.「天理大学付属天理図書館所蔵「松前ノ言」について(1)」『北海道大学文学部紀要』46(3)：41-64.
佐藤知己. 1999.「天理大学付属天理図書館所蔵「松前ノ言」について(2)」『北海道大学文

学部紀要』47(4)：53-88.
佐藤知己. 2001.「アイヌ語千歳方言の「第三類の動詞」の構造と機能」『北海道立アイヌ民族文化研究センター研究紀要』7：51-71.
佐藤知己. 2003a.「彰考館旧蔵アイヌ語テキスト「蝦夷チヤランケ並浄瑠理言」について」『北海道大学文学研究科紀要』109：31-58.
佐藤知己. 2003b.「酒田市立光丘文庫所蔵「蝦夷記」のアイヌ語について」『北海道大学文学研究科紀要』111：95-118.
佐藤知己. 2007a.「アイヌ語研究の課題と展望」『現代文化人類学の課題と展望』(煎本孝・山岸俊男編). 186-202. 世界思想社.
佐藤知己. 2007b.「『藻汐草』の「一冊本」について」『北海道大学文学研究科紀要』121：157-70.
佐藤知己. 2008a.「アイヌ語古文献における言語学的諸問題」『北海道大学文学研究科紀要』124：153-80.
佐藤知己. 2008b.『アイヌ語文法の基礎』大学書林.
佐藤知己. 2009.「18世紀前半のいくつかのアイヌ語資料について」『北海道大学文学研究科紀要』127：29-58.
志村五郎. 2008.『記憶の切繪図』筑摩書房.
鈴木孝夫. 1973.『ことばと文化』岩波書店.
山田秀三. 1957.『東北と北海道のアイヌ語地名考』楡書房.

第2章

北海道方言
様々な本土方言の融合体

菅　泰雄

1. 北海道方言の形成事情

1.1. 北海道の歴史と海岸方言・内陸方言

　北海道はその面積が約78,000 km²で，東北6県よりも大きい。北海道方言は，方言区画上，東日本方言に位置付けられ，海岸方言と内陸方言の二つに分けられているが，その成立，形成には北海道独特の事情が関わっている。

（1）海岸方言

　北海道への日本人の移住は，関・桑原(1995)によれば，平安時代末期から鎌倉時代初期に始まり室町時代にかけて，北海道南部(道南地方)の沿岸地域に和人社会が形成されたという。近世に入り，松前藩を中心とした松前、江差などが漁業や交易の地として栄え，主に青森，秋田地方の漁民がやって来た。また，北前船によって，関西，北陸地方との交易が行われたため，近江・北陸出身の商人も多く居住した。
　江差や熊石の街を歩くと，「のとや」「わじま」という店名を見かける。道内には，札幌市内9店舗を含め，19店舗の「北陸銀行」の支店，出張所もある(北陸銀行HPによる。2009.11現在)。北陸との歴史的・経済的交流を示すものであろう。
　道南の海岸地方では，東北地方北部の方言を基盤としながらも，関西の商人との交流や，松前藩における京都の公卿との婚姻関係などによって関西圏

のことばや文化が流入した。

　石垣(1976)は，松前，江差での敬語使用として，「おまはん，こないだの先生さんでねがんす」(傍線は引用者)という例を挙げている。この地での方言では「おめ，こないだの先生でねが」となるところであるという。このような本州から持ち込まれた敬語語彙も，やがて単純化を進め，衰退の道をたどることになる。

　小野(1993)は，北海道の海岸方言を，松前方言，道南方言(松前を除く，渡島（おしま）・桧山（ひやま）・後志（しりべし）地方)，沿岸方言(前記以外の日本海沿岸・太平洋沿岸・オホーツク海沿岸)の三つに分けている。

　北海道では「仲間に入れる」意で，マゼル，カテ(デ)ル，カゼル，カタセル，カタスなどが使われるが，海岸部における分布を見ると，マゼルは太平洋側の胆振（いぶり），日高（ひだか），道東地域，カテルは道南地域から噴火湾側にかけての地域，カゼルは小樽，太平洋側の胆振，日高，道東，オホーツク海側，カタセルは松前・江差・熊石などで優勢になっている。カタスはカタセルとほぼ重なる地域に分布している他，日本海北側でも勢力は弱いが使われている。ところで，カタセル，カタスは九州方言圏，カタセルは新潟県，山形県，秋田県などで使用が見られる方言であるが，その方言が北海道では道南の日本海側の松前，江差，熊石，積丹（しゃこたん）などで優勢なのに対し，太平洋側ではほとんど見られない。道南地方の海岸方言も日本海側と太平洋側とではこのような顕著な違いを見せる。これには北前船による言葉の伝播が考えられる(見野2009)。

　海岸方言は浜ことばとも言われるが，特に日本海側の海岸方言を考える上で，鰊漁との関わりを考えなくてはならない。留萌（るもい）・増毛（ましけ）の浜ことばを扱った高橋(1995)によると，1950年代半ばで鰊漁が終焉を迎えるのであるが，それまでは浜は鰊で大いに栄えた。日本海側には鰊御殿と呼ばれる豪壮な建物が残っており，往時を偲ばせる。建網親方や，仲買人などといった富裕層の漁家は，子供たちの教育のために，札幌，小樽，函館，旭川などの学校に送りだすことになる。その結果，都会のことばが「ハイカラなことば」として浜にもたらされた。その他，都市部の有力者との間に閨閥が形成されることによっても，都市のことばが流入してくる。これらの階層のことばはプレス

テージ(威信・威光)を持ったことばであった。

　留萌・増毛などの浜ことばには道南の海岸方言には見られない特徴として，外来語の使用が見られる。「ホースペかげれ！(船のエンジンをかけろ，馬力をあげろ。horsepower)」「スタンバイせや(用意しておけ。stand-by)」「ゴーヘーセ(前進せよ。go ahead)」「ゴースタン(後進せよ。go astern)」「フライキあげろ(旗をあげろ。flag)」などである。

　留萌・増毛などの浜には，内陸部の空知地方の炭鉱地帯から主婦などが運搬や水産加工の労働力として提供された。鰊漁衰退後は，逆に海岸地方の人が空知・上川地方の農業地帯や，北見・網走方面の澱粉工場に労働力を提供することになった。

　このような状況の下で，海岸方言と内陸方言の接触が起こる。そして，意志疎通のために「浜ことば」「内陸ことば」のわくを越えた「北海道方言(北海道地域共通語)」が形成されることになる。

　ただ，日本海側での調査・研究に比べ，太平洋側やオホーツク海側の調査・研究は遅れており，海岸方言全体の様相を知るには今後のさらなる調査・研究に待つところが多い。

(2)　内陸方言

　1869(明治2)年に開拓使が置かれ，蝦夷地が「北海道」となって以降，内陸部の開拓が始まり，全国各地から屯田兵や開拓民などがやって来た。移住者が最も多かった明治25(1892)年〜大正10(1925)年までの来往者の出身地方別内訳を見ると，東北地方が40.3％，関東地方5.3％，北陸地方29.7％，東山・東海地方6.5％，近畿地方4.2％，中国地方4.3％，四国地方7.6％，九州・沖縄地方2.1％，その他(台湾・樺太・朝鮮)0.1％であり，移民送出県は当時の植民地も含め全国各地にわたっている(関・桑原 1995)。そのことは，北海道に福井，北広島，新十津川，伊達，鳥取などといった地名が見られることにも現れている。

　基本的には地理的に近い東北地方からの移住者が多いため，内陸方言は東北方言と共通する要素が多く，その連続性を示すが，西日本方言の要素も少なからず見出せる。このように，内陸方言では全国の諸方言が北海道に流入し，やがて北海道地域における共通語化が進み，さらに海岸方言の影響や全

国共通語化の波を受けて，現在の「北海道方言(北海道地域共通語)」が形成された。

　内陸部の炭鉱地帯と海岸部の漁業地帯との間で，労働力の交流があり，ことばの接触が起こったことは，先に触れた。全国共通語(標準語)の影響の例を挙げると，明後日の翌日のことは，東日本系の「やのあさって」と西日本系の「しあさって」が混在していたが，現在「しあさって」になっている。これは，東西方言の対決の結果，西日本系の語が優位に立ったというわけではなく，全国共通語「しあさって」を受け入れたことによる。

　内陸方言の中心をなすのは，道都札幌である。北海道の人口は，1908(明治41)年には150万人であったが(榎本・君 1969)，2009(平成21)年現在，557万人になり，その1/3に当たる約190万人が札幌に集中している。その多くは，内陸の炭鉱地帯や農村部，また海岸地方など道内各地から移り住んだ人たちである。また，大学生も札幌およびその周辺にある大学に道内各地から集まってくる。そこで海岸方言と内陸方言の接触が起こる。そのため，札幌生まれ，札幌育ちのいわゆる「根付き」の札幌人は相対的に少なくなっている。札幌にある地名「月寒(つきさむ)」が，地元アクセントの「低高高低」から「低高低低」へと変化しつつあるのもその現れであろう。

1.2. 北海道方言研究の流れ

　全国の方言を扱った文献の中には，方言地図の中から北海道が除かれているものや，紙幅の都合もあろうが，北海道の一部(道南地方)しか出ていないものがある。このような状況は，北海道方言に対する認識，位置付けのあり方が反映したものと言えるだろう。内陸方言に限って見ても，初期の段階(明治の頃)は，全国各地の方言のいわば生きている博物館的状況であったと考えられる。北海道が省かれた地図になっているのも無理のないことかも知れない。

　そのような中で，早く北海道方言の意義と重要性について指摘したものに平山(1953)がある。平山は，「北海道の言語(日本語)のように歴史も浅く，また，いろいろの地方から移住した人々の混ざっている地方は，一見，方言としてのまとまりもなく，研究価値がないように考えられがちである」が，

北海道は「言語の実験室」「試験管」であり、「諸方言の混合の結果……共通語研究の有力な参考になる」と述べている。

小野(1993)によれば、北海道方言が方言研究史上、注目され本格的な研究が始まったのは、昭和30年代以降のことである。

1958年から始まった国立国語研究所による調査は、1965年に『共通語化の過程——北海道における親子三代のことば』として公刊された。

この研究の国研側研究員であった柴田武は、北海道と東京はともに全国各地から移住者を受け入れている点で同じであるが、違いは東京の場合、転入・転出が多いのに対して、北海道は東京のようには激しくないことを指摘した上で、

> おとなになってから東京へ出て来た人は、いわば東京第一世だ。東京第一世は人口の上では東京全体の七十％以上を占めると見込まれるが、彼らのほかに、彼らがその言語に近づこうと日夜努力している、三十％未満の東京っ子がいる。東京第一世が移住したときには、そういう東京語(東京方言)が基盤としてすでにあった。この点は北海道第一世の環境と違っている。人間のいないところへ、屯田兵として、また集団移民として来たのだった。こういう条件のところで共通語化はいかに行われるものか。

と、「共通語化」が研究の関心であることを述べている(柴田 1959)。

また、この研究の北海道側研究員の一人五十嵐三郎は、江戸語の形成との類似性を指摘した後、その違いについて、

> 江戸語から東京語への動きは、文学作品その他の文献による調査によってのみ知りうるのに対し、北海道はそれを生きた現実の中に採りうる状態であるものであることである。

と述べている(五十嵐 1972)。

その後、海岸部、内陸部にわたって、北海道各地の方言の記述的研究が小野米一らによって進められた。また、井上史雄の提唱した「新方言」という概念も、北海道での実地調査によって生まれてきたものである。井上(2009)によると、この概念は1976年前後に北海道で行った方言調査がもとになって生まれたもので、「若い世代に向けて使用者が多くなりつつある非共通語

形で，使用者自身も方言扱いしているもの」を言う。全国各地から「新方言」の報告がなされ，『辞典・新しい日本語』(井上・鑓水 2002)としてまとめられている。このような新方言は現代に限って起こっている現象ではなく，いつの時代にも見られた現象で，言語変化の一つの現れである。

2. 移住と方言——徳島方言話者の例

　四国地方出身者は，先に見たように東北地方，北陸地方に次いで第3位で，移住者全体の7.6%を占める。ここでは，その中で徳島方言(阿波弁)話者が比較的まとまった形で移住してきた静内町，本別町の場合について，菅(2005)をもとに両地域の方言の変容を見ることにする。調査は，静内町は2004年3月，本別町は2004年2月に実施した。調査対象者は静内5名(78〜59歳)，本別8名(80〜46歳)のいずれも移住三世から五世にあたる男性の方々である。なお，同じ徳島方言話者の移住先仁木町，旭川市永山屯田兵村についての報告は，小野(2005)がある。

2.1. 静内町・本別町と徳島方言

　淡路島は現在の行政区画では兵庫県に属するが，もともと徳島藩の領地であったことから方言としては徳島方言(阿波弁)と見なすことができる。徳島藩淡路洲本城代家老であった稲田九郎兵衛邦植が，明治政府によって静内への移住を命じられたことで，明治4年に稲田家臣団が静内に移住してきた。その後，明治18年には同じ淡路島から法華宗の団体入植もあった(静内町史編さん委員会 1975)。

　本別町へは，明治30年に徳島県那賀，海部，勝浦の3郡から，本別町南部に位置する勇足地区に移住してきた(本別町史編纂委員会 1953)。

(1) 語彙の特徴

　『徳島県のことば』(平山・上野 1997)から選び出した語彙60語について，その使用実態を調査した結果は，以下の通りである。

　① 使用する，ないし聞いたことがある語は，以下の11語である。
　　　※ぬくい(暖かい)，※はく(手袋を〜)，※まかす(こぼす)，※みずく

さい(塩味が薄い), いける(大丈夫だ), おまはん(あなた), こける(転ぶ), つぐ(注ぐ, ご飯を〜), ひらう(拾う), へす(減らす), ほうる(捨てる)

(※の付いた語は, 全員使用するとした語で,「(手袋を)はく」「まかす」は, 北海道共通語になっている。「ぬくい」「みずくさい」は全道的とは言えないが北海道の他の地域でも使われている語である。)

② 全員が聞いたことがない語は, 以下の22語である。

あかい(明るい), いぬ(往ぬ), いる(入る), おきる(満腹になる), おぶける(驚く), かく(担ぐ), かす(ふやかす), かっつえる(飢える), かんまん(構わない), きく(味をみる), くちいやしい(意地汚い), くる(涎を垂らす), こずく(激しく咳をする), こわる(凝って痛む), たおる(道を曲がる), たちる(立つ), ねぶる(しゃぶる), はめる(入れる), はる(口などを拡げる), ひとすけない(恥ずかしい), やまる(止む), ゆる(揺する)

③ 静内・本別ともに使われている語は, 以下の8語である。

えぐい(いがらっぽい), つぐ, とく(梳かす), ぬくい, はく, へす, まかす, みずくさい

このうち,「えぐい, はく, まかす」は北海道共通語になっている。

④ 本別では聞いたことがあるが, 静内では聞いたことがないとされた語は, 以下の16語である。

あかい, いぬ, おきる, おぶける, かく, かす, かっつえる, かんまん, きく, こわる, たちる, ねぶる, はめる, ひとすけない, やまる, ゆる

⑤ 静内, 本別ともに全員が聞いたことがないとした語は, 以下の7語である。

いる, くちいやしい, くる, こずく, さいばん(まな板), たおる, はる

なお, 静内で聞いたことがあるとされた語で, 本別では聞いたことがないとされた語はなかった。全般的に見て, 静内町の方が移住元の故郷のことばを早く失ったことが分かる。

（2） 文法面での特徴

　断定表現を見ると，静内，本別ともに「ダ」が使われる。本別では，西日本の「ヤ・ジャ」も使われる。なお，用例の最初に付けた○は北海道方言，◎は徳島方言（阿波弁）ないし，関西方言，●は全国共通語である。

　　○こけたらあぶないでよー　きぃつけていかんせーちゅよなこと<u>だ</u>な。
　　　（本別，以下本）
　　「転んだら危ないよ。気を付けて行きなさいということだな。」
　　◎ふといちゅ　おおきいの　ふとい木<u>や</u>なーてな　（本）
　　「太いという，大きいのを　太い木だなあと言ってな。」

　否定表現は，両地域とも「ナイ」の他，「ン」が多用される。これは北海道で広く使われるが，徳島方言とも共通する。本別では，「ヘン」も聞かれた。静内では「ヘン」は現れなかった。

　　○どれがあわじべんだか　なんか　わから<u>ん</u>くなっちゃった（静内，以下静と表示）
　　「どれが　淡路弁であるか，なんか，分からなくなってしまった」
　　◎わから<u>ん</u>で，つかっとったらね。（本）
　　「分からないで使っていたからね。」

　「～なくなる」という全国共通語に否定の「ン」が使われた形（徳島でも若い人が使い出している新しい形式）も聞かれた。これは，北海道で独自に発達した形であると思われる。

　　◎このごろ　つくら<u>ん</u>くなったな　（本）
　　「この頃，作らなくなったな。」

　進行（結果残存）の表現は，両地域とも北海道で広く使われる「～テル（テイル）」が使われている。共通語と同様に，「テイル」が「今，雨が降っている」（進行）にも，「あっ，雪が積もっている」（結果残存）にも使われる。また，「～ヨル」が両地域で見られる。本別では，さらに「～トル」が多用されることが注目される。

　　○いまでも　とまこまいなんかに　のこっ<u>てる</u>な　（静）
　　「いまでも　苫小牧なんかに　残っているな。」
　　◎ここらでわ　ゆっ<u>とる</u>んなー　（静）

「この辺りでは，言っていないなあ。」
◎はぜ　つり<u>よった</u>　（本）
「ハゼをつっていた」
◎だれか　るすばん　し<u>とった</u>んだな　（本）
「誰かが　留守番を　していたのだな。」

なお，徳島方言の本来形「ツコートッタ」が「ツカットッタ」になっている。現在，徳島の若い層でもこの形が使われているのと共通した変化が起きていると考えられる。

◎ぎょーさんわ　つかっとった　（本）
「「ぎょうさん」は　使っていた。」

引用形式「〜トイウ」は「〜チュ(ウ)」となる。北海道で広く使われている形である。

○いがる<u>ちゅ</u>ことわ　きいたこと　あります　（静）
「「イガル」ということは　聞いたことがあります。」
○しゃもじっ<u>ちゅ</u>のが　ふつーでないだろか　（本）
「「シャモジ」というのが　普通でないだろうか。」

命令表現は，一段動詞の場合「見れ・食べれ」となるのが北海道方言の特徴である。両地域ともこの形が使われている。本別では，「する」の場合に北海道方言の「しれ・すれ」の他，関西の「せえ」，また依頼表現では徳島方言「〜でえ」が使われた例があった。

○そら　<u>しめれ</u>って　ゆっても　あけっぱなしして　いくんだよな　（静）
「ソラ，閉めろって言っても，開けっ放しにして　行くんだよな。」
○もっと　こく　<u>しれ</u>ってな　うん　（本）
「もっと濃くしろと（言って）な」
◎せんごひゃくとーに　<u>せー</u>ちゅったら　しっぱいした　（本）
「1,500頭に　しなさいといったところ失敗した」
◎あじみてくれん<u>でー</u>と　ゆーよーに　（本）
「味をみてくれないかと　言うように」
●ぬくいから　まど　<u>あけろ</u>とかね　（本）

「暖かいから　窓を　開けろとかね」

仮定・条件表現は，北海道方言では「〜ャ」「〜ダラ」などになる。両地域で使われている。

　　○ひんしつ　もたさなきゃ　なんないから　（本）
　　「品質を　持たせなければ　ならないから」
　　○こどものころだら　むかしだら　よじおきぐらいだったけど　（静）
　　「子供の頃なら　昔なら　四時起きぐらいだったけど」

使役表現も，北海道で広く使われている形が使われている。

　　○じーさんわ　こさくにん　ずいぶん　つくらしてたからね　（静）
　　「爺さんは　小作人に　すいぶん　作らせていたからね。」
　　○くちのわるい　ともだちに　いわしたら　（本）
　　「口の悪い　友達に　言わせたら」

可能表現は，北海道方言では，いわゆる「ラ抜き」が使われるが，徳島でも東部では「タベレル・タベレン」とラ抜きになる。「行かれる」の形も使われた。

　　○なかなか　しおからなんて　たべれなかったですからね。（本）
　　「なかなか　塩からなんて　食べられなかったですからね。」
　　●いや　それわ　よそ　はいって　いかれんです。（本）
　　「イヤ，それは　よそへ　入って　行かれないんです。」

文末詞は，北海道方言の文末詞がもっぱら使われている。「ショ」，「〜(ダ)ベ(サ)」，「〜カイ，〜モナ，〜モネ」など，両地域とも同様に使われている。

　　　いいっしょ，おまはんとか　ゆってたもな，くるもな，そーだべな。
　　　つかわんべ，しぬべさ，あったんでないかい，おたま(玉杓子)かい

「〜ワナ，〜ワイ」も使われるが，両地域とも使用者が高齢者に限られている。

　　　におい　かんでみーって　ゆーわな，つかうわな，いんでしもーたわ
　　　いって

「〜です」の「で」がほとんど弱化して「〜ス」になる形が，使用者が限られるが見られる。また，名詞だけでなく，動詞や形容詞にも「〜ス」が付

く。
　　○ほんとに　わからんすね　（本）
　　「本当に〈ことばは〉分からないですね。」
　　○いろいろな　せんぞのあれが　まじっちゃってる　あれわ　あるすね　（本）
　　「いろいろな　先祖の言葉が　交じってしまってることは　アレハ　ありますね。」
　接続表現は，「〜ケ，シタラ，シタケド」など両地域とも北海道方言が使われている。
　　○あすこいったけ　あいつ　いたぞーって　（静）
　　○あー　そーか　したら　ちがうのかな　（静）
　　○したけど　これさ　じっさいに　いま　じょせーが　けしょーしてね　（静）
　本別では，徳島方言の「ケンド」こそ使われないが，「〜ケン」は使われる。
　　◎ほなけん　けんとゆー　それわ　いまも　つい　でますよね　（本）
　　「ホナケン，ケンというのは，それは　今でも　つい　出ますよね。」
　　◎うちのばあさん　いまでも　もー　ばんねるわとか　やすむわとか　ゆーんだけども　ねるけんってなる　（本）
　　「うちの祖母さんは　今でも　もう　晩だから寝るわとか　休むわとか言うけれども，「寝るケン」と言う。」
　場所・方向助詞「ニ・ヘ」は，海岸方言では「サ」であるが，両地域とも内陸方言の「ニ・ヘ」である。
　　●なんねんか　こっちに　きていたちゅー　はなしです　（静）
　　「何年か　こっちに　来ていたという　話です。」
　　●おれも　そこえ　いって　おまいりしてきたんだ　（静）
　　「俺も　そこへ　行って　お参りしてきたんだ。」
　本別では，「ニ」より「ヘ」が多用される。また，高齢者に「〜イ」が現れた。これは徳島方言の特徴である。
　　◎しこくい　たずねていったらね　（本）

「四国に　訪ねていったらね」

間投詞類では,「ホレ」が両地域ともに使われていた。北海道で広く使われる語である。

　　○せんじちゅーで　ほれ　たべものなかったから　(本)
　　「戦時中で, ホレ, 食べ物がなかったから」

「イヤ」は, 相手の発言内容を否定するわけではない用法で, 北海道でよく使われる。

　　○いや　きょー　ぬくいなとわ　ゆーわな　(静)
　　「イヤ「今日は　ヌクイナ」とは　言うわな。」

複数の接尾辞「〜ガタ」は, 北海道方言としては, 敬意を含まないでも使われる。

　　○むこーの　ひとがたわだよ　(本)
　　「向こう(徳島)の人たちはということだよ。」
　　○ばーちゃんがたわ　ゆってたよね　(本)
　　「祖母ちゃんたちは　言っていたよね。」

「来る」の尊敬表現「オイデル(いらっしゃる)」という徳島方言は静内, 本別に限らず北海道各地でときおり耳にすることがある。

　　◎イヤイヤイヤ　せっかく　おいでるのにと　おもって　(本)
　　「いやいやいや　せっかく　いらっしゃるのに　思って」

存在を表す「イル」は, 両地域とも基本的に「イル」が使われる。静内では「オル」を併用する方が1名いただけであったが, 本別では「オル」が多用されていた。徳島方言の反映である。

　　◎ほんけの　うちに　おったんですけれど　(静)
　　「本家の家に　いたんですけれど」
　　◎おやがね　その　おるときわ　も　あわべんですわ　(本)
　　「親が　ソノ　いるときは, もう阿波弁ですわ。」

静内での談話中に現れた北海道方言を挙げてみる。「なんぼ(いくつ, 年, 個数)」,「まていに」(＝丁寧に),「いかった」(＝よかった)などの語があったが, これらは道内各地で広く使われている。「たいした」は, 標準語では「たいした問題ではない」のように使われるが, 北海道では否定文脈だけで

なく肯定文脈でも使われる。
　　○たーいした　りっぱな　ごちそーでな　（本）
　　　「たいそう　立派な　ご馳走でな。」
「てまがえ(=労働交換)」，「うちら(=私たち)」は，北海道内陸部で使われる語であり，西日本由来の語である。「うちら」は，現在女性の間でよく使われている。
「ぎょーさん」は，西日本由来の語で，北海道では普通使われない。
　　◎ぎょーさん　それわ　こっちの　ことばかとおもてった
　　　「「ぎょうさん」は　それは　（北海道の)言葉かと思っていた。」
次に，本別での談話中に現れた北海道方言を挙げてみる。
　　あきあじ(=鮭)，いずい(=異物感がある)，おんこ(=イチイの木)，こそばい(=くすぐったい)，凍み豆腐(=高野豆腐，東北系のことば)，たん(=石炭)，ばっち(=末っ子)，はんかくさい(=ばかみたい)，ひゃっこい(=冷たい)，ゆきはね(=雪掻き)
これらは海岸方言由来のもので，内陸部としても広く使われているものである。この内，「こそばい」は内陸方言である。海岸方言では「もちょこい」などという。「くすぐる」という動作やその感覚は，内陸方言では「こちょばす・こちょがす／こちょばしい」などk音で始まる形が使われ，海岸方言では「もちょばす・もちょがす／もちょばしい」などm音で始まる形が使われるという特徴がある。また，「ゆきはね」は，北海道でも雪の少ない地方で使われ，雪の多い地方では「ゆきかき」が使われることが多い。他に，徳島方言の「おぶげんしゃ(=金持ち)」が使われていた。
このように，徳島方言(阿波弁)は静内よりも本別の方に多く残っている。

2.2. 静内の親子二代のことば

ここでは，淡路島で小学校を終え，祖父，父親と一緒に静内に移住したMFさんとその子息MSさんについて，その特徴を比べてみたい。MFさん(以下，父)は，明治43(1910)年生まれ(1990年9月の調査時80歳)で，MSさん(以下，子)は，昭和13(1938)年生まれ(2004年3月の調査時66歳)である。
断定形式は，父は「～ヤ，～ジャ，～ダ」が使われているが，子は全て

「〜ダ」になっている。

　　来たんやなー，来とったんだ，思っとるんじゃて　（父）

　また，父は「〜デアッタ」(＝だった)の形が使われる。

　　嫌であったな，昔であったら　（父）

　否定形式は，父，子ともに「〜ン，〜ナイ」が使われる。これは北海道方言である。

　　言わんけんど，行かれないんだ　（父）

　　この頃は来ないのかも知れんな，使う人があるかも知れんけどな。（子）

　進行(結果残存)の形式は，父は「〜ヨル，〜トル」が使われており，子は「〜テル」になっている。

　　寝よったんじゃ何にもならない，（炬燵に）あたっとる，拝んどったらしい　（父）

　　親父から聞いてるんですけど，作ってるんですね。（子）

　引用形式は，親子とも北海道方言「〜チュウ，〜チュ」である。父には「〜チタ，〜(ッ)テ」も現れた。

　　言ったちゅう話だ，新冠(ニイカップ)御料牧場ちゅう看板，始末ちゅか，お経習うちて，お経習うべって，やめるべて，（以上，父）

　　うちら前には目名にいたっちゅ話なんです，分からないちゅうんだよね。（以上，子）

　文末詞は，北海道方言「〜ベ」の他，多くの文末詞が使われる。そのほとんどは北海道方言である。親子とも変わらない。

　　行ったべ，足袋の底だべさ，腹へってるべし，来とるわな，ルイベになるわい，大正だわね，行かなかったも。

　　吹きだまりだも，おっかないもな，建てれるもんでないてや（以上，父）

　　そーだべな，おまはんとかゆってたもな，大変なんだわ，出来ないも（以上，子）

　人の存在を表す語は，父は「オル」，子は「イル」である。

　　同級生おったの，人おるんだけんどもね　（父）

命令形は，親子とも一段動詞の場合「レ」語尾となる北海道方言である。
　　見れ　（父）
　　そら閉めれってゆっても開けっぱなしして行くんだよな。（子）
接続語は，北海道で広く使われている「〜ケ」が親子ともに使われている。
　　来とったかったけ，聞いたけ　（父）
　　あすこいったけあいついたぞーって，聞いてるんですけど　（子）
父には，徳島方言の「〜ケンド，〜ケンドモ」も使われるが，子には現れない。
　　持っとるけんど，言っとるけんど，貧しいんだけんども，いたずらするけんども　（父）
他に，父には「シタラ」類の接続表現が現れる。北海道方言である。
　　したから，大きな水出ると　（父）
場所・方向助詞は，父は基本的に「ヘ」が使われ，「ニ」はごく少数しか現れなかった。なお，本別では使われていた徳島方言「イ」は見られなかった。子は「〜ニ」が多用される。
　　学校へ行った，門別へ行く，ここへ来た　（父）
　　豊畑（トヨハタ）に来て，ここに三十三戸の移住してきて　（子）
人称接辞は，父は「〜ハン，〜ツァン」が使われる。子にも「〜ツァン」が使われていた。
　　とよはん，じゅうきっつぁん　（父）
　　きゅーきっつぁんら原さんのおやじとその三人いたが　（子）
形容詞「良い」は，父は「エエ」であるが，子は「イイ」となっている。
　　あの靴はえかったよ。えー靴だ　（父）
　　火持ちもえーし・火持ちもえーからね　（父）
　　いいとこ，雪ないだけいいよな　（子）
次に，父の談話中に現れた特徴的表現をいくつか挙げることにする。
可能表現は，北海道で広く使われている「ラ抜き」が現れる。また，可能動詞，レル形も現れる。
　　ラ抜き：見れる，建てれるもんでないてや
　　可能動詞：前も後ろも行けんだぞ，行けんのよ

レル形：行かれないんだ
　仮定条件は北海道方言「ダラ」が使われる。
　　　川原に行ったんだら
　非促音形(ウ音便)の使用が見られる。
　　　カンテラゆーて(カンテラと言って)，やめ(テ)しもーた
　一音節語は長く伸ばす(長呼)形になる。
　　　き(木)，じ(字)ーいよめ(字を読め)
　間投助詞として，「イヤ，ホレ」が，使われている。
　　　おれのじーさんな　いやまずしいことは……まずしいんだけども
　　　「俺の祖父さんはな　イヤ貧しいことは……貧しいのだけれども」
　　　一つひとつ，ほれ，やったもんだからね。
　その他，北海道方言語彙として
　　　おっきい・おきな・おっきな(大きい)，おっとい(一昨日)，こーるたん
　　　(石炭タール)，こんだ(今度)，さきおっとい(一昨々日)，(布団を)ひく
　　　(敷く)，ルイベ(半冷凍刺身)，ゆるくない，わや(ひどい状態)
が使われていた。また，次のような北海道内陸ではあまり耳にしない語や淡路の言葉も使われていた。
　　　おっさん(おじさん)，ききづて(聞き伝え)，きぽそい(心細い)
　　　始末(＝節約)，しょーげつ(正月)，まいねん(毎年)，どないして，なん
　　　もならん，よーけ(＝多く)
　総じて北海道方言(内陸方言)になっているが，淡路のことばも見られる。この親子の場合のように，一世代違うことによって，文法・語彙面で大きな違いが見られる。ただし，文の外側に位置する，聞き手目当ての伝達態度を表す表現は親の世代でも既に北海道方言になっていることが注目される。

2.3. 地域社会の共同体と方言

　両地域とも，ほとんどが既に北海道方言(内陸方言)になっているが，淡路のことばの現れ方を見ると両地域の違いも出てくる。本別の方が静内よりも，故郷のことばをより多く残している。静内の古い姿が本別に残っているとも言える。本別町の勇足地区は，三世においても徳島方言が観察された。これ

は，徳島県出身者が集団をつくり，一つの地域社会が形成されたために，徳島方言が保存されやすかったことが要因として考えられる。

このような事情を語っている本別での談話を以下に抜粋する。

話者 TT 氏(昭和2年生，平成15(2003)年調査時76歳，三世)の思い出話からの談話である。

　　　しょーわ　にじゅーしごねんごろ　うちの　にょーぼー　あの　むかしね
「昭和24, 5年頃　私の　女房が　アノ　昔はね」
　　　のーはんき　おわるとね　のーかのむすめ　ここらへんの　むすめ
「農繁期が　終わるとね　農家の娘は　ここら辺りの　娘は」
　　　むかしわ　ちゅがっこ　なかったから　こーとーか　にねん
「昔は　中学校が　なかったから　高等科の　二年を」
　　　そつぎょーすると　〈略〉じゅーいちがつから　さいほーがっこに
「卒業すると　(農閑期の)十一月から　裁縫学校に」
　　　いったんですよ。ほんべつに　かたまって　いくわけですよ
「通ったんですよ。(勇足から)本別(の町)に　一緒に　行くわけですよ。」
　　　それがね　ゆーたりのことばって　ゆーたりのことばだけ
「それが勇足の言葉(阿波弁)ということで　勇足の言葉だけが」
　　　とくべつだったと　うちの　にょーぽー　そーいってますよ
「(他の地区と違って)特別だったと　私の　女房は　そういっていますよ。」
　　　ゆーたりべんちて　ばかにされてたんだろけどね　そこらへんのね　○○さんや
「勇足弁といって　バカにされていたのだろうけど　近所の　○○さんや」
　　　△△さんの　むすめとかね　そーゆーのが　しゃべることば
「△△さんの　娘とかね　そういうのが　喋ることばは」
　　　おやが　ぜんぶ　あわべんだもんだ　そのとーり　ほんべつに　いって
「親が　全部　阿波弁を話すから　その通り　本別に　行っても」

しゃべるでしょ　ぜんぜん　ちがうことばなって　きこえるからね
「喋るでしょ。全然　違う言葉に　聞こえるからね。」
　ゆーたりべんって　みんな　いってたって　そーわ　いまでも
「勇足弁と　みんなが　言っていたと　そのようには　今でも」
　いってますけどね
「言ってますけれどね。」

3. 伝統的方言の消失と新方言

　前節では、移住以前の地域の方言が一部に残存するとはいえ、次第に消えて、北海道における共通語(これを地方共通語と呼ぶ。全国的規模で見れば北海道方言である)となっていく様子を見てきた。
　「方言のれん」などいわゆる方言グッズなどに登場する伝統的方言も、『日本方言大辞典』(小学館国語辞典編集部, 1989)や『都道府県別　全国方言辞典』(佐藤, 2009)などによると、ナゲル(捨てる)、シバレル(厳寒)、バクル(交換する)は東北各県、トーキビ(玉蜀黍)は東北・四国・九州、(手袋を)ハクは香川・徳島などにも見られ、「北海道独自」のものではない。形は同じでも意味・用法が変わったものもあるが、このような伝統的方言は、全国共通語の影響を受け、消失しつつあるものが多い。とは言え、根強く使われ続けられる方言や、新しく生まれる方言も見られる。本節では、そのような北海道方言の現状を見ていくことにする。

3.1. 方言カルタの俚言——海岸方言と内陸方言の動態

　方言ブームの一つとして、2003年に『北海道かるた方言編　CD付き』(Discovery Creative)が発売され話題になったことがある。山崎(2004)によると、この商品は当初観光客向けに開発され売り出されたものであるが、制作会社の意図に反して、道内在住者による購入が多く、同年末で13,000部完売したという。消えゆく伝統方言への懐かしさの現れであろう。その後、姉妹品として『津軽弁かるた』も同社から発売された。また、『土佐弁かるた』(生活創造工房, 2004)をはじめ全国各地で同様のカルタが発売されている。

ここでは,『北海道かるた方言編』の読み札に出てくる方言(75語)について,札幌在住の大学生の間で,現在どの程度使用されているか,あるいは理解されるかについて調査した結果を紹介する。調査時期は2009年11月で,対象は道内出身者がほとんどを占める勤務校を含む二つの私立大学生(18～25歳)95人である。

その結果は,以下の通りである。
①優勢な語(使用率60％以上)
15語あり,このうち使用率80％以上の語は,次の4語である。
青タン(青アザ),ガラナ(地域限定の清涼飲料),ザンギ(鶏の唐揚げ),わや(めちゃくちゃ,乱雑)
他の語は,
いずい(異物感),うるかす(浸す),えばる(威張る),～っしょ(～でしょ),つっぺ(栓),なまら(とても),ばくる(交換する),ほろう(払う),むりくり(無理やり),めんこい(可愛い),よしかかる(寄りかかる)
このうち,「青タン,ザンギ,～っしょ,なまら」は新方言である。「わや」は関西起源の語で,他は東北方言と共通である。
②やや優勢な語(使用率40％から60％未満)
おだつ(調子にのる,ふざける),おっちゃんこする(座る),かむ(嗅ぐ),きかない(気が強い),くっちゃべる(しゃべる),こわい(疲れた),たいした(とっても),ちょす(触る),なしても(どおうしても),ひっぺがす(はがす),ふっつく(くっつく),ぽっこ(棒きれ),みったくない(醜い),見れ(命令形)
の14語で,このうち「かむ,くっちゃべる,ちょす,ふっつく,みったくない」の5語は海岸方言であるが,「ちょす,ふっつく,みったくない」は,広く全道で使われている,ないしは使われていた語である。
③世代交代傾向にある語
聞いたことがあるが,自分では使わないとされた,使用率と理解率の差の大きい語は,次の4語である。
あずましくない(快適でない),いたましい(惜しい),げれっぱ(最下位),

はんかくさい(軽薄だ)

④衰退した語(使用率が20%未満,理解率も20%未満)

次の25語である。

＊あっぺ(逆)，＊おがる(大きくなる)，＊おここ(漬物)，＊かちゃっぺない(頼りない)，＊かっぱがす(ひっくり返す)，＊がんぜ(バフンウニ)，＊ごっぺかえす(失敗する)，＊すっかい(酸っぱい)，＊ぜんこ(お金)，＊だはんこく(駄々をこねる)，＊たんぱら(短気)，＊どってんする(びっくりする)，＊のっつり(たくさん)，＊はばける(喉に詰まらせる)，＊へなまずるい(すごくずるい)，＊もぐす(漏らす)，＊やっと(早く)，＊らんきこく(必死になる)，アノラック(防寒具ジャンパー)，しゃみこき(嘘つき)，じょっぴん(戸締まり)，デレッキ(火掻き棒)，ばちっこ(末子)，リラびえ(ライラックの咲く6月下旬頃の低温)，ルイベ(半冷凍の刺身)

このうち，＊の付いた18語は『北海道方言辞典』で海岸方言，または用例採取地が海岸部とされている語である。なお，「デレッキ」は暖房器具の変化により目にすることが少なくなったものである。「アノラック(防寒コート)」は「ジャンパー，コート」などと名称が変わった語である。「リラびえ」はマスコミによる新語であって，大学生にとっては認知度が低い。また，アイヌ語由来の「ルイベ」も，大学生には馴染みが薄い語であると思われる。

「方言かるた」に使われている方言の大半が海岸方言であり，北海道方言の基盤が海岸方言であることを反映している。これらの一部は内陸部へも伝わり，北海道共通語となった。このような海岸方言に由来する北海道方言は，内陸方言の要素よりも先に衰退し全国共通語に取って代わられた，ないしはその過程にある。

なお，「青タン」「〜っしょ」は，次項で見る「新方言」と呼ばれるものであるが，もはや高齢層にまで広く使われ，定着している。

3.2. 北海道の新方言

前項で，北海道における新方言の一端に触れたが，ここでは，現在北海道で広く分布している「なまら」，「わや」を取り上げることにする。

(1) 強調語ナマラ

　「とても」を意味する強調語「ナマラ」は，北海道全域で広く使われている。1993～1994年にかけて，道内63地点の高校生，約7,000名に対して行った調査(以下，前回調査。見野・菅1996)では，当時全国的に流行していた「チョー，メチャ」などを押さえ，「ナマラ」が北海道全域で極めて優勢な使用状況であった。ただし，地域差があり，道南の松前，道北島嶼部の利尻、礼文などでは「ウダデ」が，道南の中心都市函館市では「ガッツリ」が，道東の帯広，広尾では「ワヤ」が，北見をはじめオホーツク海側では「ヤタラ」が，それぞれ優勢であった。このうち，「ウダデ」は古語の「ウタテシ」「ウタテ」に由来する語で，道南に伝わった古くからの海岸方言である。道南地方の歴史の深さをうかがうことができる。

　以下，「ナマラ」の成立について，見野・菅(1996)，見野(2006)をもとに，見ていくことにする。

　この語は，「いいかげん，中途半端」という意味で「ナマラ，ナマラハンカ，ナマラハンジャク」として海岸地方で使われていたものであるが，近年若年層が強調語として使い出したことばである。

　　「ナマラハンカ泳げる人がよく溺れる」(石垣，1991)
　　「なまらはんじゃぐに学問したってろぐなもんにならない」
　　　　　　　　　(齊藤フサエ『越後衆の子孫が集めた高島方言』)

『越後衆の子孫が集めた高島方言』は，1985年から数年かけて採取されたもので，小樽市高島は新潟県北蒲原郡出身者が多い地区である。

　この「ナマラ」は「生半可」の「ナマ」に由来するものである。「ナマラ」の強調用法は，

　　「降ったの降らねのナマラ降った」(留萌)
　　「あの映画ナマラ迫力あったで」(岩内)

のように海岸地方では高齢者でも使われていた。これらは，「半端じゃないほど，程度が並みでないほど」という意味を含んでいると解釈できるものであるが，単なる「強調」として使われる契機であるとも言える。

　「雨が降ること」のように，好ましくない状況(以下，マイナス(の状況)と呼ぶ)や「迫力がある」のように，好ましい状況(以下，プラス(の状況)と呼ぶ)に

も使われている。

　やがて，「ナマラ」の強調用法での使用が増えるにつれて，「中途半端」の意味が薄れてきた。そこには「生(未熟，十分でない)＋半可(完全でない)」という同じ意味を並列させた語であるという語源意識が薄れるつれて，「ナマラ」が「ハンジャク・ハンカ」という状態を強調(修飾)しているという語源解釈が働いた可能性が考えられる。

　やがて，この強調語「ナマラ」は，札幌への人口集中とともに，市内に流入してくる。札幌市在住の高齢層や壮年層にも「ナマラ(強調語)」の使用者がいるが，そのほとんどは海岸地方の出身者である。

　2003〜2006年の高校生に対する再度の調査(以下，今回調査。70地点，5,689人を対象)でも，道南方言圏や道北，十勝内陸部など一部で浸透が遅れている地点があるが，全体としてその勢力をさらに拡大させている。また，男女差は前回調査に比べ，太平洋側やオホーツク海側での女子の使用率の伸びが大きく，内陸部では滝川，芦別，夕張など男子を凌いでいる地点も見られる。

　筆者の記憶では，札幌や旭川で，「ナマラ」を耳にするようになったのは，1970年代後半〜80年代になってからのことであった。その頃は，もっぱら男子中学生・高校生が使っており，女子生徒の使用は見られなかった。前回調査では札幌市内の高校生の使用率が男子83.5％，女子59.5％であったものが，今回調査ではともに80％以上とその差はなくなっている。

　強調語「ナマラ」は海岸部出身の親を持つ札幌の若者によって使われたことから，内陸部出身の若者へと広まり，さらに札幌の若者が使用することで，全道へと拡大していったと考えられる。これは，井上(2008)が指摘している東京新方言「ウザイ」が東京都西部の方言から東京中心部へ広がり，さらに全国へと広がったのと同様のパターンである。また，井上(2009)は，「ナマラ」は新潟県でも使われていることを指摘した上で，

　　『日本方言大辞典』によれば「なまら」は新潟県で「およそ」の意味で記録されている。また現代の方言手ぬぐいなどには強調語として登場する。意味転化の過程は分かりにくいが，新潟県の中で独自に変化したと考えられる。

と述べている(井上 2009：2)。

近年，北海道出身で全国区で活躍しているタレントや，日本ハムファイターズ(本拠地札幌)，所属選手によって「ナマラ」が全国に発信されるようになり，全国的に認知されるようになってきた。

(2) 強調語「ワヤ」

「ワヤ」は「めちゃくちゃ，乱雑」の意として，全道的に広く分布している。小学館『日本方言大辞典』の「わやく」の項に，《わや》の語形として，「わやにしてしまった」(北海道)をはじめ，愛知県，大阪市，島根県，高知市，福岡県などでの用例が挙げられている。北海道には，関西の「わや」が北前船のルートなどで伝わったものと考えられる。なお，アクセントは，「わや」(低高)，「わやだ」(低高低)である。

ここでは，道東の帯広，広尾などの若者による強調語としての「ワヤ」を取り上げることにする。高校生を対象にした前回調査では，道東にある帯広の男子18.9％，女子6.3％，広尾町の男子2.6％，女子6.5％，道南の室蘭では男子2.9％，女子4％が使っており，他の地区では見られない現象であった。

大学生を対象とした今回の調査(3.1.の調査)では，「使う，聞いたことがある」と回答した割合は以下の通りであった。

《従来用法》
家の中，ワヤだ。　　　　　　85％
コードが(からまって)ワヤだ。　72％

《強調用法》(マイナス文脈)　　　(プラス文脈)
ワヤ腹立つ　　34％　　ワヤ格好いい。　28％
ワヤむかつく　30％　　ワヤ美味しい。　21％

札幌での強調用法の認知度はまだ高いとは言えないが，道東出身者以外の者にも使用が認められる。「ワヤ」は，もともと語源的に「ひどい，めちゃくちゃ」などと，マイナスの意味を含んでいることもあって，初めは「むかつく，腹が立つ」などの表現を強調するのに用いられていたのであるが，次第にその用法を広げて，「ワヤ，格好いい」「ワヤ，美味しい」のように，プラスの文脈でも使われ始めている。

ちなみに，「ナマラ」についてみると，

（マイナス文脈）　　　　　（プラス文脈）
　　ナマラ腹立つ。　60％　　ナマラ格好いい。　58％
のように，既に差は見られなくなっている。
　道南や道北の利尻，礼文で見られた「ウダデ」も，マイナス事態からプラス事態へと広がる意味転化の方向が見られる。このような用法拡大のパターンは「すごい(すごく)」などの用法拡大とも共通する。

3.3. 新たな「方言の実験室」

　「いい(ツ)ショ」「寒い(ツ)ショ」などと使われる「～ショ」は，井上(1998)によると，北海道の室蘭から千葉県の君津へ，製鉄関係者が集団移住したことがきっかけとなって，関東に広まっているという。さらに，井上(2009)では，東日本各地にも広がっていることが報告されている。
　「見れる」「食べれる」などの「ラ抜きことば」は，早くから北海道では使われていた。さらに，その延長上の変化として「レタスことば」と呼ばれる「書けれる」「見れれる」などの可能表現も耳にする。塩田(2002)はファミレス・コンビニ用語「よろしかったでしょうか」の「タ」の用法は，北海道と東海地方で多用されることから，「北海道・愛知起源」である可能性を示唆している。両地域で独立して発生した用法なのか，何らかの影響関係があるのか，北海道，東北地方に広く分布している「はい，○○でした」(電話での名乗り)や北海道の「おばんでした」(夕方の挨拶)などの用法を含めて，さらに検討することが必要であるが，北海道方言は様々な点で言語変化の先取りをしていると言えるだろう。北海道は，まさに「言語(方言)の試験管」「言語(方言)の実験室」なのである。

[引用・参考文献]
榎本守恵・君尹彦. 1969.『北海道の歴史』山川出版.
平山輝男. 1953.「北海道方言の性格とその研究の意義」『金田一博士古稀記念言語民俗論叢』三省堂(井上史雄. 1994.『日本列島方言叢書1　北海道方言考』(篠崎晃一・小林隆・大西拓一郎編). 3-20. ゆまに書房再録による.)
平山輝男・上野和昭(編). 1997.『徳島県のことば』明治書院.
本別町史編纂委員会. 1953.『本別町五十年史』中川郡本別町役場.
五十嵐三郎. 1972.「北海道の共通語化」『言語生活』245：16-24(井上史雄他(編). 1994.

『日本列島方言叢書1　北海道方言考』29-37. 再録による.)
井上史雄. 1998.『日本語ウォッチング』岩波書店.
井上史雄・鑓水兼貴. 2002.『辞典・新しい日本語』東洋書林.
井上史雄. 2008.『社会方言学論考—新方言の基盤』明治書院.
井上史雄. 2009.「北海道新方言と現代新表現」『北海道方言研究会会報』86：1-7.
石垣福雄. 1976.『日本語と北海道方言』北海道新聞社.
石垣福雄. 1991.『増補改訂版　北海道方言辞典』北海道新聞社.
見野久幸・菅泰雄. 1996.「北海道の若年層における言語使用—「程度を表すことば」の使用を中心として」『日本方言研究会第62回研究発表会発表原稿集』.
見野久幸. 2006.「北海道における新方言「ナマラ」の源流と動態」『北海道方言研究会会報』83：1-12.
見野久幸. 2009.『北海道方言の地理的分布と動態』自家版.
国立国語研究所. 1965.『共通語化の過程—北海道における親子三代のことば』秀英出版.
小野米一. 1993.『北海道方言の研究』学芸図書株式会社.
小野米一(編). 2005.「徳島県から北海道への移住者に関する研究—言語変容を中心に」『平成15年～平成16年度科学研究費補助金(基盤研究(C)(1))研究成果報告書(研究代表者：小野米一)』.
齊藤フサエ(編)(発行年不詳)『越後衆の子孫が集めた高島方言』自家版.
佐藤亮一(編著). 2009.『都道府県別　全国方言辞典』三省堂.
関秀志・桑原真人. 1995.『北海道民のなりたち』北海道新聞社.
柴田武. 1959.「北海道に生まれた共通語」『言語生活』90(井上史雄他(編). 1994.『日本列島方言叢書　北海道方言考』143-154. 再録による.)
塩田雄大. 2002.「「よろしかったでしょうか」はよろしくないか」『NHK「放送研究と調査」』3：64-87.
静内町史編さん委員会(編). 1975.『静内町史(増補改訂版)』静内町.
小学館国語辞典編集部. 1989.『日本方言大辞典』小学館.
菅泰雄. 2005.「徳島県からの移住者のことば—本別町の場合」,「徳島県からの移住者のことば—静内町の場合—」『徳島県から北海道への移住者に関する研究—言語変容を中心に』100-155.
高橋明雄. 1995.「浜ことばについて—増毛・留萌海岸を調査して」『北海道方言研究会会報』57：1-11.
山崎哲永. 2004.「北海道方言かるたについて」『北海道方言研究会会報』79：25-28.

秋田方言
多様性を内包する「仮想方言」のダイナミクス

第3章

日高　水穂

1.「方言」への根源的な問い

　体験学習の一環で，中学生数名のグループが，大学研究室にやって来る。私の研究室にやって来るのは，「秋田弁調査グループ」だ。彼らは，事前に質問を考えてきていて，ノートを見ながら，次のような質問を繰り出す。
　「方言はいくつあるのですか。」
　「方言はどうやってできたのですか。」
　「秋田弁はいつからあるのですか。」
　こうした根源的な問いに，実は，専門家である方言研究者は，即答できない。
　日本の方言はいくつあるのか。この問いへの答えは，日本の方言学が伝統的に論じてきた「方言区画論」の成果の中にあるだろう。これは，言語的に似通った特徴を共有する度合いで日本の地域言語を区分していくもので，音韻，アクセント，語彙，文法といった言語的な要素の何を基準にするかで異同はあるものの，現在広く知られているものは，まず，本土方言と琉球方言を区分し，さらに，本土方言を東部方言，西部方言，九州方言に区分し（八丈方言をこれらと同列に区分する場合もある），琉球方言を北琉球方言と南琉球方言に区分する，というものである。「方言の数」を算出する際の問題は，下位区分された方言をさらにどこまで下位区分するか，という点であろ

う。下位区分の最も小さい単位としては，集落単位で方言を認定する場合もあるが，そうした集落方言も隣接する集落の方言と共通する言語特徴を備えているのが普通である。結局のところ，地理的に連続する地域のことばは，特徴を少しずつ違えながら連続的に広がっていると見るのが妥当であり，「○○方言」という認定は便宜的なものにすぎないと理解したほうが良い。

　このことは，方言の成立事情にも関わることである。人々の交流圏の範囲が基盤を同じくする言語共同体を生み出すのであって，交流が絶たれると言語的な連続性も絶たれることになる。言語は世代を経るに従って変化していくものであるため，交流が絶たれて時間を経ると言語差が生じる。こうしてことばの地域差(＝方言差)が生じることになる。この点で，現在の日本の方言差は，海峡や山脈などの自然境界とともに，江戸時代の藩境が方言の境界となっている場合が多い。

　例えば，東部方言の中に位置する東北方言は，青森県・岩手県中北部・秋田県・山形県沿岸部にかけての北奥方言と，岩手県南部・山形県内陸部・宮城県・福島県にかけての南奥方言に分かれる。北奥方言と南奥方言の境界は，江戸時代の藩境(南部藩と伊達藩の境界，庄内藩と新庄・山形・米沢藩の境界)に一致している。秋田県の方言も，かつて南部藩に属していた鹿角地方と諸藩諸氏領(亀田藩・本荘藩・矢島藩・仁賀保氏領・幕府領)に分かれていた由利地方の方言に特徴が見られる(図1)。

　図2の例で見れば，推量の形式として秋田県でほぼ全域的に使用されるのは，関東から東北地方にかけて広く用いられる「ベ類」である。「ベモノ類」はベに終助詞モノがついて推量専用の形式として慣用化したものであるが，この形は青森県津軽地方から秋田県にかけて見られる形である。鹿角地方に見られる「ゴッタ類」は隣接する青森県東部，岩手県中北部でも用いられる。由利地方に見られる「デロ類」は山形県庄内地方でも用いられる。

　秋田方言は，北奥方言域のちょうど真ん中に位置している。そのため，隣接している地域の方言の影響を強く受け，それによって県内の方言差が生じている。秋田県内の方言差は，明確な境界線が引かれるというものではなく，連続的に移行するものになっている。

　つまり，「秋田方言」とは，秋田県内に見られる方言の総称にすぎず，内

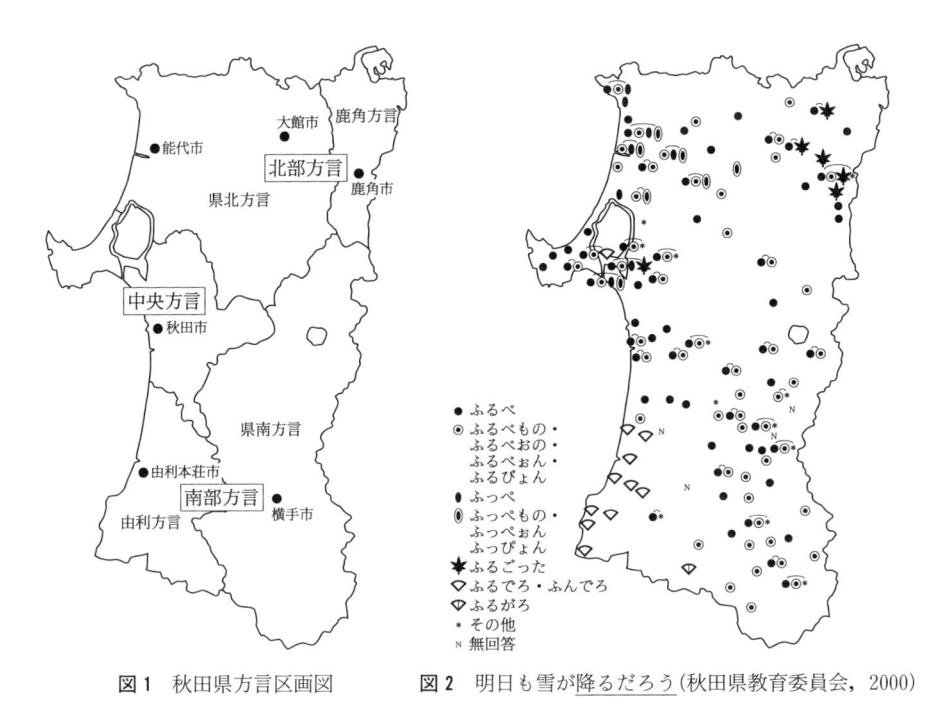

第3章 秋田方言——多様性を内包する「仮想方言」のダイナミクス　67

図1　秋田県方言区画図　　図2　明日も雪が降るだろう（秋田県教育委員会，2000）

部に多様な地域差を含んだ「複合体」なのである。多少逆説めいた言い方になるが，「秋田方言」は，明治の廃藩置県によって秋田県が成立したことにより概念化された仮想の方言だとも言えるのである。

2.「秋田方言」の実体化

　1997～2003年度にかけて実施された，秋田県教育委員会の方言収録事業は，書籍『秋田のことば』(2000年)と『CD-ROM版 秋田のことば』(2003年)に結実した。筆者は，これらの調査・執筆・編集に携わってきたが，このとき，筆者にとって最も難しい問題だったのは，実在しない「秋田方言」というものを記述しなければならない，ということであった。上述したように，北奥方言内部の地域差は連続的なものであって，県境で明確な方言境界線を引くことはできない。秋田県内においても，多様なことばの地域差および世

代差があり，さらには，現代社会では，場面差によって方言と標準語を使い分けることが一般化している。そうした多様なことばのバリエーションのうちの，いずれかを「秋田方言」として記述することは，仮想の「秋田方言」を実体化してしまうことにつながる。

　こうした場合，言語研究の世界では，話者の属性を明示することで，記述の客観性を確保しようとする。『秋田のことば』の場合，語彙調査では，県内28地点において，言語形成期(6〜12歳まで)を当該地点で生育した1936年以前生まれの話者を選定し，その回答に基づき記述を行った。この場合の「秋田のことば」とは，あくまでも，調査時点において行政区画上の「秋田県」の領域内で行われていた当該話者のことばであって，固有の「秋田方言」というものが，もともと存在していたわけではないことは，念頭に置いておきたい。

　方言の記録という作業で次に問題になるのが，表記の問題である(日高2005b)。基本的に話しことばで用いられる方言は，文字で表される機会に乏しく，方言話者の間で共有される「正書法」というものが確立していないのが普通である。特に，東北方言のように，標準語とは異なる音声，音韻体系を持つ方言では，仮名を用いた表記には様々な困難が生じる。

　『秋田のことば』では，専門的な言語記述の手法にのっとりつつ，一般に共有可能な秋田方言の表記体系を提案する試みとして，表1のような「秋田方言モーラ表」によって方言の仮名表記を行った。

　ここで採用した(標準語とは異なる)表記法とは，主に以下のようなものである。

① 「い」と「え」の中間音[e̞]を「え」で表す。

② 「し／す」[sï]，「じ／ず」[zï]，「ち／つ」[tsï]をそれぞれ「し」「じ」「ち」で表す。(ただし，動詞の終止形については，連用形との視覚的な混同を避けるために，「落とす」「立つ」などは「おどす」「たず」と表記する。)

③ 連母音 /ai/・/ae/ の融合音[ɛ]をエ列音の仮名に小字体の「ぁ」を付して示す。

④ ガ行鼻濁音を半濁点「゜」を付して表し，ザ・ダ・バ・ジャ・ビャ行

鼻濁音をこれらの仮名の前に「ん」を付して表す。
⑤　合拗音[kwa][gwa][ŋwa]を「くゎ」「ぐゎ」「ぐゎ」で表す。
⑥　長音を「ー」で表す。
⑦　「は・ひ・へ・ほ」の異音の「ふぁ・ふぃ・ふぇ・ふぉ」を立てる。
⑧　「せ」の異音の「しぇ」「ひぇ」,「ぜ」の異音の「じぇ」を立てる。

ところで，この「秋田方言モーラ表」は，厳密な意味での秋田方言の音韻一覧表ではない。これは，均質な一方言の音韻体系を示したものではなく，現在の秋田県内で行われていることばの総体において，区別される音声のリストを示したものである。例えば，④の合拗音[kwa][gwa][ŋwa]は，現在，高年層の一部に残っている程度で，ほぼ[ka][ga][ŋa]に統合してしまっている。また，⑦⑧のような異音の関係にある音声は，一個人が音韻的に区別しているものではなく，秋田県内で地域差，世代差の見られるものである。「は・ひ・へ・ほ」の異音として現れる「ふぁ・ふぃ・ふぇ・ふぉ」は伝統方言の音声であり，若い世代では標準語と同様に「は・ひ・へ・ほ」と発音される。「せ」の異音の「しぇ」「ひぇ」,「ぜ」の異音の「じぇ」も同様に，「しぇ」「ひぇ」「じぇ」が伝統方言の発音である(「せ」の異音としては「へ」が現れる場合もある)。

繰り返しになるが，「秋田方言」は決して均質なものではなく，内部に多様なバリエーションを含む「複合体」である。これはなにも「秋田方言」に限ったことではなく，現在，都道府県名を冠して称される「○○方言」のほとんどは，同様の多様性を包含した「仮想方言」なのである。

3.「秋田方言」の位置付け

上述したように，「秋田方言」には均質な一言語体系としての実体はない。しかしながら，このことは，北奥方言の中での「秋田方言」の位置付けを軽視するものではない。「秋田方言」は北奥方言域の「分水嶺」の位置にあり，むしろその多様性こそが重要な特徴なのである。このことを，東北方言のアスペクト・テンス体系を例に見てみよう(日高 2005a)。

東北方言のアスペクト・テンス体系には，大きく二つのタイプがあること

表1 秋田方言モーラ表

	あ [a]	い→え [kʲɛ]	う [ü]	え [ɛ]	お [o]
あ	あきた [a]（秋田）	いーえ [kʲɛ]（—）	う [ü]（—）	えあ [ɛ]（—）	お [o]（—）
か [ka]	かんじえ（風）	き [kʲɛ]（岸）	く [kü]（雲）	けあ [kɛ]（貝）	こ [ko]（炬燵）
が [ga]	がっこー（銀行）	ぎ [gʲɛ]（銀行）	ぐ [gü]（グミノキ）	げあ [gɛ]（高い）	ご [go]（胡麻）
が [ŋa]	しょーがっこ（小学校）	ぎ [ŋʲɛ]（コオロギ）	ぐ [ŋü]（道具）	げあ [ŋɛ]（うがい）	ご [ŋo]（仕事）
さ [sa]	さくらんぼ（サクランボ）	し [sʲ]（獅子）	す→し（獅子）	せあ [sɛ]（柴）	そ [so]（空）
つぁ [tsa]	もーつあると（モーツァルト）	—	—	—	つお [tso]（ご馳走）
ざ [za]	ざぐろ（ザクロ）	じ [zʲ]（地面）	ずーじ（図面）	ぜあ [zɛ]（在郷）	ぞ [zo]（雑巾）
ンざ [ⁿza]	ごんざき（質屋）	んじ [ⁿzʲ]（椎）	んずーじ（椎）	んぜあ [ⁿzɛ]（小細工）	んぞ [ⁿzo]（溝）
た [ta]	たぬき（狸）	ち [tsʲ]（近い）	つーち（使い）	てあ [tɛ]（大波）	と [to]（虎）
だ [da]	だるま（達磨）	じ→ぢ [dʲ]（道）	づーじ（蛍）	であ [dɛ]（大根）	ど [do]（泥）
ンだ [ⁿda]	とんだな（戸棚）	んぢ→んじ [ⁿdʲ]（鮨を続む）	んづ→んじ（続く）	んであ [ⁿdɛ]（荷台）	んど [ⁿdo]（喉）
な [na]	なんじな（七十な）	に [nʲ]（鶏）	ぬ [nü]（塗り絵）	ねあ [nɛ]（無い）	の [no]（海苔巻）
は [ha]	は（歯）	ひ [çʲ]（火）	ふ [Φü]（風船）	へあ [hɛ]（蝿）	ほ [ho]（果報）
ふぁ [Φa]	ふぁ（歯）	ふぃ [Φʲ]（火）	—	ふえあ [Φɛ]（蛇）	ふぉ [Φo]（果報）
ば [ba]	ばしょ（場所）	び [bʲ]（美人）	ぶ [bü]（葡萄）	べあ [bɛ]（倍）	ぼ [bo]（棒）
ンば [ⁿba]	かんぽ（カバ）	んび [ⁿbʲ]（指）	んぶ [ⁿbü]（蕾）	んべあ [ⁿbɛ]（壁）	んぼ [ⁿbo]（重）
ぱ [pa]	はっぴ（法被）	ぴ [pʲ]（切符）	ぷ [pü]（一運）	ぺあ [pɛ]（一杯）	ぽ [po]（尻尾）
ま [ma]	まじ（松）	み [mʲ]（民話）	む [mü]（昔）	めあ [mɛ]（旨い）	も [mo]（桃）
や [ja]	やきえも（焼き芋）	—	ゆ [jü]（夢）	—	よ [jo]（羊羹）

	ら [ra]	り [rɿ]	りんご (林檎)	る [rɯ]	る し (留守)	れ [re]	れんこん (運根)	ろ [ro]	ろーそく (蠟燭)	れ [rɛ]	くれあ (暗い)
わ [wa]	わらんび (童)	うぃ [wi]	うぃーく (ウィーク)	—	—	うえ [wɛ]	うえ (上)	うぉ [wo]	しらうお (白魚)	うえあ [wɛ]	たうえあねあ (たおいえない)
きゃ [kja]	きゃく (客)	—	—	きゅ [kjɯ]	きゅーりょー (給料)	—	—	きょ [kjo]	きょー (今日)	—	—
ぎゃ [gja]	ぎゃく (逆)	—	—	ぎゅ [gjɯ]	ぎゅーにゅー (牛乳)	—	—	ぎょ [gjo]	ぎょーてん (仰天)	—	—
んぎゃ [ŋja]	はんぎゃく (反逆)	—	—	んぎゅ [ŋjɯ]	にゅーぎゅー (乳牛)	—	—	んぎょ [ŋjo]	きんぎょ (金魚)	—	—
しゃ [ʃa]	しゃかえ (社会)	—	—	しゅ [ʃɯ]	しゅにく (朱肉)	しぇ [ʃɛ]	しぇんしぇ (先生)	しょ [ʃo]	しょーしじき (正直)	しぇあ [ʃɛ]	しぇあ (楽)
じゃ [ʒa]	じゃがえも (馬鈴薯)	—	—	じゅ [ʒɯ]	じゅぎょー (授業)	じぇ [ʒɛ]	じぇん (銭)	じょ [ʒo]	じょーしき (常識)	じぇあ [ʒɛ]	じぇあご (在郷)
んじゃ [ⁿʒa]	んじゃじゅえん (果樹園)	—	—	んじゅ [ⁿʒɯ]	かんじゅゆえん (果樹園)	んじぇ [ⁿʒɛ]	かんじぇ (風)	んじょ [ⁿʒo]	びじんじょ (美女)	んじぇあ [ⁿʒɛ]	ごんじぇあぐ (小細工)
ちゃ [tʃa]	ちゃ (茶)	—	—	ちゅ [tʃɯ]	ちゅーし (中止)	ちぇ [tʃɛ]	ちぇっく (チェック)	ちょ [tʃo]	ちょっと (一寸)	ちぇあ [tʃɛ]	ちぇあ (強い)
にゃ [ɲa]	こんにゃぐ (蒟蒻)	—	—	にゅ [ɲɯ]	にゅーぎゅー (乳牛)	—	—	にょ [ɲo]	にょーへんぼー (女房)	—	—
ひゃ [ça]	ひゃ (百)	—	—	ひゅ [çɯ]	ひゅーが (日向)	ひぇ [çɛ]	ひぇんしぇ (先生)	ひょ [ço]	ひょっとごと (ひょっとこ)	ひぇあ [çɛ]	うるひぇあ (うるさい)
びゃ [bja]	びゃくや (白夜)	—	—	びゅ [bjɯ]	びゅーびゅー (ビュービュー)	—	—	びょ [bjo]	びょーき (病気)	—	—
んびゃ [ⁿbja]	ごんびゃぐや (小部屋)	—	—	んびゅ [ⁿbjɯ]	てんびゅー (テンビュー)	—	—	んびょ [ⁿbjo]	じゅーんびょーにん (重病人)	—	—
ぴゃ [pja]	ろっぴゃぐ (六百)	—	—	ぴゅ [pjɯ]	ぴゅーぴゅー (ピューピュー)	—	—	ぴょ [pjo]	ぴょんぴょん (ピョンピョン)	—	—
みゃ [mja]	みゃやはぐ (脈拍)	—	—	みゅ [mjɯ]	みゅへん (ミュンヘン)	—	—	みょ [mjo]	きみょー (奇妙)	—	—
りゃ [ɾja]	しょーりゃぐ (省略)	—	—	りゅ [ɾjɯ]	りゅー (竜)	—	—	りょ [ɾjo]	りょごー (旅行)	—	—
くゎ [kwa]	くゎんじ (火事)	ん	撥音	しんぶん (新聞)							
ぐゎ [gwa]	ぐゎんじつ (元日)	っ	促音	きって (切手)							
ぐゎ [ŋwa]	ねんぐゎん (念願)	ー	長音	くーき (空気)							

→：その左側の音が右側の音と同音であることを表す。
—：その音節が存在しないことを表す。

表 2-1　A〈シテアッタ＝継続相過去〉タイプ

		未来	現在	過去
「いる」		イル	イル イタ	イタ イテアッタ
「いる」以外の動詞	継続相	シテ(イ)ル	シテ(イ)ル シテ(イ)タ	シテ(イ)タ **シテアッタ**
	完成相	スル		シタ

表 2-2　B〈シタッタ＝完成相過去〉タイプ

		未来	現在	過去
「いる」		イル	イル イタ	イタ イタッタ
「いる」以外の動詞	継続相	シテ(イ)ル	シテ(イ)ル シテ(イ)タ	シテ(イ)タ シテ(イ)タッタ
	完成相	スル		シタ **シタッタ**

が知られている。一つは，青森県津軽地方から秋田県北部の方言に見られる，シテアッタを継続相過去(標準語の「していた」に相当)に用いる体系で，典型的な例を示すと表 2-1 のようなものになる。もう一つは，秋田県南内陸部から東北地方の太平洋側の地域の方言に見られる，シタッタを完成相過去(標準語の「した」に相当)に用いる体系で，典型的には表 2-2 のようなものになる。

　これらの二つのタイプのうち，体系的に整合性があるのは，Bタイプの方である。Bタイプでは，イル，シテ(イ)ル，スルのいずれにも，タッタ形による過去形が存在する。それに対し，Aタイプは，イルの過去形にはイテアッタが存在するが，スルの過去形にはシテアッタは存在せず，シテアッタはシテ(イ)ルの過去形として位置付けられている。

　ところで，先に，Aタイプは青森県津軽地方から秋田県北部，Bタイプは秋田県南内陸部から東北地方太平洋側の地域の方言に見られると述べた。これらに加えて，秋田県中央部・南沿岸部(秋田市，南秋田地方，由利地方)には，Bタイプの前段階のものであると考えられる，シテアッタを完成相過

去で用いるタイプの体系がある。モデル化して示せば，表2-3のようになる。

　シテアッタとシタッタでは，形態的には前者の方が本来の形で，後者はその縮約形であると見なされるため，体系変化としても，AタイプからBタイプへの変化が起きたように見る見方もある。しかしながら，秋田県中央部・南沿岸部に見られるB′タイプの存在を考慮すれば，この地域で起きた体系変化は，図3のようなものであったと推定されるのである。

　AタイプとBタイプが地理的に接する地域にB′タイプが存在することは，まさに「秋田」を舞台にして，二つのタイプの言語体系が分岐して行ったことを窺わせる。

　地理的な連続性の中で捉えられる「秋田方言」を研究することの醍醐味は，それが希少な言語特徴を持つことによるのではなく（希少な言語特徴は，程度差はあれ，どの方言にも認められるものである），まさに，地理的な連続性を読み解くことによってしか解明できない，方言の多様な変異相を観察す

表2-3　B′〈シテアッタ＝完成相過去〉タイプ

		未来	現在	過去
「いる」		イル	イル イタ	イタ イテアッタ
「いる」以外の動詞	継続相	シテ(イ)ル	シテ(イ)ル シテ(イ)タ	シテ(イ)タ シテ(イ)テアッタ
	完成相	スル		シタ **シテアッタ**

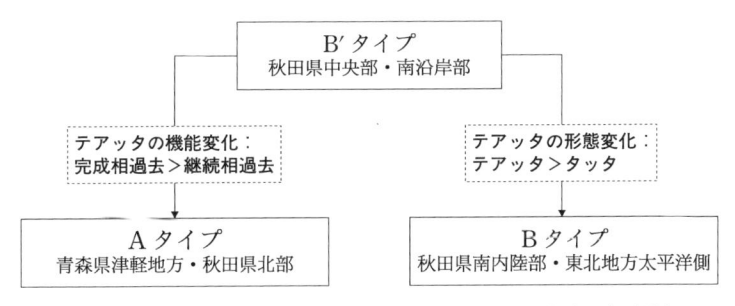

図3　テアッタ・タッタ形を含むアスペクト・テンス体系の変遷過程

ることができる点にあると言える。

4.「秋田方言」の継承の現状

こうした多様な内実を持つ「秋田方言」であるが，伝統方言の継承という点では，多くの日本語諸方言と同様に，危機的な状況にある。

秋田県教育委員会編『秋田のことば』では，1929年に秋田県学務課が編纂した方言集『秋田方言』に収載されている語を中心に4500語を選定し，語の由来などの解説を施すとともに，1997〜1998年に秋田県内28地点の高年層話者(1936年以前に生まれた人)延べ38名に対して実施した，方言語彙理解度調査の結果を記している。全ての話者が「知らない」と回答した語には×印が付してあるが，その数は304語(見出し語数)であった。

さらに2001年には，上記の調査によって秋田県内で全域的に使用が確認された方言語彙のうち，語形のバリエーションが少ない100語(名詞，動詞，形容詞)を選定し，世代別に方言語彙理解度調査を行った。回答者は，70代以上9名，60代18名，50代18名，40代15名，30代8名，20代5名，10代5名の計78名である(話者の年代は調査時点のもの)。

まず表3に，78名のうち「知っている」とした回答者の割合の高いものから調査語を挙げる(〔　〕内は標準語訳)。

上位にあるものは，「べご」(ウシ)のように東北地方で広く使用されているもの，「あさま」(朝)，「ばがけ」(馬鹿)などのように関連する標準語形が思い浮かびやすいもの，「なげる」(捨てる)のように標準語に同形の語があるものなどである。全般的に，一般性の高い概念を表すものが上位に挙がっている。

下位にあるものには，以下のように，地域独自の風習や習慣に基づくものや限定的な概念を表すものが多い。

- 「おわりはじもの」(旬の終わりの野菜や果物)
- 「からちら」(土産を持たず訪問すること)
- 「しとねる」(粉を湿し堅くこねる)
- 「ふけさめ」(朝夕に病状や気分の変わること)
- 「こまわり」(一人分の仕事の量)

表3　秋田方言語彙理解度調査の結果

【90％以上】
べご〔ウシ〕、あさま〔朝〕、かっちゃぐ〔引っかく〕、ばがけ〔馬鹿〕、ながまる〔横になる〕、ぬぐだまる〔暖まる〕、まがす〔ひっくり返す・こぼす〕、なげる〔捨てる〕、ぬぐだめる〔暖める〕、おやがだ〔主人・金持ち〕、どんぶぐ〔綿入れ羽織〕、うるがす〔浸す〕、としょる〔老いる〕、たなぐ〔持つ〕、ごしゃぐ〔怒る〕、はらわり〔腹立たしい〕、ではる〔外へ出る〕、けぁ〔かゆい〕、ふるし〔古い〕、よごれる〔濡れる〕、ねまる〔座る〕、かだる〔仲間入りする〕、かしける〔傾ける〕、はがえぐ〔はかどる〕、ぽう〔追う〕、あらげる〔乱暴する・暴れる〕、こんび〔焦げ飯〕、おがる〔成長する・伸びる・育つ〕、えものご〔サトイモ〕、しみる〔凍る〕、あぐ〔灰〕、よんばる〔招待する・呼ぶ〕、なんじぎ〔額（ひたい）〕、こんび〔垢〕、あまゆぎ〔みぞれ〕、えだまし〔惜しい〕、みじちける〔除雪して道を通す〕、ひるあがり〔昼食をとるために仕事をやめること〕

【80％以上90％未満】
はやす〔野菜などを切る〕、おどでな〔一昨日〕、あんべぁみ〔味見〕、たまし〔幽霊〕、えのながべんけ〔内弁慶〕、まめのご〔きなこ〕、まぐらう〔食べる〕、ふむ〔蹴る〕、ゆるぐねぁ〔容易でない〕、ぬだんばる〔這う・倒れる〕、めっこめし〔生煮えのご飯〕、あめる〔食物が腐って酸っぱいにおいがする〕、えんじくされ〔意地っ張り〕、まるぐ〔束ねる〕、このげ〔まゆげ〕、みみたんぽ〔みみたぶ〕、がっぱ〔一種の下駄〕、よが〔蚊〕、かなへんび〔トカゲ〕、ちらんだし〔弔問などに行くこと〕

【70％以上80％未満】
けら〔蓑〕、じょっぱり〔強情張り〕、はんばがる〔邪魔になる〕、はんばぎぬぎ〔旅から帰ってきたときに行う祝宴〕、よろける〔衰弱する〕、たんぱら〔短気〕、しける〔手伝う〕、てまかぐ〔手間賃を出す〕、もえ〔芽〕、さんと〔産婦〕、やじ〔湿地〕、はらよごす〔気分を害する〕、したおんび〔ふんどし〕、はりみんじ〔針穴〕、まぎ〔血統〕、たがらもの〔役立たず・道楽者・馬鹿者〕、けり〔靴〕

【60％以上70％未満】
おわりはじもの〔旬の終わりの野菜や果物〕、からちら〔土産を持たず訪問すること〕、はなちらもど〔眼前〕、からくじ〔悪口〕、しょっぽね〔根性〕、しとねる〔粉を湿し堅くこねる〕、あさねこぎ〔朝寝坊〕、たましえれ〔物の使用初め〕、ばぐる〔交換する〕、たごむ〔たぐる〕、ふけさめ〔朝夕に病状や気分の変わること〕、みご〔藁の身〕、ねっちょふけぁ〔執念深い〕、のっちめぐ〔大騒ぎする〕

【50％以上60％未満】
ゆきしろみんじ〔雪解け水〕、ぶしんじら〔仏頂面〕、ぶっからむ〔たたく・ぶつ〕、ひらめぐ〔皮膚がひりひりする〕、とじまなぐ〔どんぐりまなこ〕、けがじ〔飢饉〕、からこしゃぐ〔おせっかい〕

【40％以上50％未満】
もへんばご〔私物を入れる箱〕、ふごむ〔草履のまま炉に入る〕、あら〔米に混じっている籾〕

【30％以上40％未満】
こまわり〔一人分の仕事の量〕

また，以下のように，当該の事態や事物が現在の生活の中でなじみのないものとなった語も，消えていきやすいと言える。

- 「みご」(藁の身)
- 「けがじ」(飢饉)
- 「もへんばご」(私物を入れる箱)
- 「ふごむ」(草履のまま炉に入る)
- 「あら」(米に混じっている籾)

次に，世代別の方言語彙の残存状況を見ていく。図4は，各世代ごとの「知っている」語数の平均値を示したものである。調査当時の50代以上がだいたい同程度の理解度であるのに対し，40代以下は段階的に理解度が下がっている。特に，30代と20・10代の間の段差が大きい。これは，この世代における標準語化の度合と連動する現象であろう。

図5は，2004～2005年に実施した，青森県から秋田県にかけてのグロットグラム(地理×年齢)調査の中から，「あの人はまもなく来るだろう」の結果を図示したものである。この調査は，JR奥羽本線浪岡駅(青森県)からJR羽越本線小砂川駅(秋田県)までの23駅の周辺で，世代別(高年層・中年層・若年層・少年層)の方言調査を行うというものである。図5によれば，若年層(調査時点で30代)以上に見られる伝統方言形の「ベ類」，「ベモノ(ビョン)類」，「デロ類」が，少年層(調査時点で中学生)では標準語形のダローに置き換わっている。この傾向は，特に，秋田市(追分・土崎・秋田・桂根)を中心とした地域で顕著である。都市部を中心に，標準語化が進行してい

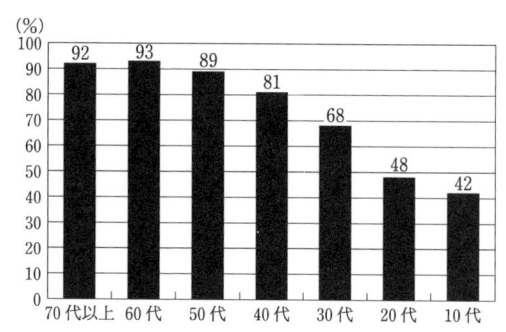

図4 秋田方言の語彙100語のうち「知っている」語数の平均値の世代差

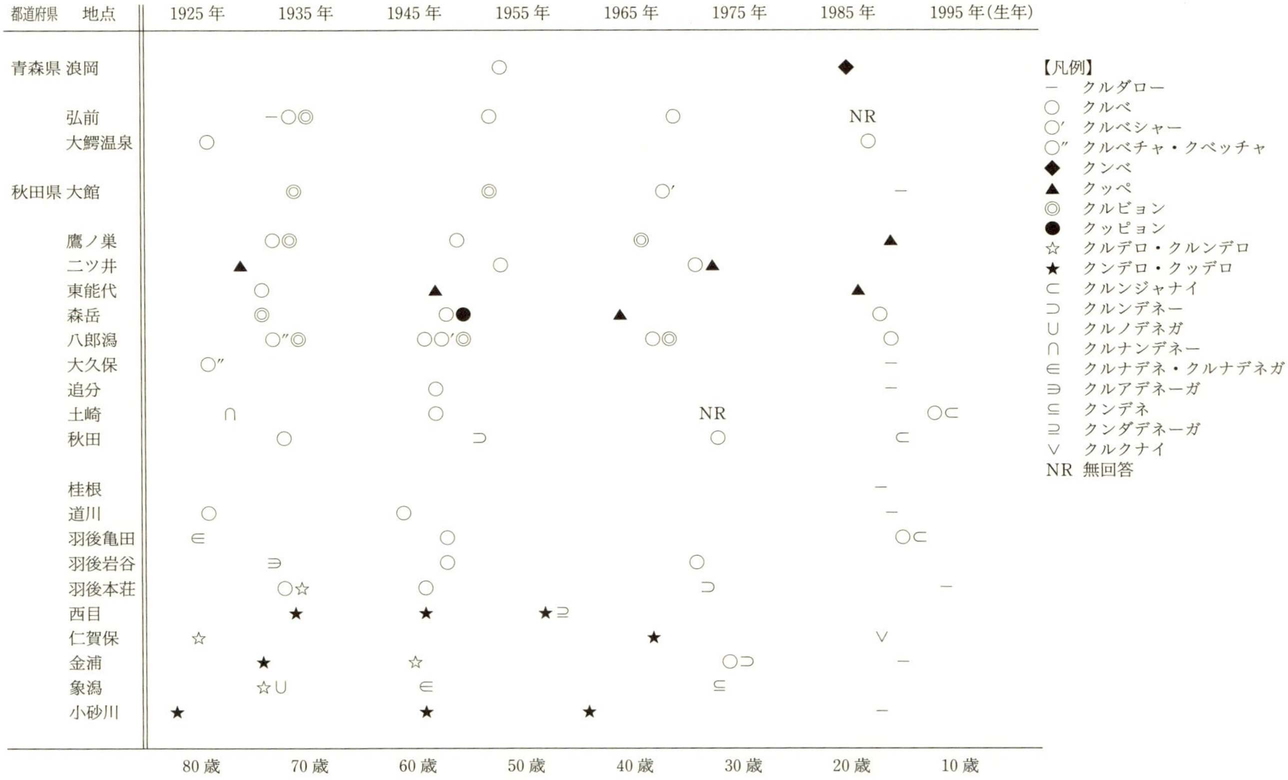

図5 あの人はまもなく来るだろう (日高・今村, 2008)

とが分かる。

　ここでは，さらに，図5の「デロ類」の現れ方に注目したい。「デロ類」は，図2でも見たように，秋田県由利地方から山形県庄内地方で用いられる特徴的な推量形式である。図5では，道川～小砂川が由利地方に属するが，道川・羽後亀田・羽後岩谷・羽後本荘といった秋田市に接する北寄りの地点では，中年層(調査時点で50代)や高年層(調査時点で70代)においても「ベ類」が回答されている。また，金浦では中年層・高年層では「デロ類」が回答されているものの，若年層では「ベ類」が回答されている。つまり，由利地方のデロ類は，隣接する秋田市などの有力な方言で用いられる「ベ類」の浸透により，標準語の浸透以前に，既に消滅の危機にさらされてきたわけである。

　「方言の危機」という時，現在，最も大きな流れとなっているのは，標準語の浸透によって伝統方言が失われることであるが，一方で，地域の有力な方言が周辺の弱小方言を飲み込むことで，伝統方言の中の多様性が失われていくことも同時に起きている。「秋田方言」の危機は，本来多様であったはずの「秋田方言」が，その多様性を失っていくことでもあるのである。

5. 「秋田弁危機」のメディア言説

　上に紹介したグロットグラム調査の結果は，秋田の若者の標準語化(記事では「共通語化」)が顕著となっている現状を報告するものとして，県内向けの新聞記事にも取り上げられた(図6)。

　「秋田弁危機」というややセンセーショナルな見出しの立てられたこの記事では，一見，秋田県全域で秋田弁が消滅の危機に瀕しているかのように見えるが，この調査で明らかになったのは，秋田県の中でも秋田市における標準語化の速さである。東北地方の日本海沿岸部では，秋田市が最も規模の大きい都市であり，そうした都市部で標準語化が進むのは，特殊なことではない。そしてそれは，人口の流動化による地域住民の緊密な関係の喪失など，都市に共通の社会基盤・志向性から説明できるものである。「秋田方言」は，変化の速度においても，多様な内実を持つのである。

第 3 章　秋田方言——多様性を内包する「仮想方言」のダイナミクス　　79

図 6　秋田弁危機（朝日新聞（秋田版）2008 年 8 月 29 日）

　ところで，この記事を書いた記者は，2008 年 4 月に朝日新聞秋田総局に赴任したばかりの東京生まれの 30 代男性である（これまでの赴任地は福岡・京都・福井・東京）。そもそも筆者に取材を申し込んできた理由が，「秋田の人が思いのほか方言を使用していないことに驚いたため」であった。「秋田には，方言が残っているはずだ」という思い込みと期待が，中央出身者であるこの記者にはあったわけであるが，こうした期待は，この記者に限らず，「地方」を見る「中央」の視線には，多少なりとも含まれているものと考えてよい。そしてまた，「地方」の側は，そうした「期待」を利用して，方言を地域アイデンティティの象徴と見なし，「ふるさと資源」として活用するようになってきているのである。

6.「地域性のインデックス」としての方言

　岩本(2007)では，フォークロリズム（一見，素朴なものに，現代人がノスタルジーや伝統らしさを覚える感性や現象）の視点から，「全国各地で繰り広

げられる世界遺産の登録運動や，棚田に象徴される文化的景観の保全活動」などを「"ふるさと"を資源化する試み」と見なしている。そうした「ふるさと」のイメージを喚起させ，郷愁を感じさせる素材となるものを，「ふるさと資源」と呼ぶとすると，現代日本社会において，方言はまさに「ふるさと資源」として活用される格好の素材となっている(日高 2009)。

6.1. 方言の社会的位置付けの変遷

かつて東北方言は，「田舎者」のことばの代表のように扱われ，集団就職や出稼ぎ，進学等で首都圏に移入した東北出身者は，深い「方言コンプレックス」にさいなまれてきた。そうした状況は，高度経済成長期を経た1970年代以降，特に交通網の発達とテレビの普及によって，地域間の経済・情報格差が平準化することにより，徐々に解消されてきた。一方，社会の平準化は，ことばの平準化をも押し進め，既に東北地方においても，伝統方言のみで生活をする人は皆無と言ってよい状況にある。「方言コンプレックス」の解消は，標準語の受容によって実現したという面を否定することはできないだろう。

1929年に秋田県学務課によって編纂された方言集『秋田方言』の「序」には，その編纂の目的が，以下のように記されている(下線は筆者，漢字は新字体に改めた)。

　　　国語の存する所必ず教育あり教育の行はるる所また国語の醇正を要すべきは自然の数にして国語が国民精神の血液なりと称道せらるる所以亦茲に存す

　　　蓋し言語は古来霊妙なる活動を有すとせられ特に我が邦は言霊の幸はふ国と伝へらる之を尊重し之を愛護し以て益其の醇正を期せざるべからざるは自ら明かなり

　　　然るに本県の如きは地東北の僻陬に在りて標準的国語の普及遅々として進まず方言訛語の残存するもの鮮しとせず之を矯正せむことは文化発展上必須の業と謂ひつべし県は此に観る所あり曩に委員を嘱託し管下方言の調査を命ず爾来三星霜今や漸く成る教養の任に在る者宜しく之を基案となして方言訛語の矯正を図り更に研鑽を積み他日の大成を期せらる

べし一言以て序となす

下線部分にあるように、ここでは、この時期の行政における方言収録の目的が、方言の矯正教育にあったことが、明確に謳われている。昭和初期のこの時期には、全国各地で行政主導の方言収録が行われたが、その目的は、秋田の事例と同様に、方言矯正と標準語の普及にあった。

一方、現在、行政が行う方言収録事業は、地域の伝統文化の保存を目的に掲げて実施される場合が多い。以下は、秋田県教育委員会編『CD-ROM版秋田のことば』の「はじめに」(抜粋)である(下線は筆者)。

　秋田のことばは、あたたかいことばです。
　私たち秋田人が支え合って生きていくために思いを通じ合ってきたことばだからです。
　秋田のことばは、ちからづよいことばです。
　冬のあいだじっとエネルギーを蓄え力強く芽吹くバッケ(フキノトウ)のように、遠い祖先の時代から自然の中でたくましく生きてきた秋田人のことばだからです。
　秋田のことばは、たのしいことばです。
　囲炉裏ばたで父、母、祖父母にムガシッコ(昔話)をせがんで身につけた秋田人のことばは、ユーモアにあふれています。
　ことばは時代とともに変化してやまないものです。秋田のことばも例外ではありません。2000年10月に、20世紀の秋田のことばの姿を伝えようと書籍『秋田のことば』(無明舎出版)を編みました。今度は、秋田人の声とともに生きた秋田のことばを伝えたいと思います。
　「あんだの声21世紀さ残さねすか？」
　そう呼びかけて、応じてくださった老若男女の秋田人の声をCD-ROMにギュッとつめ込みました。昔ながらの秋田弁あり、新しく生まれつつある秋田弁あり、21世紀への変わり目をともに生きた秋田人の声のタイムカプセルです。
　(中略)
　数えきれないほどたくさんの人たちの息吹と知恵がつまったタイムカプセルが、新しい時代の新しい人たちのことばに新たな生命を吹き込み、

「あたたかい，ちからづよい，たのしい」秋田のことばが生き続けるのを願ってやみません。

下線部分にあるように，現在，「秋田方言」は，「あたたかい，ちからづよい，たのしい」ことばとして称揚される。地方行政において，標準語を受け入れ中央に同化することが至上命令であった時代から，方言を地域アイデンティティの象徴として位置付ける時代に移ったことが見て取れる。

6.2.「ふるさと資源」としての方言

現在，方言は，様々な方言グッズ（のれん・手ぬぐい・湯飲み茶碗，絵はがき・かるた等々）や方言イベント（方言大会・演劇・民話の方言語り等々）に活用され，地域活性化に一役買っている。

図7は，秋田における方言の活用例である。公共機関の作成するポスター（①）や標語（②），観光地における観光客へのメッセージ（③）に方言が使用されている。

これらの例は，秋田県内での方言の活用例であるが，「ふるさと資源」としての方言を供給・需要する舞台が，当該の地域ではない場合もある。

①秋田市建都400年記念ポスター　②秋田県選挙管理委員会・秋田県明るい選挙推進協議会（2006年10月撮影）　③秋田県角館にて（2006年10月撮影）

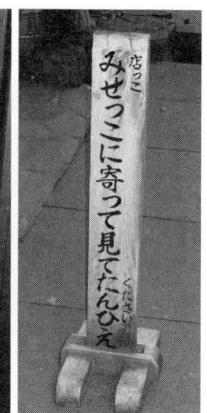

図7　秋田における方言の活用例

以下は，秋田県出身で名古屋市在住のシンガーソングライター伊藤秀志による「大きな古時計」の秋田方言訳である。伊藤がパーソナリティーを務めるラジオ番組で歌って話題を呼び，2003 年に CD 化され，中学校国語教科書（『新しい国語 2』東京書籍，2006 年度版）にも採用された作品である（伊藤秀志『Les temps qui passent 通り過ぎる時間』。ふりがなは筆者）。

大きな古時計 ZuZu バージョン

でっけくて背の高げ　古くせ時計っこだば
我家の爺っこの時計っこ
米寿と干支一回りも　休まねで動でだ
我家の爺っこの時計っこ
我家の爺　赤ん坊で　世間に出た朝間
誰がだやら買ってきた時計だもんだどや
今だば　まんずさっぱり　動がねぐなったもんだ
何となってしまったもんだ　時計っこ
米寿と干支一回りも　チクタク　チクタク……
我家の爺どふとじみでにして　チクタク　チクタク……
今だば　まんずさっぱり　動がねぐなったもんだ
何となってしまったもんだ　時計っこ（後略）

日本音楽著作権協会(出)許諾第 1100783-101 号

　この作品が中京地区で話題になって全国に知られるようになったことからも分かるように，現在の日本社会において，秋田(東北)方言は「素朴さ」「温かさ」「懐かしさ」を醸し出す「イメージ言語」として機能するようになっている。秋田(東北)方言は，日本人共通の「ふるさとのことば」として享受されるようになっているのである。

6.3. B 級グルメと方言

　地域活性化に活用される「ふるさと資源」には，方言以外にも，史跡，祭り，民俗芸能など，様々なものがある。中でも「食文化」は地域活性化の素材として重要な位置を占めるが，昨今さかんに取り上げられるようになっているのは，「B 級ご当地グルメ」と称される，地域の安価な日常食を商品化

したものである。「B級グルメ」の名称は，2006年に第1回B-1グランプリ（B級ご当地グルメの祭典）が開催されたことで，広く知られるようになった。

2009年9月には，秋田県横手市を会場として，第4回B-1グランプリが開催されたが，入場者の投票により当年度のグランプリに輝いたのは，地元横手市の「横手やきそば」であった。興味深いのは，この時当会場で，B-1グランプリには出展していない「新作ご当地メニュー」として，平鹿中央商工会青年部提供の「じゃんご焼そば」が売り出されたことである（図8）。

横手市は，いわゆる平成の大合併で，旧横手市と旧平鹿郡5町2村（増田町・平鹿町・雄物川町・大森町・十文字町・山内村・大雄村）が合併して現在の形となった。一方，平鹿中央商工会は，平鹿・大森・山内・大雄の四つの商工会が合併して成立したものである。「じゃんご焼そば」の「じゃんご」は，「在郷」に由来する方言で，「田舎」を意味する。旧横手市（＝都市）を取り巻く「郡部」（＝田舎）で企画・開発されたメニューであることと，出汁醤油風味の素朴な味わいというコンセプトを，「じゃんご」という方言による

図8 「じゃんご焼そば」パンフレット（柴田，2010）

命名が，雄弁に伝えている。

　このような方言による命名は，実は最近新たに開発されたご当地メニューに見られるもので，古くから地域に根付いているメニューには，方言名の例は多くない。しかしながら，B-1の会場を観察すると，看板，チラシ，テーマソングなどに，「ご当地ことば」が盛り込まれているものが実に多かった。

　B-1グランプリは，2010年の開催で5回目となる。つまり，地域の日常食が「B級ご当地グルメ」として注目され，地域活性化に活用されるようになったのは，2000年代に入ってからのことなのだ。そして，地域の日常語である方言を，「地域性のインデックス」(日高 2009)として活用する動きが強まったのも，同じ時期であると見られるのである。

　こうした傾向の背景には，それまで顧みられてこなかった「地域の日常生活」の中に，「地域の個性」を見出そうとする社会的な価値観の変化がある。B級グルメと方言が，同時期に地域活性化に活用されるようになった背景には，それをうながす社会的要請があるのである。

7.「方言」の現代的な価値

　全国一律に平準化した現在の日本では，方言は日常生活言語としての「生々しさ」を失い，「イメージ言語」としての機能を強めつつある。方言の活用を通じて「創出」される地域アイデンティティも，実は，周囲の一般的な価値観の投影である場合が多い。「あたたかい，ちからづよい，たのしい」方言という自己イメージと，「素朴な，温かい，懐かしい」方言という周囲の期待するイメージは，方向性を同じくするものと言える。

　ここで今一度，「秋田方言」の多様性の問題に立ち戻りたい。上で取り上げた「じゃんご」は，それが日常語として生きていた時期には，蔑みを含んだ差別的な語であった。今でも，年配者の中には，このことばに対する拒否感をあらわにする人がいる。「大きな古時計」秋田弁バージョンに歌われる「爺っこ」に対しても，「おじいさん」を蔑んでいるようで，不快に感じる人がいる。「おじいさん」を表す秋田方言には，「じさま」「じさ」「じっちゃ」などの敬称を含んだ語があり，「じっこ」(「爺(じい)」に指小辞「こ」がつい

たもの)は，目上の人物を指す語としては，卑称に近いのである。こうした方言に対する負のイメージは，それを日常語としなくなった世代においては，薄まりつつある。「秋田方言」は，そのイメージにおいても，世代間で多様な捉らえ方がなされる段階にある。

　方言の価値は，時代とともに変わってきた。それは，「田舎」が蔑みの対象であった時代から，「日本人の心のふるさと」へとイメージを変えた(変えるように行政が主導した)ことに並行する。「じゃんご」という語に蔑みを感じる世代には，方言に対し，深い愛着とともに，ぬぐいがたいコンプレックスがある。この世代は，日常生活言語として身に付けてきた方言を，外の世界に踏み出すにあたって抑え込み，標準語を受容してきた世代である。その結果が，地域社会における標準語の急激な浸透をうながし，方言の衰退を引き起こすことにつながった。

　そして時代が変わり，今，方言は，「ふるさと資源」として，また，地域アイデンティティの象徴として，活用されるものとなっている。そうした新しい方言の価値付けは，残念ながら現時点では，方言を再び日常生活言語として再生することにはつながっていない。

　一方で，「秋田方言」がそうであるように，多様性を内包するダイナミクスこそが，「方言」を「方言」たらしめる大きな特徴であるとすれば，現代方言は，「地域性のインデックス」として再認識されることで，新たな価値を与えられたとも言える。現代社会に「方言」が存在することの最大の意味は，おそらく，それが日本語の多様性(日本社会の多様性)を，現代日本人に気づかせるものであることによるのである。

[引用・参考文献]
秋田県学務課(編). 1929.『秋田方言』(1974. 復刻版. 国書刊行会).
秋田県教育委員会(編). 2000.『秋田のことば』無明舎出版.
秋田県教育委員会(編). 2003.『CD-ROM版 秋田のことば』無明舎出版.
日高水穂. 2005a.「方言における文法化―東北方言の文法化の地域差をめぐって」『日本語の研究』1(3):77-92.
日高水穂. 2005b.「『CD-ROM版 秋田のことば』の音声収録と表記の方針」『音声研究』9(3):29-36.
日高水穂. 2009.「秋田における方言の活用と再活性化―フォークロリズムの視点から」『月刊言語』38(7):24-31.
日高水穂・今村かほる. 2008.「日本海グロットグラム(青森・秋田編)」『日本海沿岸地域方言の地理的・年齢的分布(日本海グロットグラム)(井上史雄編)』. 1-37. 科学研究費補助金研究成果報告書.
岩本通弥(編). 2007.『ふるさと資源化と民俗学』吉川弘文館.
柴田真希. 2010.「地域アイデンティティの表出としての方言の活用」『秋田大学ことばの調査(日高水穂編)』5:156-168. 秋田大学教育文化学部日本・アジア文化研究室.

日本海グロットグラム（青森・秋田編）（日高・今村, 2008 より抜粋）

[凡例]
― カケナイ
● カケナイ・カケネー・カゲネ・カゲネー
■ カカレナイ・カガレナイ
◆ カカレネ・カガレネ
▲ カカイネ・カガイネ・カガエネ・カガイ
☆ ネァ・カガエネ
★ カガシネ・カガラネ・カガンネ・カガンネァ
＊ カガネ
♪ カケン
‡ カゲェネェグナッタ

都道府県 | 地点
青森県 | 浜岡
　　　　| 弘前
　　　　| 大鰐温泉
秋田県 | 大館
　　　　| 鷹ノ巣
　　　　| 二ツ井
　　　　| 東能代
　　　　| 森岳
　　　　| 八郎潟
　　　　| 大久保
　　　　| 追分
　　　　| 土崎
　　　　| 秋田
　　　　| 桂根
　　　　| 道川
　　　　| 羽後亀田
　　　　| 羽後岩谷
　　　　| 羽後本荘
　　　　| 西目
　　　　| 仁賀保
　　　　| 金浦
　　　　| 象潟
　　　　| 小砂川

1925年　1935年　1945年　1955年　1965年　1975年　1985年　1995年(生年)
80歳　70歳　60歳　50歳　40歳　30歳　20歳　10歳

書くことができない

ボールペンで手紙を書こうとしましたが、インクがなかなか出ることなくて「書くことができない」ということをどう言いますか？

【凡例】
- イル(ド・ヨ)
- インド
- ○ イタ(ヤ・ヨ)・エダ
- ◎ イダ(ヨ)・エダ(ヨ)
- ● イダッケョ
- ★ イデラ

都道府県	地点
青森県	浪岡
	弘前
	大鰐温泉
秋田県	大館
	鷹ノ巣
	二ツ井
	東能代
	森岳
	八郎潟
	大久保
	道ヶ
	土崎
	秋田
	桂根
	道川
	羽後亀田
	羽後岩谷
	羽後本荘
	西目
	仁賀保
	金浦
	象潟
	小砂川

いるよ

「弟がお母さんを探しています。あなたのいる場所からは、隣の部屋にいるお母さんが見えます。そこで弟に「お母さんは今、隣の部屋にいるよ」と言う時に「いるよ」の部分はどう言いますか？

都道府県	地点	1925年	1935年	1945年	1955年	1965年	1975年	1985年	1995年(生年)
青森県	浪岡							―	
	弘前	NR	●		●	●	●	☆	
	大鰐温泉				◆			○	
秋田県	大館		∪						
	鷹ノ巣		★*		●	★			
	二ツ井		■	∋		≡		○	
	東能代		∋	∋	―	●		‡	
	森岳		≡	≡	≡	∋		―	
	八郎潟				―			―	
	大久保				▲	▲		―	―
	追分		≡	≡	≡			―	
	土崎				▶			―	
	秋田		≡	≡	≡			―	
	桂根		≡	≡				―	
	道川			∋				―	
	羽後亀田		≡	∈					―
	羽後岩谷		∋		―				
	羽後本荘			≡					
	西目			≡				―	
	仁賀保		∪				―		
	金浦			∪					
	象潟		≡ $ ¥						
	小砂川		≡					―	
		80歳	70歳	60歳	50歳	40歳	30歳	20歳	10歳

[凡例]
― キイデシマッタ
― キイチャッタ
○ キイチマッタ
● キイデマッタ
≡ キイデシマッタ
∋ キイデシマッタ
∪ キデシマッタ
⊂ キデシマッタ
‡ キイジャッタ
☆ キカサッタ
★ キカサッテシマッタ
◆ キガサッテシマッタ
▲ キカサッテマッタ
▶ キイダ・キガ
■ キダッタ
$ キキテデマッタ
¥ キケダ
NR 無回答

聞いてしまった

聞くつもりはなかったのに「友達の内緒話を聞いてしまった」と言う時の「聞いてしまった」の部分をなんと言いますか？

【凡例】
― サムカッタ
＝ サムガッタ
≡ サブガッタ
○ サミカッタ
△ サミガッタ
△° サビガッタ・サビガタ
◎ サビカッタ
▽ サンビガッタ
▽° サミッケ
■ サムッケ
● サビッケ・サビヶ
◄ サンビッケ
▶ サンビッケ

「去年の冬は寒かった」と言う時の「寒かった」はなんと言いますか？

「このような天気」「こんな天気」と言う時の「こんな」をどう言いますか？

わたくしたち

【凡例】
- ― (オレ)タチ
- | ダチ
- // (オエ)ダシ
- ○ ガタ
- ● (オラ)ガダ
- ◎ (オラ・オエ・オイ)ダ ドモ
- ☆ (オラ・オレ・オイ)ンド
- ★ (オレ・ウチ)ラ
- ¥ (オラ)ンラ
- $ (オラ)ンラ
- NR 無回答

都道府県	地点	1925年	1935年	1945年	1955年	1965年	1975年	1985年	1995年(生年)
青森県	浜岡							☆	
	弘前	NR	―					☆	
	大鰐温泉				☆	☆		―☆	
秋田県	大館		●		―			―	
	鷹ノ巣							☆	
	二ツ井	★		☆	$	★		●	
	東能代		☆	○		★		―	
	森岳			●		○			
	八郎潟		//	//	―	◎		―¥	
	大久保		○						
	追分			―					
	土崎			NR					
	秋田	◎		◎			◎		
	桂根							―	
	道川		//	//					
	羽後亀田		◎			●	●		
	羽後岩谷		○		●	●			
	羽後本荘			●			―		
	西目		●	●		●		―	
	仁賀保			●				¥	
	金浦		●	●		●	―		
	象潟		//			●			
	小砂川		●					―	
		80歳	70歳	60歳	50歳	40歳	30歳	20歳	10歳

親しい友達に向かって言う時の言葉についてですが、「わたくしたちもいっしょに行こう」と言う時、「わたくしたち」と言うことを普通なんと言いますか？

【凡例】
― ソーダ（ネ・ヨネ）
｜ ソダネ
／ ソーダナ
△ ソーダベ
＝ ソーダイナ
‡ ソンダ
◎ シンダ（ネ・ナ・ヨナ・デナ）
▲ シダスナ
◆ シダベ（ナ）
★ シダデロ
＊ シダガラ（ナ・ネ）
NR 無回答

そうですね

普段家で「そうですね」と言う時には、どんなふうに言いますか？

[凡例]
○ タロンベ
◎ タロンペ
● タロンゲ
▲ タロゴ
▶ ジロゴ
◆ ジロナタロゴ・タロジロ
† タンタラ・タンタラユキ
‡ シガマ・スガマ
— ツララ

都道府県	地点
青森県	浪岡
	弘前
	大鰐温泉
秋田県	大館
	鷹ノ巣
	二ツ井
	東能代
	森岳
	八郎潟
	大久保
	追分
	土崎
	秋田
	桂根
	道川
	羽後亀田
	羽後岩谷
	羽後本荘
	西目
	仁賀保
	金浦
	象潟
	小砂川

つらら

冬、軒先にさがる氷の棒のことを、なんと言いますか？

都道府県	地点
青森県	浪岡
	弘前
	大鰐温泉
秋田県	大館
	鷹ノ巣
	二ツ井
	東能代
	森岳
	八郎潟
	大久保
	追分
	土崎
	秋田
	桂根
	道川
	羽後亀田
	羽後岩谷
	羽後本荘
	西目
	仁賀保
	金浦
	象潟
	小砂川

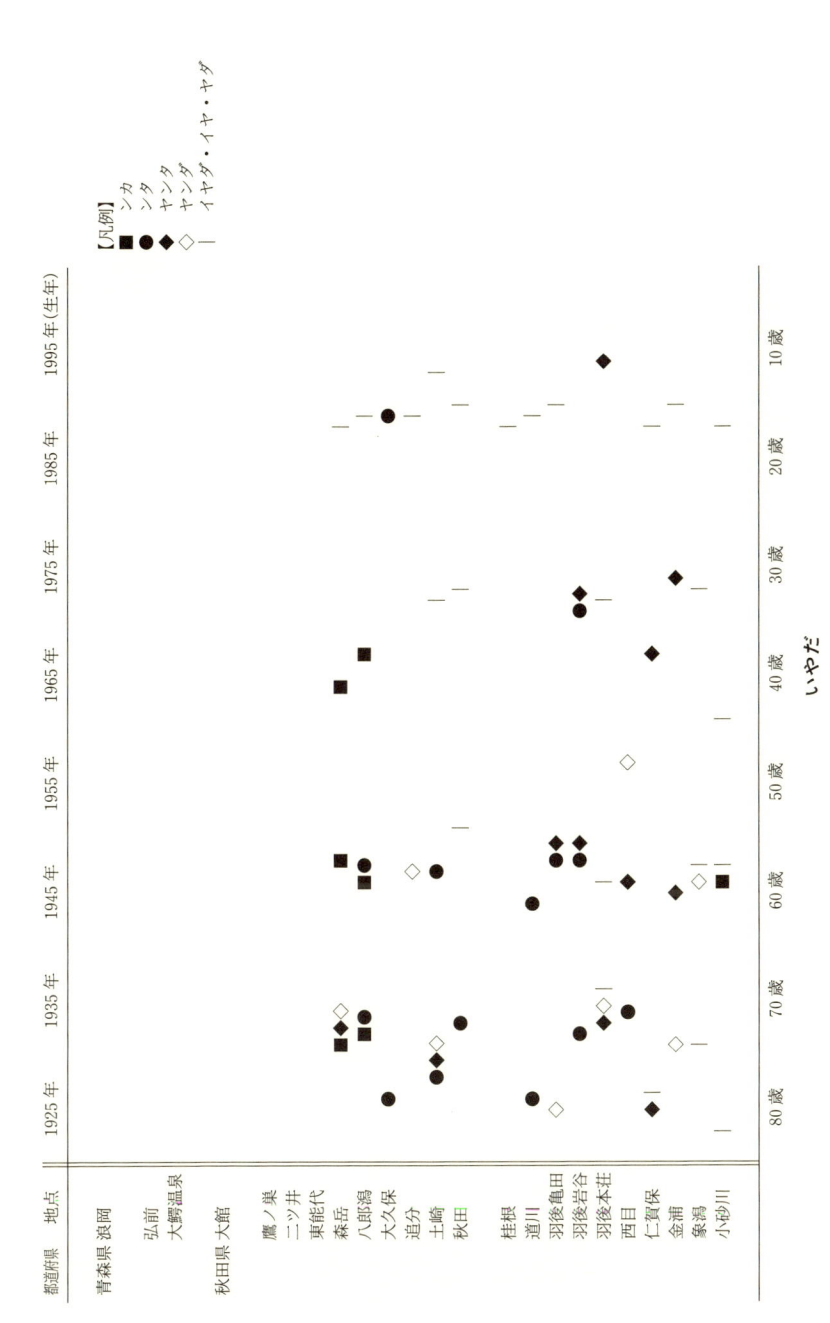

[凡例]
■ ンカ
● ンダ
◆ ヤンダ
◇ イヤンダ・イヤ・ヤダ
| イヤダ・イヤ・ヤダ

いやだ

[「そんなことをするのはいやだ」という時の「いやだ」をどのように言いますか？]

第4章

水海道方言
標準語に近いのに遠い方言

佐々木　冠

1. はじめに

　この章で水海道方言と呼ぶ言語体系は，旧水海道市(2006年1月1日に常総市に編入)を中心とする地域(茨城県南西部)で話されている伝統方言である。この方言が話されている地域は東京からわずか50 kmたらずの地域だが，東京方言や標準語とは異なる文法的特徴を示す。旧石下町(旧水海道市の北隣にある自治体，2006年1月1日に常総市に編入)を舞台とした小説『土』(1910年6月から12月まで東京朝日新聞に連載，長塚節の作品)の会話部分にはこの地方の方言が用いられている。この地方の方言は，夏目漱石によって「余等には余り縁の遠い方言」(「『土』について」1912年)と呼ばれ，『土』のわかりにくさの原因の一つともなっている。以下に引用する『土』の会話部分をご覧いただきたい。なお，本章では，『土』からの引用以外の方言データは原則的にカタカナ漢字混じり文で示す(必要に応じて発音記号(国際音声字母，IPA)も用いる。IPAの多くの記号の音価はアルファベットのローマ字読みとほぼ同じである。特別に注意が必要な記号については，その記号のある場所で解説を加える)。

　　そんだら見さつせえそれ，十五匁だんべ，俺がな他人のがよりや大けえんだかんな(p.40)

　　(標準語訳：それなら見せてみなさい，それを，15匁だろう。俺のもの

は他人のものより大きいのだからな)

　大きさを表す形容詞として標準語では用いられない「えけえ」という形式が用いられている。「えけえ」は現代の方言話者の音声としては[egae]として発音されることが多い。この形容詞は古典語の「いかし」(いかめしい)と同系と考えられるが，単語を構成する母音や子音の音化が変化を被っていることがわかる。文法に関しては二つの特徴を認めることができる。古典語の「べし」と同系の推量の助動詞が用いられているところは東日本の方言に広く見られる特徴である。「俺がな」という部分には，標準語では許されない「名詞句＋連体修飾格助詞＋準体助詞」という構造が見られる(標準語では「私のもの」を表すために「私のの」とは言えない)。ここでは，連体修飾格助詞「ノ」が準体助詞としても用いられている。「俺がな」の「な」は「ノ」とトピックの「ワ」の融合した形式である。「他人のが」という部分でも「名詞句＋連体修飾格助詞＋準体助詞」という構造が見られる。語彙だけでなく音韻や文法の両面でも標準語とは異なる特徴を持っていることがわかる。

　この地方の伝統方言がいつ頃形成され『土』の会話部分に現れるような言葉になったかは明らかではない。しかし，伝統方言は過去のものではない。筆者は1990年代前半から旧石下町と旧水海道市を中心に調査を行っているが，現在80歳以上の年齢の方のなかには『土』に現れる方言の特徴を色濃く残した言葉を使っている方がいる。

　では，水海道方言はどのような特徴があるのか。その文法に焦点を当て，水海道方言の特徴を示すのが，この章の目指すところである。この章では文法のなかでも特に格標示と音韻プロセスの相互作用を取り上げる。格標示とは，格助詞や格語尾などで格関係を示す在り方である。

　水海道方言には，言語類型論的に見て興味深い特徴がある。言語類型論は言語の系統に関係なく世界中のさまざまな言語の構造を比べて人間言語の普遍的な特徴とバリエーションに潜む含意法則や傾向性を明らかにする言語学の分野である。言語の系統に捉われずさまざまな言語の構造を比較・対照することを通言語的観察と呼ぶ。通言語的に見て珍しい特徴は有標な特徴と呼ばれる。一方，通言語的に見てありふれた特徴は無標の特徴と見なされる。この方言には通言語的に見て有標と考えられる特徴と無標と考えられる特徴

がある。この方言の三つの連体修飾格助詞や斜格主語固有の格助詞の存在といった文法特徴は，言語類型論的に見て珍しい有標な特徴である。主語と直接目的語の格標示に関しては，標準語よりも無標といえる特徴を示す。

この方言の文法特徴のなかには，これまでに提案されてきた言語理論の妥当性に疑問を抱かせるものもある。斜格主語固有の格助詞の存在は，斜格主語を間接目的語の一種と見なす文法理論の普遍性に疑問を抱かせる。また，h と p, s と ts が交替する現象である硬化の背後にある複雑で不透明な音韻プロセスの相互作用は近年影響力のある並列主義的な音韻理論の妥当性に疑問を抱かせる。

このような文法特徴を持つ伝統方言を話す老年層が残っている一方で，水海道方言は現在急速に変容を被り，伝統方言の継承が困難な状況にある。

この章の構成は以下のとおりである。第2節では水海道方言の形態統語論上の特徴を示す。扱う文法要素は格標示である。連体修飾格と斜格に有標な特徴があり，主語と直接目的語のコード化に関して無標の特徴が見られることを示し，こうした特徴の持つ意義について述べる。第3節では，硬化の背後にある四つの音韻プロセスの不透明な相互作用の分析を示し，強いかたちでの並列主義の問題点を指摘する。第4節では若年層における伝統方言の継承状況を示す。第5節はまとめである。

2. 形態統語論上の特徴——類型的有標性と無標性

この方言の形態統語論上の特徴で注目したいのが格体系である。表1に水海道方言の格形式の一覧を示す。NP は名詞句[*1]を指すものとする。ここで，「格助詞の一覧」とせず「格形式の一覧」としたのは，助詞がないゼロ格形式も存在するためである。ゼロ格標示とは，名詞に格助詞や格語尾といったプラス α の要素が付属せず辞書に登録されている形式のままで現れることを指す。表1ではゼロ格標示を NP-Ø で表す。

表1からわかるように，いくつかの格で有生性[*2]の違いにより格形式が

[*1] 被修飾部である名詞とそれを修飾する要素からなる統語的単位。
[*2] 付属する名詞が生き物かものかということ。

表1 水海道方言の格形式(標準語との対照)

	水海道方言		日本語標準語	
	有生名詞句	無生名詞句		
主格	NP-Ø		NP-が	主格
対格	NP-ゴド	NP-Ø	NP-を	対格
経験者格	NP-ガニ		NP-に	与格
与格	NP-ゲ	NP-サ(エ)		
位格	NP-ニ			
奪格	NP-ガラ		NP-から	奪格
具格	NP-デ		NP-で	具格
共格	NP-ド		NP-と	共格
属格	NP-ノ		NP-の	属格
所有格	NP-ガ			
連体位格		NP-ナ		

NP：名詞句，NP-Ø：ゼロ格表示

異なっている。有生性に基づく区別が水海道方言の格体系を特徴付けていることを初めに指摘したのは，宮島(1956)である。標準語では，格形式はもっぱら文法関係や意味役割といった名詞と動詞の関係によって決定され，有生性は格形式の決定に関与しない。文法関係とは主語や目的語といった名詞句が文中で果たす統語的な機能である。一方，意味役割は，文が表す出来事のなかで名詞句の指示物が果たしている役割に対応する意味的な単位である。標準語のように有生性が名詞句の格形式に関与しない体系に親しんだ目から見ると，表1の水海道方言の体系は変わったものに見えるかもしれない。しかし，名詞の意味(有生性)が格形式を左右する現象は，決して珍しいものではない。能格言語における分裂能格性もその一つである。分裂能格性は，能格・絶対格型の体系と対格・主格型の体系が一つの言語のなかに並存する現象で，名詞の内在的な意味が能格型と対格型[3]の使い分けを左右する要因の一つとなっている(Silverstein 1976，角田 2009参照)。

---

[3]能格型・対格型の概念については2.3節参照。

有生性の格体系への関与については，2.3節でもう一度取り上げることにする。ここでは，まず，表1の縦の軸に注目したい。標準語の一つの格形式に水海道方言の複数の格形式が対応している箇所に注目してほしい。具体的には標準語の「の」に対応する要素と標準語の「に」に対応する要素である。水海道方言で標準語より細かい区別が存在するこの二つの箇所は，水海道方言の類型的な有標性を考える上で重要である。

2.1. 三つの連体修飾格

水海道方言には「ガ」「ノ」「ナ」という連体修飾格助詞が三つある。連体修飾格助詞とは，名詞句内で名詞を修飾する要素に付属する格助詞である。標準語の「僕のもの」の「の」に対応する要素である。

標準語の「の」の用法を規定しているのは，それが現れる環境が連体修飾構造であるという統語的な位置付けである。これに対し，水海道方言の三つの連体修飾格助詞の使い分けでは，連体修飾構造という統語的環境だけでなく，意味も重要な役割を果たす。具体的には，格助詞が付属する名詞の意味と連体修飾句のなかの意味関係が三つの連体修飾格助詞の使い分けに関与しているのである。

三つの格助詞のすべてが同じ度合いで意味に用法を規定されているわけではない。佐々木・カルヤヌ(1997)によると，「ガ」と「ナ」は意味的に用法を規定できる格だが，「ノ」はそうではない。

「ガ」は，付属する名詞が有生物であり，連体修飾句のなかの意味関係が所有およびそれに近い意味関係の場合に用いられる。所有に近い意味関係とは，属性(猫ガ重サ)，心理的状態(俺ガ好ミ)，受益関係(子供ガ本(子供向けの本の解釈))，動作(俺ガ頼ミ)，親族関係(忰ガ嫁)，時間関係(俺ガ頃)，場所関係(俺ガ前)などである。付属する名詞が有生物の場合でも，意味関係が，材料(牛ノ肉，狐ノ襟巻)，同格(政治家ノ喜四郎)などの場合は，「ガ」を使うことができない。そして，こうした意味関係では「ノ」が連体修飾格助詞として用いられる。佐々木・カルヤヌ(1997)は，「ガ」が使える意味関係が，Nikiforidou(1991)提唱の所有を中心とした意味のネットワークにおいて所有関係から直接派生可能な関係であり，「ガ」が使えない意味関係が他の意

味関係を介して所有関係と関わりを持っているものであることを指摘している。

「ナ」は付属する名詞が場所名詞であり、連体修飾句の意味関係が「上ナモノ」のように「場所-存在物」の場合に用いられる。「隣ノ向ゲエワ　ハスケエ(隣の向かいははす向かい)」のように被修飾要素が相対的な場所(この場合「向ゲエ」)の場合には「ナ」ではなく「ノ」が用いられる。

上の「ガ」と「ナ」の記述から「ガ」や「ナ」を使えない環境で「ノ」が用いられることがわかる。つまり、「ガ」と「ナ」は意味によって用法を規定できるが、「ノ」はそうした用法から外れる連体修飾関係で用いられるのである。このことから「ノ」の用法には意味的な規定ができないことがわかる。「ノ」はそれが現れる構造が連体修飾構造であることを示すという統語的な機能だけを持つ文法格なのである。そして、「ガ」と「ナ」は連体修飾構造における意味格と見なすことができるのである。

連体修飾格助詞が三つあるという特徴は水海道方言の格体系にとってどのような意義があるのだろうか。

Blakeは、人間言語のさまざまな格を扱った著書(Blake 1994)において、連体修飾格は一つの言語に一つであることが多いと述べている。現在の日本語標準語は「の」という一つの連体修飾格助詞だけを持っている。このような状態の言語が多いということである。別な見方をすると、古典語や水海道方言のように複数の連体修飾格のある言語は珍しいということになる。ただ、古典語や南日本の方言のように二つの連体修飾格助詞(この場合「ガ」と「ノ」)がある体系は他にもある。多くの日本人が中等教育で(最近では初等教育でも)学ぶ英語もその一つである。英語には、「's」(サクソン属格)を使った連体修飾表現(例：yesterday's newspaper 昨日の新聞)と「of」(ノルマン属格)を使った連体修飾表現(the king of England イングランドの王)がある。これに対し、水海道方言のように生き物名詞に付く連体修飾格(「ガ」、例：俺ガモノ)ともの名詞に付く連体修飾格(「ノ」、例：机ノ脚)と場所名詞に付く連体修飾格(「ナ」、例：前ナモノ)と三つの連体修飾格を区別する言語体系はあまり見当たらない。

水海道方言に見られる三つの連体修飾格の使い分けは言語類型論の観点か

ら見て珍しい現象ということができそうだ。

2.2. 斜格主語固有の格形式

類型論的観点から見て珍しい現象は，連体修飾構造以外の場所でも見出される。間接目的語と斜格主語のコード化の在り方がそれである。

表1を見ると，標準語の「に」が用いられている領域で，水海道方言では「ゲ」「サ」「ガニ」「ニ」の四つの格助詞が用いられていることがわかる。このうち「ゲ」「サ」は与格であり，統語的には間接目的語を表すのに用いられる「ゲ」と「サ」は付属する名詞の有生性で区別される。有生名詞には「ゲ」が付属し，無生名詞には「サ」が付属する。「ガニ」は斜格主語を表すのに用いられる(斜格主語の概念については後述)。「ニ」は位置を表す名詞句や受動文の動作主，二次述語などを表すのに用いられる。以下の例文を標準語訳の「～に」と対比しながら参照されたい。

(1) 倅　コノ荷物　親戚-ゲ　送ッタ(有生与格「ゲ」)
「息子がこの荷物を親戚に送った」

(2) 三カ所ノ被災地-サ　義援金　送ッタ(無生与格「サ」)
「三か所の被災地に義援金を送った」

(3) アレ-ガニ　オ前-ゴド　ワガンメ(経験者格「ガニ」)
「彼にはお前がわからないだろう」

(4) 庭-ニ　花　咲エダ(位格「ニ」位置)
「庭に花が咲いた」

(5) 学生　先生-ニ　イギマレダ(位格「ニ」受動動作主)
「学生が先生に叱られた」

(6) アレ　子供-ゴド　医者-ニ　シタ(位格「ニ」二次述語)
「彼は子供を医者にした」

間接目的語は，授受動詞などを述部とする構文の受け手に対応する文法関係である。形の上では与格であるが，直接目的語と統語的な特徴を共有する要素である。例えば，以下の例が示すように，直接目的語と間接目的語はともに受動文で主語に昇格できる。間接目的語は目的語と統語的特徴を共有する斜格要素といえる。

(7) a. 先生　アノ子供-ゴド　イギンダ　能動文(他動詞文)
　　　「先生があの子供を叱った」
　　b. アノ子供　先生-ニ　イギマレダ　受動文(直接目的語→主語)
　　　「あの子供が先生に叱られた」
(8) a. 孫　俺-ゲ　年賀状　送ッタ　能動文(複他動詞文)
　　　「孫が俺に年賀状を送った」
　　b. 俺　孫-ニ　年賀状　送ラレダ　受動文(間接目的語→主語)
　　　「俺は孫に年賀状を送られた」

　斜格主語は，心理述語文や可能構文の経験者に対応する要素である。形式上は主格のかたちをとらないが，主語と共通の統語的特徴を示す。水海道方言では経験者格名詞句が斜格主語に対応する。(10)に示すように，経験者格名詞句(ここでは，アレ-ガニャ)は，「自分」の先行詞(同一の文のなかにあって「自分」と同じものを指す要素)となりえる点で(9)の主語(アレ)と共通点がある。

(9)　アレ　自分ノ車　直シタ(主格主語＝先行詞)
　　　「彼が自分の車を直した」
(10)　アレ-ガニャ　自分ノ目方　ワガンメ(名詞句-ガニ＝先行詞)
　　　「彼には自分の体重がわからないだろう」

　また，(11)と(12)の例文の対から使役文の被使役者に対応できる点でも経験者格名詞句は主語と共通の特徴を示すことがわかる。被使役者とは，使役文において使役者(主語に対応する)の働きかけによってある行為を行う主体を指す概念である。(11)では，他動詞文の主語(孫)が使役文の被使役者(孫-ゲ)に対応している。(12)では，経験者格名詞句(俺-ガニ)が使役文の被使役者(俺-ゲ)に対応している。

(11) a. 孫　袴　ハエダ(他動詞文)
　　　「孫が袴をはいた」
　　b. 俺　孫-ゲ　袴　ハガセダ(使役文)
　　　「俺が孫に袴をはかせた」
(12) a. 俺-ガニ　英語　ワガンネ
　　　「俺には英語がわからない」

b. 俺-ゲ　英語　ワガラセンノ　大変ダゾ（使役文）
「俺に英語をわからせるの，大変だぞ」

　経験者格名詞句は，「自分」の先行詞になりえる点と被使役者に対応できる点で，主語と統語特徴を共有する斜格要素といえる。それゆえに斜格主語と見なすことができる。

　水海道方言では，間接目的語と斜格主語が別の格形式で表される。一方，標準語では，これまでに示した例文の標準語訳から明らかなように，間接目的語と斜格主語は同じ「名詞句＋に」で表される。標準語のように間接目的語と斜格主語を同じ格形式で表す言語は語族を超えて存在する。例えば，イタリア語やグルジア語といった言語でも以下に示すように間接目的語と斜格主語は同様に与格で表される。例文の与格の箇所を太字で示す。

(13)　**Gli**　　darò　　questi libri.
　　　him-DAT give.1sg these books
　　　（イタリア語，Perlmutter 1979: 281）
　　　「私は**彼に**これらの本を与える」

(14)　**Gli**　　piacciono le sinfonie　di Beethoven.
　　　him-DAT like　　　the symphonies of Beethoven
　　　（イタリア語，Perlmutter 1979: 277）
　　　「**彼は**ベートーベンのシンフォニーが好きだ」

(15)　ninom　ăcvena　　　suratebi　**gias**.
　　　Nino-ERG she-showed-him-it-II-1 pictures-NOM **Gia-DAT**
　　　（グルジア語，Harris 1981: 40）
　　　「Nino が **Gia** に絵を見せた」

(16)　**gelas**　uqvars　　　　nino.（グルジア語，Harris 1981: 127）
　　　Gela-DAT he-loves-her-I-4 Nino-NOM
　　　「**Gela** は Nino を愛している」

斜格主語は与格で表されるだけでなく属格や対格で表されることもある。しかし，最も広く見られるのは間接目的語と同じ格すなわち与格で表されるパターンである。こうした事実を反映して，斜格主語を間接目的語と結びつける分析が提唱されている。Perlmutter(1979)はイタリア語や日本語(標準

語)の言語事実の観察から，斜格主語を深層では主語で表層では間接目的語である要素とする分析を提案している。深層における主語としての位置付けは，斜格目的語が主語と統語特徴を共有することを根拠としており，表層における間接目的語としての位置付けは，主にその格形式を根拠としている。

斜格主語を間接目的語の一種と見なす分析は，水海道方言には当てはまらない。水海道方言では，斜格主語と間接目的語が，統語的な振る舞いが異なるだけでなく，形式的にも別の格助詞でマークされるからである。水海道方言のように斜格主語固有の格形式のある言語の存在は，ある種の統語理論の普遍性に疑問を抱かせるものである。

管見の及ぶ範囲では，日本語の方言で斜格主語固有の格助詞を持つ体系は，水海道方言以外では埼玉県東部の方言(原田 1972)以外では見当たらない。埼玉県東部は利根川を挟んで茨城県南西部と隣接している。埼玉県東部の方言の斜格主語も「ガニ」でマークされる[*4]。これは地域的に連続した方言特徴と見るべきだろう。

世界的に見ても斜格主語固有の格形式のある言語は多くない。管見の及ぶ範囲では，コーカサスで話されているアンディ語(Comrie 1981)とゴドベリ語(Kibrik 1996)そしてインドで話されているボジュプリ語(Verma 1990)以外には見当たらない。これらの言語はいずれも能格型の格体系を持つ言語であり，対格型の格体系を持つ言語では水海道方言以外には斜格主語固有の格形式を持つ言語体系は見当たらない。したがって，この方言における斜格主語固有の格形式の存在は有標な文法特徴と見なすことができる。

斜格主語固有の格形式の存在という特徴は，人間言語における意味や文法関係のコード化というものを考える上で示唆に富む特徴である。文法理論によっては斜格主語というものを間接目的語の一種と見なして独立した地位を与えていない。こうした扱いが普遍性を持つか否か検証する上で示唆的であることはすでに述べたとおりである。斜格主語固有の格形式が能格型言語で

[*4] 原田(1972)は「ガニ」を「能格」と呼んでいるが，佐々木(2004)は「ガニ」に前接する名詞と「ガニ」が用いられる構文の述語の性質から能格としての性格付けを否定している。

は少数ながら語族を超えて存在する一方で，対格型言語では水海道方言以外には見当たらない。この非対称性は人類言語における文法関係のコード化の類型を考える上で示唆的なものである可能性がある。

2.3. 標準語よりも「普通」のパターン

前節では，連体修飾格助詞と斜格主語固有の格助詞という水海道方言の有標な文法特徴を紹介した。水海道方言には，標準語以上に無標な文法特徴もある。主語と直接目的語の格標示の在り方である。表1に示したように，水海道方言は有生名詞と無生名詞では異なる主語と直接目的語のコード化を示す。この節では水海道方言における主語と直接目的語の格標示の在り方を通言語的な観点から考察する。

主語と直接目的語を区別するパターンは五つある。中立型，対格型，能格型，3項型，活格型である。自動詞文の主語をS，他動詞文の主語をA，他動詞文の直接目的語をOとする。中立型は，SとAとOを形式上区別しないパターンである。対格型は，SとAが同じ格形式でOがそれと異なる格形式になるパターンである。このパターンのSとAを表す格形式は主格と呼ばれ，Oを表す格形式は対格と呼ばれる。能格型は，SとOが同じ格形式でAがそれと異なる格形式になるパターンである。このパターンでSとOを表す格形式は絶対格と呼ばれ，Aを表す格形式は能格と呼ばれる。「対格型」「能格型」という名称は，それぞれの格体系でSと区別される格の名称にちなんだものである。3項型はSとAとOがそれぞれ別の格形式をとるパターンである。活格型は，Aと同様の格形式のSとOと同様の格形式のSにSが分裂するパターンである。活格型の格体系は自動詞分裂(split intransitivity)を示す格体系とも呼ばれることがある。

主語と直接目的語の区別のパターンは代名詞と名詞で異なる場合がある。ここでは名詞について考えてみることにする。World Atlas of Language Structures(以下，WALS)によると，中立型(S, A, Oを区別しない)が最も多く，190言語中98言語がこのパターンである。次に多いのが，「S＝A≠O」の対格型である。190言語中52言語ある。標準語はこのパターンである。水海道方言も有生名詞に関しては，このパターンである。無生名詞の場合は

中立型なので，中立型と対格型という最もありふれたパターンが共存していることになる。能格型(A≠S=O)，3項型(S, A, O がすべて別のかたち)，活格型(S が A と同じかたちと O と同じかたちに分裂する)は中立型や対格型に比べると少数派である。能格型が 190 言語中 32 言語，3 項型が 190 言語中 4 言語，活格型が 190 言語中 4 言語となっている。

水海道方言の有生名詞の格体系は対格型であるという点で無標である。水海道方言では，主語がゼロ格標示で目的語がプラス α の要素(「ゴド」)でマークされる。このパターンは，対格型の格体系のなかでもより無標の格体系と考えられる。対格型のなかには，主格の方が名詞にプラス α の要素が付いた形をしており対格の方がゼロ格標示の格体系もあり，近年「有標主格型(marked nominative)」の名称のもと注目を集めている。WALS によれば，有標主格型は 52 言語ある対格型言語のうち 6 言語にすぎない。日本語では琉球方言のなかに有標主格型の体系が見られる(佐々木 2006 参照)。水海道方言の格体系は，有標主格型に比べると無標の対格型といえる。

標準語は主格「名詞＋が」と対格「名詞＋を」の両方がプラス α の要素を持っている。水海道方言の有生名詞の主格と対格は，こうした体系に比べても無標の格体系といえる可能性がある。有標(仲間はずれ，あるいは珍しい)の要素が形式的にも有標(プラス α 要素を伴う)となる傾向があることが格形式に関しても言語類型論の世界で指摘されることがある。主語と直接目的語のコード化に関しても有標のメンバーが有標の形式になる傾向が Greenberg や Dixon によって指摘されている。

Greenberg(1963)は，30 の言語をサンプルとして 45 の言語普遍を提案した。そのなかの言語普遍 38(Greenberg 1963: 95)は，格体系に関するもので，ゼロ格形式，つまり名詞になにも付かない格形式があるとすれば，それは自動詞の主語であるという一般化である。自動詞の主語は対格型言語では主格であり，能格型言語では絶対格である。また，Dixon(1994: 62)も「主格・対格型格体系のほとんどの言語で形態的に無標なのは主格である」と述べている。

Greenberg(1963)の一般化は言語のサンプル数が少なく，Dixon(1994)の言説はどれだけの数の言語の観察に基づくものなのか明確にしていない。した

がって，WALS のデータと同列に論じることはできないが，A＝S「名詞句-ゼロ」，O「名詞句＋α」の体系が対格型言語のなかで無標の体系であると認識している言語学者がいることが，こうした言説からわかる。こうした見解に従うならば，水海道方言の格体系は対格型言語のなかで標準語よりも無標の格体系ということになる。

　水海道方言では有生の目的語と無生の目的語の格形式が異なる格形式をとる。この特徴があることにより，標準語では二重ヲ格制約（Harada 1973, Shitabani 1973）で排除される構造が見られる。二重ヲ格制約とは，一つの節に格助詞ヲを伴った名詞句が二つ以上存在することを排除する制約である。以下に示すのは『土』から引用した「示す」を述語とする複他動詞文である。複他動詞文の受け手は標準語では与格（〜に）でマークされる。(17)でも，受け手が与格になっている。このパターンは標準語にも見られる格フレームである。一方，(18)では，受け手が対格（この場合「名詞＋ゴド（コト）」）になっている。直接目的語は無生名詞句であるため，(17)でも(18)でもゼロ格標示になっている。

　　　(17)　汝等げ　みじめ　見せてえこたあ……(p.88)
　　　　　　「お前たちにもみじめな思いをさせたいことは……」
　　　(18)　卯平こと　みじめ　見せてんのが……(p.140)
　　　　　　「卯平にみじめな思いをさせているのが……」

　直接目的語と間接目的語が両方とも対格になる格フレームは，英語や韓国語などには見られるが，標準語では二重ヲ格制約によって排除される。この構造が水海道方言で可能なのは，有生名詞と無生名詞で対格の形式が異なり，(18)が二重ヲ格制約に違反しない構造になっているためと考えられる。

　水海道方言は，主語と直接目的語という文の中核となる名詞句のコード化に関して無標のパターンを示すと同時に，構文レベルでは標準語にはない構造を示す。これは，有生格と無生格の対立という標準語にはない格の区別を反映している。

　水海道方言の格体系には，非常に有標性の高い（つまり珍しい）特徴とごく無標の特徴が共存していることになる。通言語的観点から見て，方言のほうが標準語よりもありふれた構造を持っていることがある。工藤・八亀(2008)

には，アスペクト形式に関して，標準語よりも無標の体系を持つ方言があることが非常にわかりやすいかたちで紹介されている。アスペクト形式ついては，本書第II部第7章も参照されたい。

3. 音韻的不透明性

水海道方言の音韻は関東的な性質と東北的な性質を併せ持っている。このヤヌス的な性質によって音韻プロセスの間で不透明な相互作用が生じている。この方言では標準語で連濁が生じる箇所で，s が ts と交替したり(「世話好き」[sewatsu̥ki]*[5], cf.「好き」[su̥ki])，h が p と交替したりすることがある(「座布団」[dzapu̥toN], cf.「布団」[ɸu̥toN])。摩擦音*[6] が閉鎖音*[7] や破擦音*[8] で現れる現象なので，この現象を硬化と呼ぶことにする。硬化は，複数の音韻プロセスの不透明な相互作用の結果生じる。

硬化の背後にある不透明な音韻プロセスはこの方言が置かれた社会言語学的状況を反映したものである。この現象は，音韻プロセスの相互作用を捉えるにはどのようなモデルが適切かという問題を考える上で示唆に富む現象でもある。この節では，硬化を概観することを通して，水海道方言の音韻データが現代の音韻理論に対して持つ含意を示す。

3.1. 関東的な音素目録と東北的な音韻プロセス

硬化の背後にある音韻プロセスの不透明な相互作用は，水海道方言が関東的な音素目録を持つと同時に東北的な音韻プロセスを持っていることに起因する。音素とは意味の識別に役立つ最小の言語音の単位である。ある言語の音素の一覧を音素目録と呼ぶ。また，ある言語の音素の体系を音素体系と呼ぶ。ここでは，水海道方言の音素体系のなかの硬化に関与的な部分と東北方

---

*[5] ɯ は唇を丸めない u，その下に付いた丸は母音 ɯ が無声であること，即ち声帯振動がないことを示す記号である。
*[6] 呼気の通路を狭めて生じる操音。
*[7] 口腔の閉鎖によって生じる子音。
*[8] 口腔の閉鎖の直後に摩擦音を伴う子音。

言と共通の音韻プロセスを紹介する。音韻プロセスとはある音素に加えられる音価の変化を指す用語である。

　水海道方言の音素体系は，東京方言のそれと同じである。母音は/a, i, u, e, o/の五つである(以下，音素は/ /で囲んで標示する。具体的な音声は[ ]で囲んで標示する)。東北地方の方言と異なり，前鼻音子音(直前に鼻から呼気の出る入り渡りを伴う子音，ⁿb, ⁿdなど)はない。阻害音*⁹は/t, d/, /p, b/, /k, g/, /s, z/と有声性で対立する相関を形成している。複合語形成で起こる連濁も前鼻音子音ではなく有声阻害音を生じさせる。ただし，水海道方言の一つひとつの音が東京方言の同じ音価の音に対応するわけではない。水海道方言の[i]は東京方言の[jɯ]に対応する([jɯ]は「ジュ」ではなく「ユ」を表す)。また，直前に子音がない環境では，東京方言の[i]が水海道方言の[e]に対応する。

　子音の場合も同様である。東京方言の無声閉鎖音は，水海道方言でも常に無声閉鎖音に対応するわけではない。東京方言の母音間の無声閉鎖音は水海道方言の有声閉鎖音に対応する(「頭」[atama](東京)：[adama](水海道))。東京方言の有声阻害音が水海道方言の無声阻害音に対応することもある。例えば東京方言の「わずか」[wazɯka]は水海道方言では[watsu̥ka]と発音する。また，東京方言の「兜」[kabuto]は水海道方言では[kapu̥to]と発音する。これらの有声性が逆転する現象は，母音間閉鎖音の有声化と「ジビズブ」の無声化(以下，無声化)によって生じたものである。

　この二つの音韻プロセスは東北地方の方言にも見られる現象である。

　母音間閉鎖音の有声化は，母音間の閉鎖音/k, t/が[g, d]になる現象である。/k/が有声化した音は[ŋ]*¹⁰にはならず，鼻音性を伴わない[g]である。狭母音/i, u/の前にある/t/は，無声で実現する場合は破擦音[ts, tʃ]だが，有声化を被ると摩擦音[z, ʒ]*¹¹になる。この調音様式の変化は，この方言が二つ仮名弁であるために生じる。日本語の方言は狭母音の前の有声舌尖子

---

*⁹/r/や鼻音/n, m/以外の聞こえの低い子音。典型的には閉鎖音と摩擦音。
*¹⁰軟口蓋の閉鎖を伴う鼻子音。標準語の語中のガ行音の子音。
*¹¹[ʒ]は，[z]と同様に有声の摩擦音だが，調音点は硬口蓋。

音*12 の実現に関して四つのパターンを示す。最も保守的なのは鹿児島県や高知県などに分布する四つ仮名弁で，/di, zi, du, zu/ の区別がある。三つ仮名弁では /di/ と /zi/ が合流し，/zi, du, zu/ の 3 項対立になっている。このパターンの方言は大分県の一部に見られる。大部分の日本語の方言は二つ仮名弁である。二つ仮名弁では，/di/ と /zi/ だけでなく /du/ と /zu/ も合流しており，/zi, zu/ の 2 項対立になっている。水海道方言も他の関東地方の方言と同様このタイプに属する。四つ仮名すべてが合流しているのが一つ仮名弁であり，これは東北地方に分布している。二つ仮名弁と一つ仮名弁では狭母音の前で有声舌尖子音の持続性が中和している。持続性とは，摩擦音と閉鎖音を区別する特徴である。摩擦音には持続性があるが，閉鎖音は持続性が欠落している。二つ仮名弁と一つ仮名弁では，狭母音の前で，有声摩擦音と有声閉鎖音の対立という持続性に基づく対立がなくなっているのである。狭母音の前で持続性の中和が生じる方言でも，狭母音の前に有声摩擦音と有声破擦音が立つことがある。しかし，有声摩擦音は母音間，有声破擦音は語頭などの母音間以外の位置と相補分布しているため，一つの音素の異音と解釈され，音素的な対立の関係にはなっていない。水海道方言で狭母音の前の /t/ が，有声化を被ると調音様式まで変わって [z] や [ʐ] といった摩擦音になるのは，この持続性の中和の結果である。

　/p/ は母音間閉鎖音の有声化を被らない。これは母音間閉鎖音の有声化が唇音弱化が生じたあとで作用するようになったプロセスであるためと考えられている（宮島 1961 参照）。

　無声化は，狭母音と無声阻害音が後続する環境の /z/ と /b/ がそれぞれ [ts(tʃ)] と [p] で現れる現象である。この現象は，単語の第 1 音節では生じない。第 2 音節以降で生じる現象である。この現象が起きる際，/z/ または /b/ と無声阻害音に挟まれた狭母音は無声化する。無声化は，無声阻害音を引き金として生じる連鎖的な有声性の逆行同化と考えることができる。無声化を被る音は水海道方言では /z/ と /b/ だけで，/g/ はこのプロセスを被らない。これ

---

*12 舌先を歯の裏から歯茎にかけて接触または接近させて発音する有声の子音。「ヂ」「ジ」「ヅ」「ズ」に含まれる子音。

は/g/が母音間の環境で[ŋ]という鼻音性を伴った子音で実現するためと考えられる。[ŋ]は軟口蓋の閉鎖がある点では[g]と同じだが，音のカテゴリーとしては鼻音[n]や[m]と同じ共鳴音(sonorant)であり，[z]や[b]といった阻害音(obstruent)とは異なる。

　無声化も東北地方の方言でも見られる現象だが，プロセスの結果は水海道方言とは異なる。無声化の結果，水海道方言では，/z/と/b/がそれぞれ[ts (tʃ)]と[p]になる。一方，東北方言では，無声化は有声前鼻音子音(ⁿb, ⁿz, ⁿg)に対して適用され，その結果生じる音は無声前鼻音子音(ⁿp, ⁿts, ⁿk)である（以下のデータは井上1968からの引用（話者は山形県西村山郡河北町谷地在住）：急須(キビショ)[kĩⁿpĩtʃo]，二時間[nĩⁿtsɯkaN](cf. 時間[zɯkaN])，醜い(目臭い)[meⁿkɯsae])。

　水海道方言は，音素目録は関東地方のそれだが，音韻プロセスには東北地方の方言と共通のものが見られる。これは，「関東の東北方言」としての性質を反映したものである。以下に詳しく見る硬化は，関東的な音素目録に対して東北的な音韻プロセスが作用した結果である。

3.2. 連濁，無声化，p→h，持続性の中和の不透明な相互作用の結果としての硬化

　硬化は，連濁，無声化，p→h(唇音弱化)，持続性の中和の不透明な相互作用の結果として生じる。四つの音韻プロセスのうち連濁，p→h，持続性の中和は東京方言などの他の関東地方の方言にも見られる音韻プロセスだが，無声化は東北地方の方言と共通の音韻プロセスである。ここでは，まず，四つのプロセスのうちまだその現象に言及していない連濁とp→hについて説明し，次に四つの音韻プロセスがどのように相互作用し硬化を生じさせているのかを示すことにする。

　連濁は，複合語の第二要素の先頭の阻害音が有声阻害音になる現象である。標準語で連濁が生じる場所の一部で硬化が生じることはすでに述べたとおりであるが，水海道方言でも連濁の結果が有声阻害音である場合がある。「本/hoN/＋棚/tana/」は[hon-dana]であるし，「青/ao/＋空/sora/」は[ao-zoɾa]である。ちなみに，これらの例の複合語第二要素先頭子音(d, z)の有

声性は母音間閉鎖音の有声化によるものではない。「本棚」の[d]は，直前に[n]があるため，母音間という有声化の条件を満たしていない。また，「青空」の[z]はもともと/s/という摩擦音であり，母音間閉鎖音の有声化の対象としての条件を満たしていない。これらの例は連濁によって有声化したと見なさざるを得ない。「寝/ne/＋癖/kuse/」は[ne-ŋuse]となり，/k/が[g]ではなく[ŋ]になっている。これは，/g/の母音間における異音が[ŋ]であるためである。母音間閉鎖音の有声化によって有声化した/k/は[ŋ]ではなく[g]になる。水海道方言の連濁もライマンの法則(Lyman(1894)，複合語の第二要素の第2音節以降に濁音がある場合，連濁が阻止されるという制約)に従うが，標準語の場合と比べると不透明なケースがある。母音間閉鎖音の有声化により無声の閉鎖音音素が濁音で現れたり，無声化によって濁音が清音で現れる場合があるからである。ただし，ライマンの法則が不透明になるのは，舌尖阻害音/t/と/z/が第2音節以降にある場合に限られる。

　「桜吹雪」[saguɯra-ɸuɯpuɯki]のように第二要素に無声化の結果生じた[p]を含む例の場合，[p]が音素/b/に対応することは容易に推論できる。そして，もともとあった濁音(この場合，/b/)が連濁を阻止していることがわかる。「手酌」[te-ʒaguɯ]のような例では，第二要素の第2音節に有声阻害音[g]があるが，連濁が生じている。これは，[g]が母音間閉鎖音の有声化によって生じた音であり，もともとは無声閉鎖音/k/であったためである。同じ位置に/g/があれば，[g]ではなく[ŋ]で実現する。第二要素の第2音節以降に現れる[g]は，その音価から母音間閉鎖音の有声化により/k/から生じたことを推論することができる。[p]が連濁を阻止する要素として機能し，[g]が連濁を阻止する要素として機能しないことは，この方言の音韻プロセスから予測可能な振る舞いといえる。

　p→hは連濁における[h]と[b]の交替を説明する上で想定する必要がある音韻プロセスである。上代日本語のp音は唇音弱化の結果，多くの方言でh音になった。水海道方言もこの通時変化を被っている。pがhに変わるプロセスは，一見すると通時変化の説明には必要であっても共時態の記述には必要ないように見えるかもしれない。しかし，ハ行音が連濁で，バ行音になることを説明するためには，例外的な環境を除いてpがhになる音韻プロセ

第4章　水海道方言——標準語に近いのに遠い方言　117

スを仮定する必要がある。その根拠は以下のとおりである。

　連濁で清音が濁音になる際，複合語第二要素先頭の阻害音の有声性は変化するが，調音点は変わらない。上に示した例でみると，「本棚」では/t/が[d]に変わっているが，舌尖と歯裏が接触する点は変化がない。「青空」の場合も同様で，/s/が[z]になっても調音点は同じである。これらの例では調音様式も変わらない。「寝癖」の例では/k/が[ŋ]になっている。鼻音性を帯びた点で調音様式に変化はあるが，調音点は連濁が生じる前も後も軟口蓋で同じである。また，口腔の調音に限定してみると閉鎖がある点では[k]も[ŋ]も同じである。「ばか/baka/＋面/tura/」[baga-zuɾa]の場合，/t/→[z]の対応には閉鎖性の喪失が見られるが，これはこの方言が二つ仮名弁であるために生じる狭母音の前の持続性の中和の結果である。これらの例から，連濁では，複合語第二要素先頭の阻害音の有声性は交替するものの，特別な音韻プロセスの干渉がない限り調音点と調音様式は保たれることがわかる。ところが，「花」[hana]〜「生け花」[ege-bana]に見られる連濁では，[h]と[b]が交替しており，有声性が交替しているだけでなく，調音点も調音様式も交替してしまっている。[h]と[b]には阻害音であるという点以外には共通点がない。/h/から[b]を導くことは，他の連濁の例と並行的にはできない。

　複合語第二要素先頭の阻害音を有声化するという連濁の性質に変更を加えることなく連濁における[h]と[b]の対応関係を捉えるには，唇音弱化を共時的なプロセスとしても認め，[h]の基底に/p/を想定するのがよい。p→hという音韻プロセスが連濁よりもあとに適用されるものとすれば，/eke-pana/が連濁を被った[ege-bana]はpを含んでおらず，p→hの条件を満たしていないため，基底の/p/の調音様式と調音点を保持できる。また，連濁を被らない/pana/はp→hの条件を満たしているので[hana]として実現する。このようにすれば[h]と[b]の対応関係を導くことができる。p→hは，/p/の前に子音がない場合にだけ適用される。この方言の「腰骨」という語彙では，/p/の前に促音が挿入され，/hosi-pone/は[koʃippone]となる。ここで/p/が[p]のままであるのは直前に阻害音があるためである。このように環境によって/p/が[p]のまま実現することもあるので，p→hは絶対中和(absolute neutralization, Kiparsky 1973)の規則ではない。

/p/の前に子音がない場合にだけ適用される規則としてのp→hあるいはその背後にある制約としての*p(子音が先行しない環境に現れるp音を排除する制約)を想定することは，標準語の連濁の分析においても見られるものである(Ito & Mester 2003)。しかし，標準語と水海道方言ではp→hの適用に関して異なる点がある。標準語では，/p/の前に子音がない場合は，外来語のような特殊な語彙を除けば，p→hは例外なく適用される。一方，水海道方言では，「座布団」[dzapɯtoN]のように/p/の前に子音がない(つまり，母音が先行している)場合でもp→hが適用されないケースがある。しかも，それは外来語のような特殊な語彙で見られるのではなく，「座布団」の例からもわかるように漢語においても見られるのである。これはp→hと無声化が不透明(opaque)な関係にあるために生じる現象と考えられる。音韻論における不透明性とは，音韻プロセスの適用に関する一般化が表面的な音形から見て部分的に崩れる現象を指す。具体的には，条件が整っているにも関わらずある音韻プロセスが適用されない現象と表面上条件が整っていないにも関わらずある音韻プロセスが適用される現象を指す。

「座布団」[dzapɯtoN]の[p]は「布団」[ɸɯtoN]の[ɸ]と交替する硬化の例である。ここでは，p→hの条件を満たしているにも関わらず，無声化が適用された箇所でだけ，p→hが適用されていない。このようにある音韻プロセス(この場合，p→h)が他のプロセス(この場合，無声化)によって生じた構造に対してだけ適用されない場合，二つの音韻プロセスは反供給(counter-feeding)型の不透明性を呈していることになる。ここでは，無声化がp→hに対して反供給の関係になっている。また，無声化を被った音が，条件を満たしているにも関わらず連濁を適用されないので，無声化は連濁に対しても反供給の関係になっている。なお，前鼻音子音をもつ東北地方の方言では，「座布団」は無声化を被っても[dzãpɯtoN]となり，無声化の結果が[p]ではなく[ãp]であるため，無声化はp→hに対して反供給の関係になっていない。[p]に見られる不透明性は，水海道方言が関東的な音素目録を持っていると同時に無声化という東北地方にも見られる音韻プロセスが働いていることによって生じている。

「好き」[sɯki]の[s]と「世話好き」[sewa-tsɯki]の[ts]の交替に見られ

る硬化では2種類の不透明な音韻プロセスの相互作用を認めることができる。この例では，[ts]は，規則の順序付けで捉えるならば，次のように派生されることになる。複合語第二要素の先頭の阻害音である/s/が連濁により有声化する。この有声化した舌尖阻害音は狭母音/u/の前にあるため，持続性の中和を被る。狭母音の前の有声舌尖音は持続性で対立しないので，/s/にあった持続性に関する指定が外される(/s/は持続性を帯びた音である点で/t/と対立する)。持続性の中和を引き起こした/u/の後ろに/k/という無声阻害音があり，無声化の条件を満たしているため，連濁で有声化し持続性が中和した阻害音は無声化を被る。持続性が無標の舌尖阻害音は/t/である。/u/の前で/t/は破擦音[ts]になる。この派生には2種類の不透明性が見られる。無声化が連濁に対して反供給の関係になっている点は，[h]〜[p]の硬化の場合と同様である。[s]〜[ts]では，表面的な音形を見ると有声の舌尖阻害音がないので，条件が満たされていないにも関わらず，持続性の中和が適用されているように見える。このようにある段階で適用されたある音韻プロセス(この場合，持続性の中和)の条件を他の音韻プロセスが消し去ってしまうタイプの不透明性は，反奪取(counter-bleeding)型の不透明性と呼ばれる。無声化が持続性の中和の条件(舌尖阻害音が有声であること)を消し去っているので，無声化は持続性の中和に対して反奪取の関係になっている。

　連濁とp→h，連濁と持続性の中和は，ともに不透明な関係にはなっていない。連濁は/p/を[b]に変えるので，基底にあったp→hの条件を消し去る。そして，p→hが連濁の出力に対して過剰適用されることもない。このようにあるプロセス(この場合，連濁)が他のプロセス(この場合，p→h)の条件を消し去ってそのプロセスの適用を阻止する関係を奪取(bleeding)の関係と呼ぶ。連濁は，「ばか/baka/+面/tura/」[bagazuɾa]の/t/→[z]からわかるように，持続性の中和の条件を供給する。このようにある音韻プロセス(この場合，連濁)が他の音韻プロセス(この場合，持続性の中和)の条件をつくりあげてそのプロセスが適用される関係を供給(feeding)の関係と呼ぶ。奪取の関係と供給の関係は，表面的な音形において音韻プロセスに関する一般化の例外が見られないため，透明(transparent)な関係と見なされる。

　硬化の背後にある四つの音韻プロセスの相互作用を図式化すると図1のよ

/s/(/suki/)　　　　　　　　　　　/p/(/putoN/)

```
┌─────────────────────┐         ┌─────────────────────┐
│       供給          │         │       奪取          │
│  連濁 → 持続性の中和 │         │   連濁 → p→h        │
│  反供給    反奪取   │         │  反供給    反供給    │
│      無声化         │         │      無声化         │
└─────────────────────┘         └─────────────────────┘
```

[s]　　　　　　　　[ts]　　　　　　[Φ]　　　　　　　[p]
[suki̥]　　　　　　[sewatsuki̥]　　[Φu̥toN]　　　　　[dzapu̥toN]

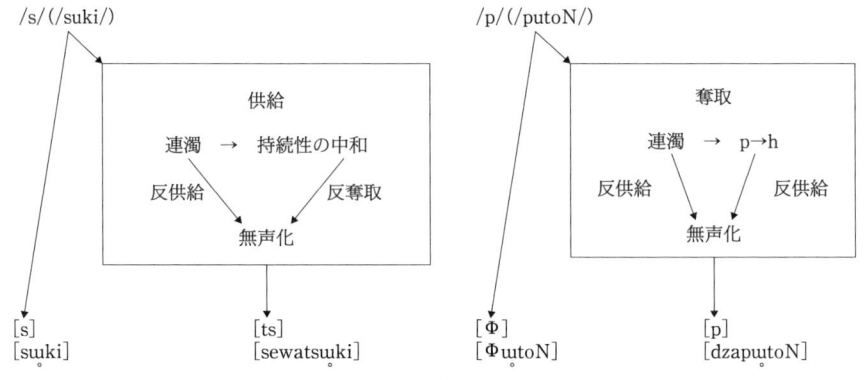

図1 硬化の背後にある音韻プロセスの相互作用

うになる。

　ここでは，図1に示した音韻プロセスの相互作用を便宜上規則の順序付けのかたちをとって説明してきた。しかしながら，規則の順序付けというものが人間言語のさまざまな文法現象を説明する上で必要なのかという点に関しては，現代言語学のなかでコンセンサスがあるわけではない。規則であれ制約であれ「順序付け」という複数のステップを踏む手続きは言語現象の説明に不要であるという立場もある。Alan Prince と Paul Smolensky によって1990年代に提唱された最適性理論(Optimality Theory, Prince & Smolensky 1993)は，「順序付け」という複数のステップを踏む手続きを否定する理論であり，現代言語学に非常に大きな影響力を持っている。しかし，順序付けを全面否定することは，以下に詳しく述べるように，水海道方言の硬化のような現象の説明を不可能にするものと考えられる。

3.3. 順列主義の部分的導入以外に解決策はなし

　最適性理論は，従来の生成音韻論と異なり，規則の順序付けのような順列主義的な説明を行わない言語理論である。音韻交替を含む言語現象の説明は，違反可能な制約のランキングにより入力から生成される候補の中で最も調和的な候補を出力として選ぶかたちで行われる。調和的な候補とは，制約に対する違反の最も軽い候補を指す。こうした性質から並列主義の言語理論と見

なされている。

　最適性理論は畳語法(reduplication)[*13]における音韻プロセスの不完全適用(underapplication)や過剰適用(overapplication)といった従来の順列主義的な生成音韻論では扱い切れなかった現象の説明を可能にするなどの点で言語学に貢献するところの大きな理論である(畳語法に対する最適性理論による説明は，McCarthy & Prince(1995)を参照)。制約に基づく音韻理論は，共謀(conspiracy)[*14]の説明には適しているが，表面的に一般化の例外が現れる現象である不透明性の説明には困難を伴う。これは，違反可能でランク付けされた制約を用いる理論である最適性理論にも当てはまる。これまで，最適性理論の枠組みの中で不透明性を扱うためにさまざまな提案がなされてきた(McCarthy 2007参照)。しかしながら，すべての不透明な相互作用が説明可能になったわけではない。水海道方言では，無声化が他の音韻プロセスと複数の不透明な関係を結ぶことによって硬化が生じる。硬化を引き起こす複合的な不透明性は順列主義を部分的にではあれ取り入れなければ説明ができない。

　図1に示した音韻現象を最適性理論で扱うならば次のようになるだろう。最適性理論の制約には，何らかの構造を排除する制約である有標性制約と素性などの変更を禁止する制約である忠実性制約がある。連濁は有声性の変更を伴うので，連濁の背後にある制約(ここでは「連濁」とする)は有声性に関する忠実性制約より上位にあるものと考えられる。また，連濁はライマンの法則に違反しない範囲で生じるので，ライマンの法則よりは下位にあるものと考えられる。p→hは，子音が先行しない個所に生じるpを排除する制約*pが持続性に関する忠実性制約(Id(cont))と調音位置に関する忠実性制約より上位にあることによって生じるものと考えられる。持続性の中和には，狭母音の前の有声舌尖阻害音に対して持続性に関する指定を許さない制約が関与しているものと考えられる。この制約は，Id(cont)よりも上位にあるものと考えられる。持続性の中和に違反する構造が存在しないからである。無

[*13]語の全体または一部を繰り返すことによって新しい語を派生する形態法。日本語の「山々」や擬態語の一部(ガタガタなど)もこの形態法の例。
[*14]複数の音韻現象がある特定の構造を回避または生成するかたちで生起する現象。

声化は，有声阻害音(b, z)と狭母音で構成される音連続が無声阻害音の前にある構造を排除する制約（ここでは「無声化」とする）が有声性に関する忠実性制約(Id(voi))より上位にあることによって生じるものと考えられる。これらの制約と部分的な制約間のランキングを組み合わせると，以下に示す制約のランキングができる。

(19)　ライマンの法則，無声化＞＞*p，持続性の中和＞＞連濁＞＞Id(voi)，Id(cont)

この制約ランキングは，連濁と p→h の間の奪取関係や連濁と持続性の中和の間の供給関係といった「透明」な相互作用を捉えることができる。連濁を被った/p/は[b]になっているので，入力の p が出力の b に対応する候補は，連濁と*p を両方とも満足させていることになる。連濁を被った/t/が狭母音の前で[z]になっている候補（[bagazɯɾa]←/baka-tura/）は，Id(cont)に対する違反はあるものの，第3音節に[dz]を含む候補（*[bagadzɯɾa]←/baka-tura/）よりも持続性の中和を満足させている点で調和的である。

しかしながら，(19)の制約ランキングは，不透明な相互作用に関しては誤った予測をする。「座布団」[dzapɯtoN]では二重の反供給関係が見られる。(19)の制約ランキングでは，連濁に対する無声化の反供給関係は捉えられるが，無声化と*p の間の反供給関係は捉えられない。/p/が[p]として現れる実際の音形は，*p を満足させていない点で/p/が[ɸ]に対応する「座布団」[dzaɸɯtoN]よりも調和的でないからである。また，「世話好き」[sewatsɯki]の/s/→[ts]の場合でも，無声化と連濁の反供給関係は捉えられるが，無声化と持続性の中和の間の反奪取関係は捉えることができない。より上位にある無声化という制約を満足させるために連濁が犠牲になることは予測できても，無声化を満足させる候補である[sewatsɯki]と[sewasɯki]の間の選択では間違った予測をする。[sewatsɯki]と[sewasɯki]はともに有声舌尖阻害音を含まないので持続性の中和に違反する構造になっていない。このような状況では，出力となる候補の選択は，より下位にある忠実性制約にゆだねられることになる。そして，入力の/s/が[s]に対応し Id(cont)に違反しない[sewasɯki]が最も調和的な候補となる

誤った評価が行われる。

　紙数の関係で，詳細な説明はSasaki(2008)に譲るが，これまでに不透明性の解決のために提案された共感理論(Sympathy Theory, McCarthy 1999)や候補連鎖理論(Candidate Chain Theory, McCarthy 2007)では，硬化をめぐる複合的な音韻的不透明性は説明できない。有効な解決策はレベル間の順序付けを導入した弱並列主義である。

　Kiparsky(2000)は，最適性理論に語彙音韻論(Lexical Phonology, Kiparsky 1982)の考えを導入した弱並列主義のモデルを提案している。語彙音韻論は1980年代にKiparsky(1982)やMohanan(1986)によって提唱された順列主義の音韻論で，音韻論を語彙音韻論(lexical phonology，単語内部の形態音韻論的現象を扱う部門)と後語彙音韻論(postlexical phonology，単語の外すなわち統語的なレベルでの音韻現象を扱う部門)に分割するモデルである。言語によっては語彙音韻論の内部にレベル1，レベル2といった複数のモジュールを設定する場合もある。Kiparsky(2000)提唱の弱並列主義の最適性理論は，成層最適性理論(Stratal-OT)と呼ばれ，語幹や語，あるいは後語彙部門といったレベルの内部は並列的評価により候補の選択が行われる一方で，レベル間の関係は一方が他方に先行するというかたちで順列主義的に扱われるモデルである。

　硬化に関する音韻プロセスの相互作用を正しく捉えるには，成層最適性理論のレベル分割を分析に取り入れることが有効と考えられる。水海道方言において派生形態法を扱う部門であるレベル1と屈折形態法を扱うレベル2が以下に示す制約ランキングになっており，レベル1がレベル2に先行するものとする。派生形態法は，複合語形成や品詞転換や態といった異なる語をつくり出す形態法である。一方，屈折形態法は，一致や時制や格といった文中の語と語の関係を明示する機能を持つカテゴリーを形成する形態法である。

(20)　レベル1：ライマンの法則，*p, 持続性の中和＞＞連濁＞＞Id(voi), Id(cont)＞＞無声化

　　　レベル2：持続性の中和，無声化＞＞Id(voi), Id(cont)＞＞ライマンの法則，*p＞＞連濁

(20)の制約ランキングを想定すると，レベル1では，連濁，p→h，持続

性の中和が，レベル2では無声化が活性化することになる。連濁が適用されるレベルが派生形態法に対応するのは，連濁が複合語形成という派生形態法に固有の現象であることを反映したものである。また，無声化が適用されるレベルが屈折形態法に対応することは，無声化が派生形態法だけでなく屈折形態法でも見られることを反映したものである(「弾かない」/pazik-a ne/[hatʃika ne], cf.「弾いた」/pazik-i-ta/[hazi:da])。「座布団」[dzaputoN]のような例は，レベル1で連濁を被った候補 zabutoN が出力として選択され，レベル1の出力がレベル2の入力に対応し，レベル2では zabutoN に対して無声化が適用された候補が最も調和的と評価されるかたちで派生される。「世話好き」[sewatsuki]の場合，レベル1で連濁と持続性の中和を被った候補[sewaZuki](Zは持続性の指定が外れた有声舌尖阻害音を表すものとする)が出力として選択され，[sewaZuki]に対して無声化が適用された[sewatsuki]がレベル2で最も調和的とされるかたちで派生される。[sewasuki]は，無声化に違反しない構造だが，持続性の中和を被った候補[sewaZuki]と持続性の指定に関して相違があり Id(cont)に対する違反がある分，[sewatsuki]よりも調和的でない候補と評価される。

　派生形態法と屈折形態法が異なる音韻論的性質を示すことは，硬化とは無関係の音韻プロセスでも見られる現象である。子音連続の回避も態のような派生形態法では子音の脱落というストラテジーをとる(「書かせた」/kak-rase-ta/[kagaseda],/r/の脱落)。一方，過去形のような屈折形態法では重子音化(いわゆる促音便)などが見られる(「取った」/tor-ta/[totta],/r/を後続する/t/に完全同化させることによる重子音化)。したがって，派生形態法と屈折形態法が異なる音韻制約のランキングを持っていることは十分あり得ることなのである。

　ここで示した解決策は，順列主義をまったく排除した場合，硬化が最適性理論では分析できないことを示すものである。そしてこのことは，人間言語には強いかたちでの並列主義の言語理論では分析できない現象があることを意味する。

3.4. 二つのレベルの存在の背後にあるもの

レベル1とレベル2が異なる音韻制約のランキングで構成されていることには，どのような意味があるのだろうか。

レベル2は無声化という音韻プロセスが活性化しているレベルである点で，東北地方の方言と共通点を示すレベルということができる。レベル2すなわち屈折形態法のレベルよりも外側のレベルも東北的な音韻特徴を示す。格助詞は単語に接続する要素であることから，統語論のレベルの要素と位置付けることができる。水海道方言の母音間閉鎖音の有声化は，単語の内部だけでなく，単語と格助詞の間でも適用される。「肩から」[kada-gaɾa]と「日本から」[nihoŋ-kaɾa]の例を参照。「肩から」では「から」の先頭/k/が母音に挟まれているため[g]になっている。一方，「から」の前に撥音がある「日本から」では，/k/が[k]のままである。母音間閉鎖音の有声化は東北地方の方言でも見られる現象である。屈折形態法だけでなく統語的なレベルにおいても東北的な音韻特徴が見られることがわかる。

水海道方言が東北方言と共通点を示すのは音韻部門だけではない。2節で議論の対象とした格助詞には，東北地方と共通の要素が含まれている。形態統語論においても水海道方言には，東北方言的な特徴が見られるのである。ただし，東北的な特徴が見られるレベルは，音韻論と形態統語論ではずれが見られる。統語論のレベルにおいて東北的な特徴が見られることはすでに述べたとおりである。一方，水海道方言の派生形態法には東北的な特徴が見られない。例えば，態に関しては東北地方で生産的な自発がこの方言には見られない。音韻論と形態統語論でずれが見られるのは屈折形態法である。この方言には東北地方の方言に見られる形態法である「タッタ」系列の時制形態法が存在しない。形態統語論的観点から見るとこの方言の屈折形態法は東北的ではない。音韻論と形態統語論における関東的文法と東北的文法のせめぎあいを図示すると図2のようになる。

東北的な特徴を示すレベルと関東的な特徴を示すレベルにずれはあるものの，水海道方言は音韻論と形態統語論の両方で関東的な特徴と東北的な特徴が見られる体系になっていることがわかる。この節で扱った複合的な音韻的不透明性は，この二つの地方の特徴が一つの文法体系のなかで重なりを見せ

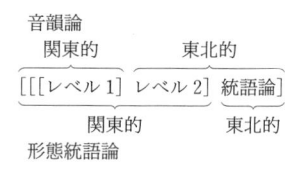

```
               音韻論
           関東的      東北的
         [[[レベル1] レベル2] 統語論]
           関東的       東北的
           形態統語論
```

図2 音韻論と形態統語論における関東的文法と東北的文法のせめぎあい

ていることの反映である。そして，この重なりあいは，水海道方言の「関東の東北方言」としての位置付けを反映したものと考えられる。つまり，並列主義では捉えることのできない複雑な音韻プロセスの相互作用の背後には，この方言の置かれた地理的，社会言語学的状況があるのである。

4. 若年層における伝統方言の継承

これまでの節で紹介した水海道方言の文法特徴は伝統方言のそれである。伝統方言の継承状況を明らかにするため，2009年9月から12月にかけて常総市の中学生を対象にアンケート調査を行った。常総市は2006年1月1日に水海道市と石下町が合併してできた市である。調査の結果，伝統方言の継承が困難な状況にあることがわかった。以下に調査の概要を示す。なお，調査の詳細については，佐々木(2009)を参照されたい。

今回の調査は，常総市教育委員会の協力の下，常総市の五つの中学校すなわち常総市立石下中学校，常総市立石下西中学校，常総市立鬼怒中学校，常総市立水海道中学校，常総市立水海道西中学校に在籍する中学2年生を対象に行ったものである。調査に協力してくれた生徒の人数は319名。このうち95％に当たる303名が常総市出身者であり，以下に示す調査結果は生え抜きの若年層の伝統方言の継承状況を示しているものと考えられる。

アンケートの質問項目は，伝統方言の形態法や発音に関するものと語彙に関するものから構成されている。形態法に関しては，以下の項目を調査した。一段活用の使役形(標準語の「させ」に「ラセ」が対応する)，カ行変格活用の未然形(「来ない」の語幹部分が「こ」ではなく「キ」で発音される)，推量の助動詞(「だろう」に「ぺ」または「べ」が対応する)，否定推量(「ない

だろう」に「メェ」が対応し，直前の動詞は未然形になる），格助詞（対格「ゴド（コト）」，有生与格「ゲ」，経験者格「ガニ」，無生与格「サ」，所有格「ガ」，連体位格「ナ」）を調査項目とした。格助詞を質問する例文はすべて『土』の会話部分からとったものである。音韻に関しては，母音間閉鎖音の有声化（「ほとんど」を「ホドント」と発音するか）と無声化（「座布団」を「ザプトン」と発音するか，「わずか」を「ワツカ」と発音するか）を調査項目とした。語彙に関しては，「チク（＝嘘），カシキ（＝炊事），セエル（＝入れる），イガイ〜エガイ（＝大きい）」を調査項目とした。

　形態法と語彙に関しては，伝統方言の形式について「自分でも使う・聞いたことがある・聞いたことがない」のいずれかを選択してもらうかたちにした。音韻に関しては，伝統方言の音形について「自分もそのように発音する・自分ではそう発音しないが，そのような発音を聞いたことがある・そのような発音は聞いたことがない」のいずれかを選択してもらうかたちにした。以下に示す調査結果では，形態法と語彙に関して「自分でも使う」，音韻に関して「自分でもそのように発音する」を選択した生徒の割合を伝統方言を使う生徒の割合と見なす。また，形態法と語彙に関して「自分でも使う」を選択した生徒の割合と「聞いたことがある」を選択した生徒の割合を併せたものを伝統方言の知識を持っている生徒の割合と見なす。音韻に関しては，「自分もそのように発音する」を選択した生徒の割合と「自分ではそう発音しないが，そのような発音を聞いたことがある」を選択した生徒の割合を併せたものを伝統方言の知識を持っている生徒の割合と見なす。

　まず，全体的な傾向を示すことにする。一段活用の使役形，カ行変格活用の未然形，推量と否定推量の助動詞をまとめて動詞形態法と呼ぶことにする。動詞形態法，格助詞，音韻，語彙に関して伝統方言の知識を持っている生徒の割合は，それぞれ，57.9％，42.7％，47.8％，31.5％であった。この数値は，それぞれの類の平均値である。語彙以外の質問項目，すなわち形態法と音韻に関しては約半数の生徒が伝統方言の知識を持っていることがわかる。形態法と音韻は言語体系の規則的な側面を表す。言語の規則的な側面については約半数の生徒が伝統方言の知識を持っていることになる。しかし，形態法や音韻でも，伝統方言を知っているだけでなく自分でも使う生徒の割合は

低い。

　伝統方言を自分でも使う生徒の割合は，動詞形態法で12.8%(「降ルメエ」を除けば15.3%)，格助詞で6.0%，音韻で7.4%であった．ちなみに，語彙に関して伝統方言の語形を自分でも使う生徒の割合は5.8%であった．形態法や音韻という言語の規則的な側面においても，伝統方言を自分で使う生徒の割合は10%前後に留まる．

　次に調査項目ごとのデータを示すことにする．まず，動詞形態法と格助詞の継承状況に関するデータを，それぞれ表2と表3に示す．自分でも伝統方言の形式を使う生徒の割合を「使用」の列に示し，伝統方言の形式を知っている生徒の割合を「知識」の列に示す．

　動詞形態法の方が格助詞よりも知識，使用ともに高い割合を示している．動詞形態法の中では推量の助動詞(ペ，ベ)と否定推量の助動詞(メエ)が知識，

表2　伝統方言の動詞形態法を自分でも使う/知っている割合

伝統方言の形式	使用(%)	知識(%)
褒(ほ)めらせる	7.8	25.4
上(あ)げらせる	8.7	35.9
来(き)ない	8.3	51.8
(雨が)降っぺ	25.9	85.2
(雨が)降んべ	10.1	69.7
(雨が)降るべ	25.1	85.1
(雨は)降らめえ	13.8	73.0
(雨は)降るめえ	2.5	37.2
平　　均	12.8	57.9

表3　伝統方言の格助詞を自分でも使う/知っている割合

伝統方言の形式	使用(%)	知識(%)
爺(ぢい)こと　起すべか	9.5	50.8
銭はみんな，おめえげ　やっておくべ	1.6	31.6
おとっつぁらがにゃ　分かるもんかよ，そんなこと	0.9	28.2
鬼怒川さ　行くつもりになったんでがすね	12.9	77.9
そんぢや爺(ぢい)が　砂糖でも嘗めろ	6.6	37.9
此の側(そば)な　小屋	4.4	29.6
平　　均	6.0	42.7

使用ともに高い割合を示している。ただし，推量および否定推量の助動詞を含む質問項目のなかで，否定推量の助動詞を含む「降ルメエ」が他よりも知識，使用ともに割合が低くなっている。この点は，留意が必要である。水海道方言の伝統方言の否定推量表現は動詞の未然形に否定推量の助動詞が接続したかたちをとる。つまり，「降ラメエ」が伝統方言の形式である。そして，「降ラメエ」は他の推量および否定推量の質問項目と同様，知識，使用とも高い割合を示している。一方，「降ルメエ」のように終止形に「メエ」が接続する形式は，古典語の形式（ただし，助動詞で母音融合が起きている）である。「降ルメエ」は，同じように「メエ」を含む形式でも，学校で教わる古典語の形式に近い形式なのである。「メエ」が付属する語形に関しては，学校で教わる形式よりも伝統方言の形式のほうが優位であることがわかる。「メエ」が付属する語形のうち「降ルメエ」を除外すると，動詞形態法に関して伝統方言の知識を持っている生徒の割合は60.9％，伝統方言を自分でも使っている生徒の割合は15.3％になる。

　名詞形態法に関しては，知識，使用とも項目間の開きが大きい。最もよく知られており最もよく使われているのは，無生与格の「サ」と対格の「ゴド（コト）」である。使用に関して，格助詞のなかで10％前後の割合になっているのは，これらだけである。また，知識に関しても，これらの項目だけが50％を超える割合になっている。

　「サ」「ゴド（コト）」と他の格助詞の間には使用される地域の広がりに関して違いがある。「サ」と「ゴド（コト）」は，関東から東北地方にかけて広く使われている。一方，それ以外の格助詞は，その分布が限られている。「ガ」「ナ」「ゲ」「ガニ」のうち最も広く分布する格助詞は所有格「ガ」である。しかし，『方言文法全国地図』を見ると東日本ではその分布が関東から東北地方の南部（福島県）まで点在しているだけである。有生与格の「ゲ」の分布はさらに限られており，関東地方では八丈島の他，千葉県と埼玉県の一部そして茨城県の南西部で使われているだけである。経験者格助詞「ガニ」と連体修飾格助詞「ナ」については，『方言文法全国地図』では扱われていないが，使用されている地域はさらに限定されるものと思われる。管見の及ぶ範囲では「ガニ」が使われている地域は茨城県南西部と埼玉県の東部である。

使用されている地域が限定されるということは，それだけその文法項目がこの地域の伝統方言に独自性を与える要素になっているということでもある。独自性の高い文法項目が衰退していっていることがわかる。

　水海道を中心とする地域の伝統方言の継承状況については，この調査の10年前にも調査が行われている。1999年9月から10月にかけて宮島達夫氏が行った調査は，当時の大学生から80歳代までの幅広い年齢層の方を対象にしたものである。アンケートの内容は，『土』に現れる伝統方言について知識および自分自身での使用について質問するものとなっている。アンケートの質問項目が完全に同じではないため，単純な比較はできないが，宮島(2000)に示されたデータの一部は質問項目が今回の調査と重なっており，伝統方言の継承状況に関する経年変化を推測する上で役立つものと考えられる。以下に，宮島(2000)から伝統方言の格助詞を知っている割合を示すデータの一部を示す。ここで，「地元」としているのは当時の行政単位で結城郡，猿島郡，水海道市，下妻市，岩井市を指す。「茨城」は「地元」以外の茨城県を指す。なお，下記のデータは当時の大学生のデータである。「地元」出身の学生は6名と非常に少ない。一方「茨城」出身の学生は87名である。

　表3と表4を比べてみると，「ガニ」と「サ」については，当時の大学生の方が現在の中学生よりも知識を持っていたことがわかる。「ゲ」に関しても「地元」以外の茨城出身者の場合，1999年の大学生の方が知識を持っていたことになるが，「地元」に関しては当時の大学生より現在の中学生の方が知識を持っている割合が高い。1999年当時の「地元」における「ゲ」を知っている割合の低さが何に起因するものかわからないが，全体的な傾向としては，10年前に比べて伝統方言の格助詞を知っている若い世代の割合が低下していることがわかる。

表4　1999年調査における伝統方言を知っている割合(格助詞，宮島(2000)より)

	地元(%)	茨城(%)
銭はみんな，おめえげ　やっておくべ	17	59
おとっつぁらがにゃ　分かるもんかよ，そんなこと	50	39
鬼怒川さ　行くつもりになったんでがすね	83	97

以下の表5は音韻に関して伝統方言を自分でも使う生徒の割合と伝統方言の発音を知っている生徒の割合を表したものである。平均を見ると使用，知識とも動詞形態法よりは割合が低く，名詞形態法よりは割合が高いことがわかる。

　無声化の例を見ると「座布団」に比べ「僅か」が使用，知識とも低い割合を示している。「座布団」では，無声化が生じる場所が形態素の境界である。また，無声化は/b/を対象に生じている。一方，「僅か」では，無声化は形態素内部にある/z/を対象に生じている。例が少ないので，確実なことはいえないが，調音点による非対称性や循環性(cyclicity，派生的な環境でのみ音韻プロセスが生じること)が関与している可能性がある。

　伝統方言の語彙に関する使用と知識の割合を表6に示す。

　使用，知識とも形態法や音韻といった言語の規則的な側面に比べると低い割合を示している。語彙に関しては，1999年に行われた調査との比較が可能である。宮島(2000)から大学生のデータを抜き出したものを表7に示す。「地元」出身者のデータを見ると，10年前から伝統方言の語彙を知っている若い世代の割合にあまり変化がないことがわかる。格助詞の場合，10年前

表5　伝統方言の音韻(発音)を自分でも使う／知っている割合

伝統方言の発音	使用(%)	知識(%)
座布団(ざぶとん)	10.1	66.1
僅か(わづか)	1.0	24.4
殆ど(ほどんと)	11.1	52.8
平　　均	7.4	47.8

表6　伝統方言の語彙を自分でも使う／知っている割合

伝統方言の語彙	使用(%)	知識(%)
ちく(＝嘘)	10.1	32.4
かしき(＝炊事)	2.2	16.9
せえる(＝入れる)	0.9	14.8
いがい〜えがい(＝大きい)	10.1	61.9
平　　均	5.8	31.5

表7 1999年調査における伝統方言を知っている割合
（語彙。宮島，2000）

	地元(%)	茨城(%)
ちく（＝嘘）	33	20
かしき（＝炊事）	17	6
せえる（＝入れる）	17	17

と比べて伝統方言の知識を持っている若い世代の割合が低下していたが，語彙に関しては，もともと低い割合ではあったものの横ばい状態であることがわかる。

　すでに述べたように今回行ったアンケートに回答した生徒の95％が常総市出身である。ほとんどの回答者が生え抜きであることを考えると，伝統方言の知識は親や祖父母の発話から得たものと考えられる。使用に関して最も高い割合を示した動詞形態法でも15％程度であったことを考えると，現在の若年層から次の世代へ伝統方言を継承するのが困難な状況にあることがわかる。

5. まとめ

　この章では，水海道方言のデータによって言語学にどのような貢献が可能かを示した。東京からわずか50 kmの地域で話されている方言だが，水海道方言には標準語にはない構造が見られ，それを記述することは言語類型論的に見ても形式的な言語理論の観点で見ても有意義であり，時として既存の学説に対して疑問を喚起することもある。一方で，標準語以上に無標の構造も見られるため，標準語を類型論的に捉えなおす上でも貢献が期待できる。

　残念なことだが，第4節で示したように，この地方の伝統方言は，継承が困難な状況にある。しかし，このことは旧水海道市を中心とする地域の言葉が標準語とまったく同じ体系になっていくことを意味するわけではない。「降ルメエ」よりも「降ラメエ」が圧倒的に優位であることからうかがい知ることができるように，現代の若年層が標準語（あるいは学校で習う古典語）よりも伝統方言の形式を継承している面もある。

日本各地で，標準語と伝統方言の両方から文法や語彙を受け継いだネオ方言（真田 1990）や変容方言（佐藤 1996）と呼ばれる地域的な言語変種が話されている。旧水海道市を中心とする地域で話される言葉もこうした言語変種になっていくものと考えられる。伝統方言が失われても言語の地域的なバリエーションがなくなることはないと考えられる。この地域で話される方言がどのような特徴を持った言語になっていくのか見守る必要がある。
　これから旧水海道市を中心とする地域で話される言葉が伝統方言のどのような側面をどのように継承していくのかを記述していくためには伝統方言の文法体系そのものを明らかにしておく必要がある。しかし，伝統方言の体系の解明は三つの困難に直面している。伝統方言を使える人間の減少と調査者の技術・知識の限界そして夏目漱石のいうところの「余等には余り縁の遠い方言」であることに起因する困難である。
　筆者は 2007 年に伝統方言を使える人間の減少と調査者の技術・知識の限界という二つの困難を同時に認識させられる経験をした。1994 年から調査に協力してくださっている方のところで 2007 年 10 月に調査を行った。筆者は高齢の調査協力者の負担を考慮し，1 回の調査を 30 分から 1 時間で切り上げるようにしてきた。この日も両面で 60 分のカセットテープを 2 本持って調査に臨んだ。カセットテープのうち 1 本を実際に使い，残りの 1 本は予備として位置付けていた。この日は調査協力者が幾分疲れ気味に思えたので早く切り上げるつもりだった。しかし，調査協力者が倉庫から農機具を持ってきて単語の説明をするなど普段にもまして積極的に情報を提供してくれたため，予備のテープも使い切ってしまった。いつもの 2 倍以上の時間協力して下さったにもかかわらず，調査協力者はまだ伝えたいことがあるようだった。しかし，録音するカセットテープがなくなってしまったため，今度調査に来る際に続きの情報を教えていただくことをお願いして調査を切り上げた。しかし，もう一度調査をさせていただく機会は来なかった。1 か月後に調査協力者が亡くなったことを知らせる便りがご遺族から届いた。調査協力者が筆者の調査に応じて下さったのは，大きな手術をした後だった。どのような思いで普段の 2 倍以上の時間を使って調査に臨んで下さったのだろうか。筆者は，準備不足のために，調査協力者が筆者に伝えたかったことの一部を受

け取り損なったのである。

　調査に協力していただける方は伝統方言を使っている方の一部である。継続的に調査に協力して下さる伝統方言の話者の数は確実に減少している。調査に協力して下さる方がいても，筆者のように調査に関する甘い見通しから情報を受け取り損ねることもある。調査者の問題はこのような技術的な側面だけではない。「何を質問すべきか」という調査計画に関わる部分でも，調査者の知識不足が伝統方言の体系的な記述の妨げになる場合もある。

　標準語を基準にして「縁の遠い方言」であることは，二面的である。「縁の遠い方言」であるがゆえに興味を引き付ける場合もあれば，関心を遠ざける場合もある。

　筆者は宮島(1956)などの先行研究を読み，標準語にはない構造のある方言であることを知り，水海道方言に興味を持った。筆者のこの方言に関するいくつかの論考を読んで下さった方も，標準語を基準にした場合「縁の遠い方言」であることから関心を持って下さっているのだと思う。一方，縁遠いものを避ける風潮もある。第二外国語を必修から外す大学が増えるようになって久しい。学問をやる上であるいは職業を営む上で使う見込みのない言語の学習から解放しようという親心(？)は，視野を狭めることにしか結びつかないと思うのだが。もちろん，言葉に興味のある若者はいる。しかし，そうした若者にとっても伝統方言は身近な存在になっていないのではないかと思う。伝統方言の(言語学に限らない)学問上の意義を十分に明らかにすることに成功していないからだ。

　学問的関心の偏りも問題だ。方言研究の軸足がアクセント研究にあった時代，無アクセント方言は方言に関心のあるものにとってすら「縁の遠い」存在だった。水海道方言は日本最大の人口を誇る都市圏のすぐそばで話されているが，無アクセント方言であるため，筆者が調査を始めたころは研究の対象になることがほとんどなかった。いくつかの先行研究はあったものの，方言研究にとってあるいは言語学にとって「縁の遠い」状態だったのである。このような状態にある方言は現在でも少なくないのではないかと思う。

　言語が常に変化していくものである以上，伝統方言の研究者が話者の減少という問題から逃れることは不可能だ。一方，残る二つの困難にはある程度

対処することができるはずだ。調査者の技術・知識の限界は，完全に克服することは難しいとしても，調査準備をしっかりすることと，調査計画段階で日本語だけでなく幅広い言語の情報に接することによって改善が見込める。「縁の遠い方言」への関心を高めることは，容易ではない。言語学が「縁の遠い方言」への関心を喚起する一つの方法は，その方言の構造が言語学にとってどのような貢献が可能かを示すことである。意義のあることは知的関心を喚起する。そうするためには，自分のデータの持つ意義を理解できるだけの言語類型論や理論言語学に関する知識を方言研究者が持つことが必要になると同時に，言語類型論や理論言語学がさまざまな言語特徴の意義について問題にできるだけの豊かな内容を持つ必要がある。方言研究と理論研究の間で研究成果の正の循環が形成されるならば，方言が言語学において取り上げられることも増えるので，「縁の遠い方言」を身近な存在にすることが可能になるだろう。拙論がその循環の一部を形成することができれば幸いである。

[引用・参考文献]
Blake, Barry. 1994. *Case*. Cambridge: Cambridge University Press.
Comrie, Bernard. 1981. *The Languages of the Soviet Union*. Cambridge: Cambridge University Press.
Dixon, R.M.W. 1994. *Ergativity*. Cambridge: Cambridge University Press.
Greenberg, Joseph. 1963. Some universals of grammar with particular reference to the order of meaningful elements. In: Joseph Greenberg (ed.), *Universals of Language*. 73-113. Cambridge: MIT Press.
原田伊佐男. 1972.『埼玉県東南部方言の記述的研究』早稲田大学修士論文. （1996年改訂版）.
Harada, Shin-Ichi. 1973. Counter Equi-NP Deletion. *Annual Bullet of the Research Institute of Logopedics and Phoniatrics* 7: 113-48. University of Tokyo. (reprinted in *Papers in Japanese Linguistics* 11. (1986) 157-201.)
Harris, Alice. 1981. *Georgian Syntax: A Study in Relational Grammar*. Cambridge: Cambridge University Press.
井上史雄. 1968.「東北方言の子音体系」『言語研究』42：80-98.
Ito, Junko & Armin Mester. 2003. *Japanese Morphophonemics*. Cambridge: MIT Press.
Kibrik, Alexandr. 1996. *Godoberi*. München: LINCOM EUROPA.
Kiparsky, Paul. 1973. Phonological representations. In: Osamu Fujimura (ed.), *Three Dimensions of Linguistic Theory*. 1-136. Tokyo: TEC Corporation.
Kiparsky, Paul. 1982. Lexical morphology and phonology. In: The Linguistic Society of Korea (eds.), *Linguistics in the Morning Calm*. 3-92. Seoul: Hanshin.

Kiparsky, Paul. 2000. Opacity and cyclicity. *The Linguistic Review* 17: 351-366.
工藤真由美・八亀裕美. 2008.『複数の日本語―方言からはじめる言語学』講談社.
Lyman, Benjamin. 1894. Change from surd to sonant in Japanese compounds. In: Oriental Club of Philadelphia (ed.), *Oriental studies: A selection of the papers read before the Oriental Club of Philadelphia* 1888-1894, 160-176. Boston: Ginn & Company.
McCarthy, John. 1999. Sympathy and phonological opacity. *Phonology* 16: 331-399.
McCarthy, John. 2007. *Hidden Generalizations*. London: Equinox.
McCarthy, John & Alan Prince. 1995. Faithfulness and reduplicative identity. *UMOP* 18: 249-384.
宮島達夫. 1956.「文法体系について」『国語学』25：57-66.
宮島達夫. 1961.「母音の無声化はいつからあったか」『国語学』45：38-48.
宮島達夫. 2000.「長塚節『土』の方言はわかるか」『国文学解釈と鑑賞』65(1)：85-92.
Mohanan, K.P. 1986. *The Theory of Lexical Phonology*. Dordrecht.: Reidel.
Nikiforidou, Kiki. 1991. The meanings of the genitive: a case study in semantic structure and semantic change. *Cognitive Linguistics* 2: 149-207.
Perlmutter, David. 1979. Working 1s and inversion in Italian, Japanese, and Quechua. *Berkeley Linguistic Society* 5: 277-324.
Prince, Alan & Paul Smolensky. 1993. *Optimality Theory: Constraint Interaction in Generative Grammar*. Ms., Rutgers University/University of Colorado (Published from Blackwell, 2004).
佐々木冠. 2004.『水海道方言における格と文法関係』くろしお出版.
佐々木冠. 2006.「格」『シリーズ方言学2　方言の文法』(小林隆編). 1-46. 岩波書店.
Sasaki, Kan. 2008. Hardening alternation in the Mitsukaido dialect of Japanese. *Gengo Kenkyu* 134: 85-117.
佐々木冠. 2009.「常総市の伝統方言継承に関するアンケート調査報告書」http://ext-web.edu.sgu.ac.jp/ksasaki/2009/joso/index.htm
佐々木冠 & ダニエラ・カルヤヌ. 1997.「水海道方言の連体修飾格」『言語研究』111：59-83.
佐藤和之. 1996.『方言主流社会―共生としての方言と標準語』おうふう.
真田信治. 1990.『地域言語の社会言語学的研究』和泉書院.
Shibatani, Masayoshi. 1973. Semantics of Japanese causativization. *Foundations of Language* 9: 327-73.
Silverstein, Michael. 1976. Hierarchy of features and ergativity. In: Robert Dixon (ed.), *Grammatical Categories in Australian Languages*. 112-71. Canberra: Australian Institute of Aboriginal Studies.
角田太作. 2009.『世界の言語と日本語』(第2版). くろしお出版.
Verma, Manindra. 1990. Experiencer subjects in Bhojpuri and Magahi. In: Manindra Verma & K.P. Mohanan (eds.), *Experiencer Subjects in South Asian Languages*. 85-103. Stanford: CSLI Publications.

第5章 滅びゆく言語「東京弁」

秋永　一枝

1. 東京弁とは何か？

　まず東京弁の使われた「東京」とはどの辺を指すか，というところから規定してゆきたい。たびたび記したことであるが(秋永, 2004)，東京都の面積は約 2,186 km²，東西は最長約 90 km だが南北は島嶼部を除くと 20 km 前後の細長い地域である(図 1)。

　その東端に位置する特別区である 23 区は約 597 km² で，それを東京と呼ぶ場合が多い(図 2, 表 1)。ただしこれでは周辺の埼玉県や神奈川県との土地の出入りもあってここに育った人の言葉が東京弁だと断定することはできない。また 23 区を選ぶと移住者が多くてその土地に代々住んでいた住民との格差が甚だしい。

　東京弁の話者が江戸以来の生活を継承する土地としては，その東端に位置する，かつて江戸町奉行支配地であった江戸墨引内にほぼ相当する東京旧市内(旧 15 区)に限定したい。ここはたかだか 83.6 km² で 23 区の約 7 分の 1 に過ぎぬ狭い区域である。よく言われる朱引内は寺社奉行支配地で，墨引内より多少広い。

　小木新造は『東京庶民生活史研究』(1979)のなかで「東京」と呼ばれていた「明治初年から明治二十二年前後までの旧東京十五区内」が江戸とも東京とも異なった「東京時代」を提唱し，その時期は「江戸以来の諸職人・小商人・雑業層の，いわゆる下町住民がその主要な人口構成をな」していて，そ

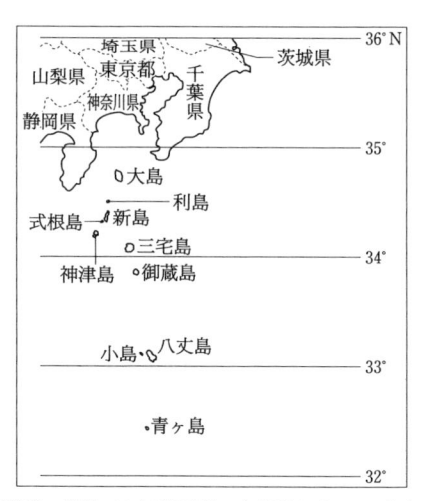

図1 伊豆諸島。明治11年静岡県から編入した。八丈島より約700 km南に、父島・母島・聟島・硫黄島を含む小笠原諸島がある。

の後の明治二十年代後半以後の東京とは区別する必要があると論じている。

人口から見ると江戸の末，享保年間の総人口は100万以上，うち町方人口は53万6,380人とあり，天保期(14年，1843)は130万に増え，うち町方人口は55万とあり，あとは士族のほぼ50万であるという(小木ほか1987など)。

だが御維新(明治元年は1868年)で士族はそれぞれの土地に帰り，明治初めの人口は著しく少なくなり，江戸の最盛期の人口130万に戻るのは明治18(1885)年であるという(東京府人員統計表)。

東京弁の地域は私も早くから東京旧市内としてきた。次は東京弁話者をどの辺の時代までとするかの問題である。明治18年からその子の時代，さらに孫の時代まで生年を下げるとどうなるか。そこには大正12(1923)年9月1日の関東大震災があり昭和20(1945)年3月10日の東京大空襲がある。関東大震災では死者は約9万1,000人余り，日本橋・浅草・本所・京橋・神田・深川等下町6区はほぼ全滅という。3月10日の大空襲でも本所・深川・城東・浅草・日本橋・向島などは一晩で焼き尽くされ，死者も約10万人弱，罹災者の数は100万8,000人にのぼるという(早乙女，1971など)。人災はなくとも家を失い職を失い，その土地に住めなくなった住民の数は限りない。この二つの破壊で東京弁話者の多くは生育地から消えていったというべきだろ

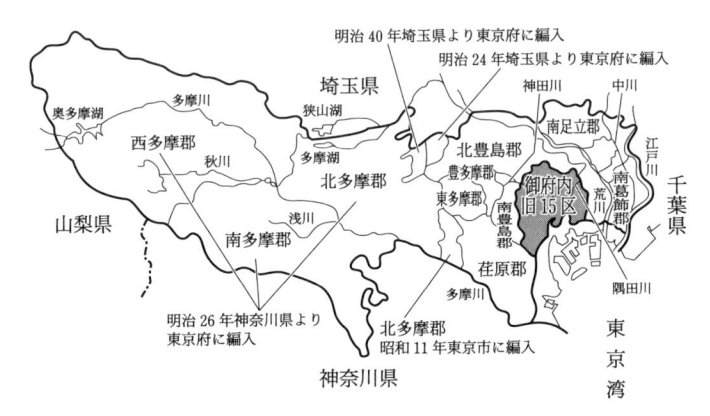

図2 東京都区画図

図3 東京区分図

表1 東京地区対照表

		( )旧15区　[ ]新20区 【 】新々3区			
			11	⑧[目黒区]	
			12	⑨[世田谷区]	神奈川県北多摩郡編入
1	千代田区	1(神田区)　2(麹町区)	13	⑩[渋谷区]	
2	中央区	3(京橋区)　4(日本橋区)	14	⑪[杉並区]	
3	港区	5(赤坂区)　6(麻布区)	15	⑫[中野区]	
		7(芝区)	16	⑬[豊島区]	
4	新宿区	8(牛込区)　9(四谷区) ①[淀橋区]	17	【練馬区】	板橋区より分離
			18	⑭[板橋区]	
5	文京区	10(小石川区)　11(本郷区)	19	【北区】	⑮[王子区] ⑯[滝野川区]
6	台東区	12(浅草区)　13(下谷区)			
7	墨田区	14(本所区)　②[向島区]	20	⑰[荒川区]	
8	江東区	15(深川区)　③[城東区]	21	⑱[足立区]	
9	[品川区]	④[品川区]　⑤[荏原区]	22	⑲[葛飾区]	
10	【大田区】	⑥[大森区]　⑦[蒲田区]	23	⑳[江戸川区]	

う。私が今調査をしても，東京弁らしさの残る話者は八十代・九十代の高年層でもほとんど現れない。昭和 50 年代の調査には現れた東京弁らしさも，平成 (元年は 1989 年) の声を聞くと，噺家といった特別な職業の人を除いては現れない。そう思うと東京弁はすでにほとんど滅んだと言うべきだろう。即ち東京弁の生命はたかだか 100 年だったと言わざるをえない[*1]。

2. 滅びつつあることば

次に消えつつある言葉を思いつくままに五十音順に挙げておく。この意義を記すスペースもないので興味のある方は秋永『東京弁辞典』を御覧頂きたい。

あいのしゅく (合の宿)・あがき (が悪い・がつかない)・足腰 (が弱る)・あたじけない・(座布団を) あてる・あぶちゃん・あぶらやさん (前掛け)・洗い張り・いいまのふり・いぎたない・いけぞんざい・意地をやく・いじょく (居職)・いたしめる・院線・うんじょうする・お稲荷さん (稲荷・食べ物)・お色 (紅)・オート (大きいばった)・大川・おおね (がもと)・大路地・おかか (かつおぶし)・おかちん (餅)・おくれがくる・おけえけえ (化粧)・おけし坊主 (髪型)・おこつく・お小用・おさんじつ (お三日)・おしたじ (醤油)・おしまい (化粧など)・おしまいちゃんちゃん・おしょく (お職)・おしろこ・おすもじ (寿司)・おせおせになる・おちゃびん・おちょうもく・おっかさん・おっかない・おつくり (化粧)・おっこちる・おっしょさん・おっぺしょる・おつもり (になる)・おとっつぁん・お歯黒・お引き裾・お引きずり・おみおつけ (味噌汁)・おもら

[*1] 個人的なことを述べて恐縮だが，私の生年は明治維新の干支 (戊辰) と同じであり，維新から 60 年しかたってないのにこの変化の大きさといつも気になっていた。父は明治 18(1885) 年生まれであり，母方の同居していた祖母は嘉永 4(1851) 年生まれである。私は相手によっては多少東京弁めいた言葉を話すが，これは明治 26 年生まれの母の末っ子であり，周りに年寄りが多く，芝居や落語，邦楽などの話題が結構多かったことと関係しよう。それゆえ話者の言語の形成は，単に生育地・生年だけでそれが決定されるものではなく，親の生育地や職業・趣味などの環境が大いに関係するといってよい。私は言葉の調査の折，それがわかる語彙をあちこちにちりばめておくようにしている。

第5章 滅びゆく言語「東京弁」

い(物乞い)・おやっこさん(髪型)・お湯う屋・およる(寝る)・折れ口(他家の葬式)・おんば日傘・かいくれ・かげのぞき(もしない)・かたぎ(になる)・かたんま(酒)・(東京を)かぶる・きどをつく・きぶっせい・きみ団子・きょう日・きりざんしょ・くろと(玄人)・けもなく・げん(がみえない)・げんか(玄関)・こぎたない・ごきんとうさま・こけら(鱗)・ございす・ごろっちゃら(する)・こんちくしょう・ざっかけない(連中)・(すその)さばき(が悪い)・じいや・しだらがない・しっこし(がない)・しばや(芝居)・しゃくば(講釈場)・じゃじゃばる・シャッポ・しゅら(をもやす)・しゅん(がはやい)・省線・じょうびったり・じょさいや・しらち(をつける)・しろと(素人)・(死ん)じまう・すいばれ・ステンショ・せいしょこさま(清正公様)・せきはない・せんざい場・せんぞやまんぞ・ぞんき(な子だ)・たそく(にならない)・ただしんこ・たんから・ちじり・(行っ)ちまう・ちょきぶね・ちょろっか(する)・つうをかえす・つもり(にもしれている)・手がえし(をする)・手締め・とうなす・どざえもん・とっこにとる・とっつぁん・とっぱくさ・とりこんでいる(葬式などで言う)・どんどんやき・なじみがつかない・入梅(つゆ)・根を洗う・のっけにでる・のて(山の手)・ののさん・ばあや・はすっかい・はばかり様・はやとちり・はんてんぎ・吹きっつぁらし・ブルキ(ブリキ)・へへののもへじ・べらぼうめ・へんがえし(返答)・ほうがえし(がつかない)・ぽうずっくり・ほとほとする・まいげ(眉毛)・まいまいつぶろ・(おさらい会の)まきもの・ごめん下さいまし・まじくなう・まみえ(眉)・みじんまく(もつかないくせに)・水がし・みそこし・みそこし奥さん・みそっかす(の子供)・むきみやさん(上っ張り)・麦湯(麦茶)・めぐし・めっける(見つける)・めはしがきく・めめず・ももんがあ・ももんじや(獣肉屋)・もんじやき(お好み焼き)・もんぱうら(足袋など)・やじょく(居じょくの対)・やけぼこり(やけぶとり)・やじんま・やっちゃば(青物市場)・やぽてん・野暮用・湯う屋(風呂屋)・ゆくたて(いきさつ)・湯ぶね・よくせき(のこと)・よございす・四ツ割(一斗樽)・よっぴて(夜通し)・夜づめ(は切るな)・らちくちない・れこ(これ)・ろうず(傷もの)・ろくろっくび・わっし(私)

もちろんこれらの語は何も東京弁だけというわけではない。例えば「おかちん」や「げんか」は上方でも使われた言葉である*2。東京でかつては使われたが今は高年層でも人によって，また中年層以下ではほとんど使われない言葉である。これらの語の多くは私の東京弁調査にも現れたもので，このなかの数語を現実に現れた形で挙げておく。

以下は『19・20 世紀東京弁録音資料のアーカイブ化 I，II-1・2』(秋永 2006, 秋永・松永 2009)より，引用したものである。なおその単語のアクセント記号を数字で記す*3。文中，A は秋永を示す。

話者 TZ 　　明治 18(1885)年生まれ。浅草で生育。昭和 51(1976)年調査時 90 歳。男性。国文学者。
A 　　先生　おとっつぁん，おっかさんなんておっしゃいますか？
TZ 　　おとっつぁん②，おっかさん③　言いました。言いますよ。
A 　　おとうさん，おかあさんはおっしゃらないでこちらだけでしたかしら。
TZ 　　ええ，おとっつぁん，おっかさんて言いますね。……
A 　　橋を渡るを……
TZ 　　はしょ②渡るって言いますよ。……ハショー渡るとは言わないではしょ渡るってこう。

話者 MJ 　　明治 31(1898)年生まれ。神田区から本所区・浅草区で生育。昭和 51(1976)年調査時 80 歳。男性。足袋屋。
A 　　相手のことは，例えばお前とかお前さんとか，あの，人を呼ぶ，まあ親しい人だったらどう？　おめえさんでしょうか？

---

*2 牧村史陽編『大阪方言事典』(1955)。「おとっつぁん」「おっかさん」も同様で，お上が明治末ごろから国定教科書により，「おとうさん」「おかあさん」に変化させようとした。この東京弁調査では昭和どころか平成になってもまだ人により使われていることがわかった。

*3 アクセントの解説は第 4 節の「東京弁アクセントの減少」でも記したが，平板型は無印，次が低くなる拍の後ろに"]"を付した。あるいは，平板型は 0，次から低くなる拍が初めの拍から数えて何番目になるかの番号を付した。

MJ	ええまあほんとの職人仲間はオメーサマワ0なあ，なんてこうやってました。……
A	そうすと友達同士ですと　どういう？
MJ	ええ，友達同士なあ，オメーッチって②言ってましたよ。……オメーッチの口出すとこじゃネーヤ①なんてねえ　やったもんですよ。

話者UM	明治34(1901)年生まれ。下谷で生育。昭和52(1977)年調査時75歳。男性。彫金家。
話者US	大正6(1917)年生まれ。下谷で生育。調査時60歳。女性。UM氏夫人。
A	へへのの……あれはどういうふうに発音……
UM	へへのの③もへじ0。
A	(地名ですが)コマカタとおっしゃいますか？　コマガタとおっしゃいますか？
UM	コマカタ0。
A	ああそうですか。このごろコマガタって。
UM	さいですね。
A	そうすると　トリコエでございますか，トリゴエ？
UM	トリコエ(鳥越)ですね，はい。コマカタントコロニあるお堂はコマンドー0って言うんですよ。……馬頭観音がまつってありますね。……
US	一つ　いかがでございますか？　こんなもんで　なんでございますけど。(お菓子をすすめる)
A	ありがとうございます。それじゃ。
US	どうぞ，おあてくださいましよ(座布団をすすめる。)

話者KT	明治40(1907)年生まれ。京橋区佃島で生育。平成3(1991)年調査時83歳。男性。佃煮屋。
話者KS	大正8(1919)年生まれ。京橋区佃島で生育。調査時71歳。女

性。佃煮屋。
KT ……あの，昔，おとーさんて言わない。オトッツァン②。……オッカサン③，オトッツァン②ですね。……
A カッツァライっての，おっしゃいませんか？
KS カッツァライ0でしょうね。
A じゃ ふきっさらし，ふきっつぁらしはどうでしょうか？
KT フキッサラシ，フキッツァラシ，フキッツァラシ0でしょう。……
KT ……あ，マッツグ③行ってなんて よくいいますね。……
KS ……イッスンボーシなんて言わないね。イッスンボシ③ダネ，イッスンボシ③。

話者Ta 大正5(1916)年生まれ。本所で生育。昭和56(1981)年調査時64歳。女性。石屋。
A 朝は 味噌豆ってどういうふうに売りに来たんですか？
Ta 納豆ー，ミソマメー0って売りに来たんですね。……
A むきみやさんていうのはやっぱり来ましたよね。昭和でもね。
Ta ええ来ましたね。
A それはやっぱりてんびんで。
Ta てんびんですね。……えー下さいってゆうとはいっつってこう剝いてくれんですね。
A でなんか 筒っぽかなんかでもって。
Ta ……それでよく ムキミヤサンテ0 言いませんでしたか？筒っぽのこと ムキミヤサンテ0。

話者UE 大正6(1917)年生まれ。浅草で生育。平成元(1989)年調査時72歳。男性。鮨屋。
UE ……あたしはお父さんなんて言いませんね。一度も言ったことがない。オトッツァン②とかオッカサン③ってこう言っちゃいますね。……

UE　橋を渡る，ハショー②渡るってこう発音しますね。……
A　帯をしめる，オビョーシメル？
UE　ええ，オビョー①しめる②。……
UE　伝法院，デンボイン①てね。……あたしは短いほうでしょうね。

3. 衰退する訛り，衰退しない訛り

　東京弁の発音については今までいろいろなところで述べてきた(秋永 1999)。重複も多いがなるべくわかりやすく述べることにする。

　何を標準とするか，何を訛りというかは人によって異なるだろう。ここでは東京弁の行なわれた地域(旧15区内)で生育した，御一新から敗戦のあたりまでの時代に「東京語の標準」と考えられていた発音を標準とする。

① 　まずガ行鼻音が挙げられる。この時代の多くの小学生は音楽の時間に「鏡・兎・鶯・影・卵」などのガギグゲゴはちょっと鼻にかかる音で，「学校・銀行・具合・下駄・ゴリラ」などのガギグゲゴとは発音が違うと教わった。よしんば教わらなくてもほとんどそれが訛りであると気付いていた。いまこの印を仮に，{ガ・ギ・グ・ゲ・ゴ}とする。現在でも高年層はテレビなどで「春ガそこまでやってきました。」などと聞くと「ほんとにやだねー。」などとこぼす。それが若年層や区別のない地方出身者は，チューガッコーやコートーガッコーになったりする。若年者もガとガの区別がないわけではないが，実際の語に当てはめて区別するのが難しいのである。

② 　もっと激しく変化したのは「馬・梅・埋もれる」など，マ・メ・モの前の[m]が[u]に変わったことだろう。[mma][mme][mmoれる]などは見事に[u]に変化した。これは，[m]と発音している話者自身も気付かないことだからである。

③ 　東京弁で有名な「ヒ」を「シ」と発音すること。ヒ(日・火)をシ，火箸をシバシ，東をシガシ，ヒモ(紐)をシモ・シボ，シオヒガリをシオシガリ・ショシガリなど。

④ 　いわゆる母音の無声化。無声子音に狭母音[u]のついたキ・ク・シ・

ス・チ・ツ・ヒ・フ・ピ・プ・シュなどの音は無声子音と無声子音の間に来ると母音が聞こえない現象がある。母音が落ちているといっても，口構えは残っているから「キシャ」を「クシャ」，「チチ」を「ツチ」と聞き誤ることはない。東京弁話者が問題とするのは，無声化する拍にアクセントの高さの山があるとき，その高さの山が次の拍に移るということだ。

　例えば第1拍に高さの山がある「キ]シャ・チ]チ・フ]ク・ピ]カピカ・シ]クシク」などは，次の拍に高さの山が移って「キシャ]・チチ]・ピカ]ピカ・シク]シク」のようになる。だが若年層や旧15区以外の人はアクセントの高さの山が移らない人も多い(秋永，1994)。

　もう一つ。「ゴザイマ]ス・ゴメンクダサイマ]シ・藍よりア]オシ・カ]ラス・ソ]ーデス」のように，息の段落の直前に来て低く終わった時も無声化が起きる。第4節を参照。

⑤　シュ・ジュの直音化現象も高年層には多く見られる。「ゲシュク」を「ゲシク」，「シンジュク」を「シンジク」，「ジュミョー」を「ジミョー」という類である。これらは高年層でも訛りと意識しているが，「草加越谷千住のさきよ」など，一連のフレーズのときは「センジノサキヨ」のように「センジュ」といわず，「センジ」が出てしまう。

⑥　[ni][no]の母音脱落も高年層にはまだ多く見られる。ジューゴニチをジューゴンチ，イクサニナルをイクサンナル，コドモノトキをコドモントキ，さらにはコンニチワをコンチワのように。これらはコンチワを除き若年層にはほとんど見られない。

⑦　ラ行音の撥音化と促音化。巻き舌。この現象は高年層ばかりでなく若年層まで行なわれている。ワカラナイがワカンナイ，オカエリナサイがオカエンナサイ，アルイテルノがアルイテンノ，カンガエルトがカンガエット，ソースルトがソースットのように。

　ちなみにラ行子音は，舌先を震わせる[r]が多く用いられ，人によってはこれを数回繰り返す巻き舌音が聞かれる。だがこの現象はすっかり下火となった。またラ行音は人によって，また母音によって，[l]を用いることもある。

⑧ 促音の挿入，引き音の脱落，撥音の脱落。アブラコイがアブラッコイ，イシコロがイシッコロ，フキサラシがフキッサラシ，オセンコーがオセンコ，ダイジョーブがダイジョブ，デンボーインがデンボイン，ダイコンがダイコ，カンニンがカニ。
　この現象は語によっては若年層まで行なわれている。
⑨ 連母音の融合。[ai][ae][ie][oi]が[e:]になる現象。
　これは訛りと意識されているが，現代の若者言葉としても使われている。「無い」をネー，「高い」をタケー，「手前」をテメー，「教える」をオセール，「見える」をメール，「面白い」をオモシレー。
⑩ 個別的な訛り。さけ「鮭」をシャケ，はえ「蠅」をハイ，おしるこ(お汁粉)をオシロコ，ふろしき(風呂敷)をフルシキ，ひも(紐)をヒボ，シボ，ブリキをブルキ。
　この類はシャケ，ハイなどが正式だと思い込んでいる人も多く，語によっては現代でも行われている。
⑪ 「ざーます」ことば。「ございます」をザーマスと発音したり，ザマスと短く発音するのが，山の手の婦人言葉とされた時代があった。
　ソーザーマスネ，ソーザマスなど，秋永の調査では一人だけその発音が聞かれたのみであった。

4. 東京弁アクセントの減少

アクセントとは「個々の語について定まっている高低の配置」を言う。『(新)明解アクセント辞典』[*4]では高い部分に傍線を引き次が低く発音される場合は鍵 "]" を付したが，この方法はパソコンなどではうまくいかない。そこで平板型は無印，次から低くなる拍の後ろに "]" を付した。あるいは，

[*4] 『明解日本語アクセント辞典』は1958年6月刊行。2001年3月に改訂して『新明解アクセント辞典』とする。巻末の「アクセント習得法則」は1958年以前に発表された諸氏の法則を参照させていただいた。それについては2009年9月の[第8回アクセント史資料研究会]で「『明解日本語アクセント辞典』作成のプロセス」として発表した。2010年3月には同会別冊5として刊行した。

平板型は 0，次から低くなる拍が初めの拍から数えて何番目になるかの番号を付した。

東京弁アクセントの減少は金田一春彦などによって早くより言われている（金田一 1958）。私は先の辞典で「消えつつある東京弁アクセント」を《古は》とし，すでにほとんど使われなくなったものを《元は》として，それらの歴史を記してきた*5。まずどのようなものが減少していくかをグループ別に記しておく。

① 頭高型の減少
  ⓐ O]OOOO(O) から OOO]OO(O) へ
    あかとんぼ，海坊主，鬼がわら，鬼が島，おにばばー，影法師，肩車，かまいたち，食いしんぼ，三十年，しゃれこうべ，ひーじーさん，ひーばーさん……
  ⓑ O]OOO(OO) から OO]OO(OO) へ
    おいなりさん，玄人，素人……
  ⓒ O]OOOO から OO]OOO へ
    回向院，二十円……
  ⓓ O]OO(O) から OOO(O) へ
    開運，襲名，相続，忠孝，電話，冬至，とうなす，立秋，立春……
  ⓔ O]OOOO(O) から OO(O)OO]O へ
    小うるさい，小面倒，小やかましい，生易しい……
② 尾高型の減少
  ⓐ 北，虹，東……は平板型へ
  ⓑ 熊，鮨，匙，千葉，母，風呂，晴れ，土佐，会議，上総，信濃，長野，三河，爺や，婆や……は頭高型へ
  ⓒ 刀，鋏，袋……は地域的に中高型へ

---

*5 このアクセント辞典では，秋永は東京に固執していると言われるが，東京アクセントと関係のない地域のアクセントがアナウンサーの生育地によってまかり通っているのはまったく肯んじない。例えば「二月」「四月」を頭高型でいう類である。

③　母音の無声化による，アクセントの下がり目の移動の減少
　ⓐ　OO](OO) から O]O(OO) へ
　　　父，汽車，しくしく，ぴかぴか……
　ⓑ　OOO]O から OO]OO へ
　　　秋風，義経……
　　　これらは母音の無声化によって高さの山が1拍ずれていた。それが無声化しても下がり目が移動しなかったり，無声化そのものがしなくなったりして，下がり目の移動がなくなったことによる。
④　平板式形容詞終止形が中高型になり，起伏式形容詞との区別が難しくなる。
　ⓐ　平板型から中高型へ
　　　赤い，浅い，厚い，甘い，荒い，薄い，遅い，重い，硬い，軽い，きつい，暗い，煙い，つらい，遠い，眠い，丸い……
　ⓑ　平板型から中高 OOO]O 型へ
　　　明るい，悲しい，冷たい，眠たい，平たい，優しい……
　　　3拍平板型が中高型になると，「厚い」と「熱い」の区別がなくなり，東京弁の人にとっては気象情報の「熱い雲」がおかしく感じられることになる。
　　　ただし，4拍平板型はこのごろ中高年でも両様に発音されることが多くなった。
⑤　起伏式形容詞の連用形・仮定形のアクセントのずれ
　ⓐ　頭高型から中高 OO]OO(O) 型へ
　　　白くて，黒くて，痛くて，白かった，黒かった，痛かった……
⑥　起伏型動詞＋動詞の複合動詞のアクセントが平板型から中高型へ
　ⓐ　平板型から OOO(O)]O 型へ
　　　見終わる，書き直す，読み上げる，取り換える……
⑦　強めの意味を持つ起伏型動詞＋動詞の複合動詞は，アクセントの下がり目が後部動詞から前部動詞へ移ることが多い。それらは高年層にはごく普通のアクセントだが中年層以下では語によって現れる程度である。

コ]キツカウ,
　イタ]ミイル, イタ]ミイリマス, オソ]レイル, オソ]レイリマス,
　オモ]イキル, オモ]イキッテ, カジ]リツク, カジ]リツイテ, タタ]キツケル,
　ヒキズ]リダス, ヒッパ]リダス, ヒッパ]リマワス

5. おわりに

　東京弁と言うと多くの方はベランメー調で話したり, 東をシガシと言ったりする言葉と思われるようだ。そしてそれは下町の言葉であると。だが, 東京弁には山の手言葉も下町言葉も含まれる。ただ私が東京弁と規定した範囲は旧15区であって, 武家屋敷や寺町の多かった山の手は, 御一新で武家が郷里に帰り, 一時茶畑などになったという。そこへ軍人や勤め人が移住してきたのだから, 東京弁とは言えない居住者が多かった。

　第2節に挙げた東京弁の例は名詞が多く, これらは山の手, 下町を問わず話者の生活環境によってそれぞれ使われた。東京弁と言ってもっとも耳だつのは第3節に挙げた訛りだろう。

　例文を見, 録音を聞いて頂きたい。ここでベランメー調や訛りを話すのはほぼ職人, 中でも屋職(やじょく)に限られる。スピードやイントネーションも関係する。居職(いじょく)や商人(あきんど)は山の手も下町もあまり変化がない。どういう語彙で話すかは, 話者の育った環境が決定すると言えるだろう。

[引用・参考文献]

秋永一枝. 1994.「アクセント核の移りと聞こえの方言差―母音の無声化を中心に」『音声の研究』23(1999.『東京弁アクセントの変容』に所収)

秋永一枝. 1999.『東京弁アクセントの変容』笠間書院.

秋永一枝. 2006.『19・20世紀東京弁録音資料のアーカイブ化とその総合的研究　I』研究成果. 報告書.

秋永一枝・松永修一. 2009.『19・20世紀東京弁録音資料のアーカイブ化　II-1, II-2』アクセント史資料研究会.

秋永一枝(編). 2004.『東京弁辞典』東京堂出版.

金田一春彦. 1958.「東京語の特色」『言語と文芸』1(2005.『金田一春彦著作集　八』玉川

大学出版部に再録）
金田一春彦. 1958.「東京アクセントの特徴は何か」『言語生活』83（2005.『金田一春彦著作集　八』玉川大学出版部に再録）
松永修一. 2007.「いわゆる〝ザアマスことば〟の使用と音声的特徴の一考察」『論集』Ⅲ：101-110.
小木新造. 1979.『東京庶民生活史研究』日本放送出版協会.
小木新造・竹内誠・前田愛・陣内秀信・芳賀徹（編集）. 1987.『江戸東京学事典』. 三省堂.
早乙女勝元. 1971.『東京大空襲—昭和20年3月10日の記録』岩波書店.

【付録音声について】
　私は「日本語学会2007年度春季大会シンポジウム」で「日本語の20世紀」のうちの[発音]を担当した。その折，発音を説明するより現実の音声のCDを聞いて頂く方がずっとわかりやすいと思い，CDを20分間会場に流した。その後，そのCDを欲しいという申し込みが多く，二，三の方にはお配りしたがあとの方には後日発表するということでお許し頂いた。今回はちょうどよい機会と考え，それに若干の「挨拶を含んだ文」を追加したものである。
　発音者のあらましを次に記す。AよりHは発音・アクセント，F'G'I より以下は挨拶など。

話者：生育地・生年・性・（職業）の順
（A）　TT：港区麻布・1898年・女性（下座ばやし）
（B）　SS：墨田区本所・1899年・男性（洗い張り師）；KK：墨田区本所・1901年・男性（蒔絵塗装）
（C）　SY：文京区小石川から本郷・1903年・女性（主婦）
（D）　OD：中央区八丁堀・1905年・男性（板金業）；IK：中央区八丁堀・1907年・女性（畳屋）
（E）　KH：台東区浅草・1905年・男性（浮世絵刷り師）；KN：台東区浅草・1922年・女性（主婦）
（F）　HT：墨田区本所・1910年・女性（鳥屋）
（F'）　Fに同じ
（G）　IH：港区芝・1921年・女性（主婦）
（G'）　Gに同じ
（H）　KA：港区青山・1923年・男性（研究員）
（I）　US：台東区根岸・1917年・女性（主婦）

第6章

八丈方言
古代東国方言のなごり

金田　章宏

1. はじめに

　日本語諸方言の中に，縄文時代の言語のなごりを留める方言がある，といったら驚かれるだろうか。文字のない弥生時代より前のことがなぜ分かる，と思われるだろう。しかし，そうした可能性を色濃く持っているのがこの八丈方言なのである。

1.1. 基本データ

　話者は東京都伊豆諸島の八丈島（人口8,000人あまり），青ヶ島（同180人ほど）に併せて数百名で，この方言話者のほとんどを占める。また，小笠原諸島の父島，母島，明治後期に八丈島民が開拓した沖縄県の南大東島，北大東島に近代以降の移住者の子孫がわずかながら存在するが，方言を体系的に保持する人はいないに等しい。
　八丈島では，坂上地区(樫立，中之郷，末吉)の中高年層で相応に保持，坂下地区(三根，大賀郷)では高年層で相応に保持していると見られるが，中年層では方言的な終助辞などが現れる程度で，語彙的にも文法的にも相当に標準語化が進んでいる。青少年層ではまったくと言っていいほど方言が使用されない。
　八丈方言は，奈良時代の東国方言の流れを受け継ぐ方言として知られる。

青森から沖縄へとつらなる伝統方言の大きな幹から太平洋に突き出た接ぎ木のような存在であり、これに類似する方言はほとんどない。

1.2. 概要など

八丈方言は上代東国方言に見られる方言的特徴を色濃く保存していることで知られる。上代東国方言とは、奈良時代の万葉集の東歌（巻14）と防人歌（巻20）に見られる、中央奈良の言語、いわゆる古代語とは異なる方言を指す。東歌は主に現在の関東とその周辺の人びとが詠んだ歌であり、防人歌は主に彼らが九州太宰府の地で、あるいはその行き帰りなどに詠んだ歌である。この時代はもちろん、この後の長い時代においても、中央語以外の方言がこのようにまとまった形で保存されている例は他になく、日本語の成立を考える際の貴重な資料となっている。

東国方言の特徴としては文法や音声・音韻、語彙のすべてにわたって現れるが、八丈方言は大なり小なりそのいずれとも関わっていて、東国方言直系の方言であることをうかがわせる。八丈方言は他の本土諸方言との直接の関連が見られないため、過去においては所属不明の方言とまで言われていたのである。

以下、東国方言形と八丈方言の表記には一部カタカナを使用する。特に断らないかぎり、八丈方言は6地区(八丈島の三根、大賀郷、樫立、中之郷、末吉の各地区、および青ヶ島)のうち三根地区のもので、例文は民話や談話(筆者HP[*1]で公開中)、八丈民謡「しょめ節」の歌詞である。出典のない例は三根での聞き取り調査によるものである。また、万葉集の表記や訓読は『新日本古典文学大系』(岩波書店)を使用した。

2. 東国方言と関わる諸現象

2.1. 形容詞のエ段連体形

中央語の形容詞連体形は、例えば「高き山」のようにイ段の「き」で名詞

[*1] http://www.akaneisc.com/

第6章　八丈方言——古代東国方言のなごり　155

に続く。これが東国方言ではタカケ山のようにエ段となる。このあとにもいくつか紹介する，これまでいわゆるナマリ的に扱われてきた現象は，単なる方言的なナマリですませるものではなく文法の違いと直結しているものである。なお，（　）の中は漢字の音だけを用いた万葉仮名で，数字は歌番号である。

 4369　筑波嶺のさ百合の花の夜床にも<u>かなしけ</u>(可奈之家)妹そ昼も<u>かなしけ</u>(可奈之祁)

 3557　<u>悩ましけ</u>(奈夜麻思家)人妻かもよ漕ぐ舟の忘れはせなないや思ひ増すに

 3483　昼解けば解けなへ紐のわが背なに相寄るとかも夜<u>解けやすけ</u>(等家也須家)

選んだわけではないのだが，このように万葉集，特に東歌や防人歌には男女間の歌が，浮気などの歌も含めて多く見られる。

では八丈方言の例を見てみよう。形容詞の連体形は八丈方言でも同様にエ段で現れる。

 (1)　ナカカラワ　**スバラシケ**　**タクマシケ**　オノコゴノコガ　ウマレテ　キトーデ

  「中からは<u>すばらしい</u>，<u>たくましい</u>男の子が生まれてきたので」(民話『桃太郎』)

 (2)　コノヒニャ　モー　**ワカケ**　ヒトモ　トショリモ　ミンナガ　ガッコノ　ニャーイ　デテ　ヤスモ　ヒデ

  「この日にはもう，<u>若い</u>人も年寄りも，みんなが学校の庭へ行って休む日で」(談話)

 (3)　<u>ネッコケ</u>　トキニワ　カサネギョ　セーテ　ボウク　ナロシャン　タケノ　カワ

  「<u>小さい</u>ときには重ね着をさせて，大きくなるにつれて竹の皮のように」(民謡「しょめ節」)

この連体形に終助辞ワがついて融合したタカキャ(高いよ)や，そのままジャがついたタカケジャ(高いねえ)などが終止形として使用される。

初めの例ショッキャは，*シロシ(著し・白し)の連体形*シロケがショッ

ケに変化し，ワが融合したものである。(「*」付きは現代方言では使用されない，変化以前の語形であることを示す。)

(4) ンーガ　オヤガ　**ショッキャ**。
「おまえの親が知っているよ。」(談話・中之郷)

(5) **オモシロケジャナ**　ワガコノ　ナコワ　テラノ　デイシュンドンノ　キョウヨリモ
「おもしろいねえ，うちの子の泣くのは。寺のデイシュン殿のお経よりも」(民謡「しょめ節」)

2.2. 動詞のオ段連体形

次は動詞の連体形であるが，中央語の動詞は例えば「降る雪」のようにウ段「る」で名詞に続く。これが東国方言ではフロ雪のようにオ段になる。この例もなぜか男女間のものである。

3423　上野伊香保の嶺ろに**降ろ**(布路)雪の行き過ぎかてぬ妹が家のあたり

3478　遠しとふ故奈の白嶺に**逢ほ**(阿抱)しだも逢はのへしだも汝にこそ寄され

3414　伊香保ろの八尺のゐでに立つ虹の**現はろ**(安良波路)までもさ寝をさ寝てば

八丈方言の例を見てみよう。八丈方言でも同様に動詞の連体形はオ段で現れる。

(6) ムチューン　ナッテ　**オロ**　マン　ヒョウラドキガ　ヒッツギトーデ
「夢中になって織る間に，お昼時が過ぎてしまったので」(民話『七夕さま』)

(7) モッテ　**イコ**　オボンニ　ノセトッテイ　ヒョ　ツケテ　ヤケバ
「持っていくお盆にのせてから，火をつけて焼けば」(民話『人捨て穴』)

(8) コノコワ　オヤゴロシドーテ　イケーテ　**オコ**　コトワ　デキンナカーテッテ

「こいつは親殺しだから，生かしておくことはできないといって」
　　（民話『ホウエン越し』）
　形容詞と同様，この連体形に終助辞ワやジャなどが付くと終止形になる。初めの例で，直訳で「行くよ」にすると未来になるのだが，次の例とともに現在の意味で使用されている。この方言のアスペクトに関しては後で触れる。

(9)　ケイワ　ドコソコドンネイノ　ナヌカデ　テラメーリン　イコワ。
　　「きょうはどこそこ殿の家の七日で，寺参りに行くところだよ。」
　　（民話『水守』）

(10)　ハルガ　キタロウ　ショクナク　アリャリャ　ナイテ　ツゲロジャ　ウグユスガ
　　「春が来たのを知らないでいたら，鳴いて告げるねえ，ウグイスが」（民謡「春山節」）

(11)　ハノ　ジョウブン　ナロワ。
　　「歯がじょうぶになるよ。」（談話）

　なお，次の例などは一見普通のウ段終りにも見えるが，連体形はチガヲがチゴヲに変化し，さらにそのowoがouに変化したものであって，もとはオ段である。ツコウ（使う），ウトウ（歌う），ワロウ（笑う）なども同じであるが，〜シテの形はチゴッテではなくチガッテやツカッテなので，連体形末の母音オが前の母音に影響してawoをowoに変えたものと見られる。同様の現象が後の推量形にも見られる。

(12)　ウクワ　ココトワ　カクガ　チゴウ　シケイガ　タカケ　イェードーテ
　　「あそこは，ここことは格が違う，敷居が高い家だから」（民話『吉浦の波』）

　このような，終止形と連体形の語形の異同がなぜ問題にされるかというと，一つには終止形と連体形の成立の違いがある。日本語諸方言のほぼすべてで，この2形は「飲む」「飲む人」のようにほとんど同じ形になっているが，もともと終止形は「飲み」，連体形は「飲む」のように形が別だったとされている。そのなごりは存在動詞の終止形「あり」と連体形「ある」などに見られるが，他の普通の動詞ではその違いがなくなっている。

一方、八丈方言では、普通に使用される終止形は連体形をもとに終助辞ワやジャを付けてつくられるノモワ、ノモジャなどの形なのだが、推量形のノムノウワ(飲むだろう)の中に古い終止形のなごりのノムが見られる。こうして、八丈方言では終止形と連体形が、かつては別の形だったことが分かるのである。この問題についてはまた後で触れたい。

2.3. 動詞のノマロ形

これは本動詞「飲む」と補助動詞「あり」の組み合わせである「飲みあり」の連体形「飲みある」に対応する語形であるが、ここには二つの現象が含まれる。一つは動詞のオ連体と同じもので、補助動詞「あり」の連体形「ある」がオ段のアロとなる現象である。もう一つは、「飲みある」が融合して、古代中央語で「飲める」とエ段になるところを、飲マロとア段になる現象である。この形は現在の結果の状態の意味で使用される。

3469 夕占(ゆふけ)にも今夜(こよひ)と告(の)らろ(乃良路)我が背なはあぜぞも今夜よしろ来まさぬ

3546 青柳のはらろ(波良路)川門(かはと)に汝(な)を待つと清水(せみど)は汲まず立ち処(ど)平(なら)すも

八丈方言の中でも高齢層が使用するより古い方言では、強変化動詞(四段活用)では飲マロ、弱変化動詞(一段活用)ではテを含む見タロが連体形としてそのまま使用されたが、現代方言ではrが脱落して、(t)aro＞(t)ao＞(t)o:のように融合した飲モー、見トーが使用される。しかし、この連体形をもとにした過去の終止形では融合せず、飲マロ、見タロに終助辞ワが融合して飲マラ(飲んだよ)、見タラ(見たよ)となる。

なお、以下に三根地区以外の例が出てくるが、二重母音や長母音は地区ごとに規則的な対応関係があって三根地区とは別の母音で現れる。したがって、説明の内容が該当するのはあくまで三根地区についてである。

(13) ゴジューニ **ナロー**(＜ナラロ＜*ナリアロ) オヨー ブッチャリキラズン

「五十歳になった親を捨てきれずに」(民話『人捨て穴』)

(14) ンーマソウニ **ウモー**(＜ウマロ) モモガ ナガレテ クルテイ

テ
「うまそうに熟んだモモが流れてくるそうで」(民話『桃太郎』)
(15) オニメガ ツメデ **カコー**(＜カカロ) イシノ アトガ マンデモ シローク ノコッテ アロガ
「鬼の爪でかいた石のあとが，いままでも白く残っているが」(民話『桃太郎』)
(16) ワガ オッカサンラガ **ハナシイテータラ**。(＜*ハナシイタシタロワ)
「私のお母さんたちが(そんなふうに)話しましたよ。」(談話)
(17) カビャヨワ ツブリン ノセテ **ササガラ**。
「桑の葉(を)は頭にのせてはこんだよ。」(談話・中之郷)
(18) アー ホントー ソガンダー コトガ **アララ** ナー。
「ああ，本当，そのようなことがあったねえ。」(談話・末吉)

八丈方言では弱変化動詞は見タロ＜*見テアロ，寝タロ＜*寝テアロのようにかならずテを含むが，東国方言では次の着アル＞カルのように弱変化動詞でもテのない接続がわずかながら見られる。

4431 笹が葉のさやぐ霜夜に七重着る(加流)衣にませる児ろが肌はも

ところで，この方言でも普通，動詞にアリの付かない語形(以下，非アリ形と呼ぶ)は非過去(基本的には未来)を現し，アリの融合した語形(以下，アリ形と呼ぶ)は過去を現す。しかし，後で過去のキのところでも触れるが，この方言ではまだ古代語的なアスペクト・テンス(動作や変化の捉え方とそれの時間への位置付けの語形のシステム)を保存していて，非アリ形が現在進行中の動作や変化，アリ形が現在の結果の状態を現すことがある。

その典型が感嘆文における詠嘆の用法である。アリの付かない飲モとアリの融合した飲マロには，それぞれに詠嘆のヲが融合した語形，飲モウ(＜*ノモヲ)，飲マロウ(*ノマロヲ＜*ノミアロヲ)があっていわゆる感嘆文に使用され，目の前における動作や変化の進行(ノモウ)，動作や変化の結果の状態(ノマロウ)を現す。この用法が，アリの有無による現在の進行と結果という，古代語のアスペクト現象をもっともよく現しているだろう。ちなみに，この詠嘆のヲは対格ヲ(～を)のもとになったとされるものである。なお，連体形

に飲モウと似た飲モーがあったが、この方言では長い母音のオウとオー、エイとエーを明確に区別する。例えば、コウ(子を)、コー(川)、ヘイ(塀)、ヘー(ハエ)のように。

(19) バー　コラ　ノモウ！
　　「まあ、この人飲んでいる！」(動作の進行)
(20) コラ　コーコウ！
　　「これ乾きかけている！」(変化の進行)
(21) バー　コラ　ノマロウ！
　　「まあ、この人飲んでいる！」(動作の結果の状態：顔が赤い、ビンが空になっているなど。現在は飲んでいない。)
(22) ハー　コーカロウ！
　　「もう乾いている！」(変化の結果の状態)

2.4. 推量のナモ

古代中央語では推量を現すのに「む、らむ」という要素が使用されるが、東歌ではそれがモ、ナモのように、動詞連体形と同じオ段で現れ、かつ、ラがナで現れる。万葉集の例には八丈方言と直接関わるナモだけを挙げる。

3476　うべ兒なは我に恋ふなも(故布奈毛)立と月ののがなへ行けば恋ふしかるなも(故布思可流奈母)
3563　比多潟の磯のわかめの立ち乱え我をか待つなも(麻都那毛)昨夜も今夜も

八丈方言ではこのナモに由来する要素が推量形のもとになっている。先に動詞チガヲがチゴヲになってから融合してチゴウになる例を挙げたが、ここでも同様にナモがノモに変化してから融合してノウになっている。awo や amo が a＊o＞o＊o＞ou になるという共通の変化が起こったことが分かる。

(23) モモカー　ウマレトーテ　アダン　モモタロウテ　ヨ　ナガ　イチバン　ヨカンノウワ　ノー。
　　「モモから生まれたから、やっぱり、桃太郎という名がいちばんいいだろうね。」(民話『桃太郎』)

(24) ムカシワ　イチバン　ニギヤカダランノウワ。
「むかしはいちばんにぎやかだったと思うよ。」(談話)

(25) ハヤ　ジューネングレーニワ　ナルナオワ　タテテ。
「もう10年ぐらいにはなるだろうよ，(社を)たてて。」(談話・青ヶ島)

オ連体形のところでも触れたが，東国方言でも八丈方言でもナモはウ段の終止形に接続している。終止形「恋ふ」の連体形は中央語で「恋ふる」，東国方言では恋フロあるいは恋ホとなるだろう。八丈方言の例でノウやノーの前のンは，補助動詞を含む動詞終止形末のルが変化したものである。このように，終止形と連体形の形が異なり，かつ，中央語の終止形と連体形の古い対立と見られる「あり」と「ある」というタイプとも異なるということが，実に弥生系言語が渡来する以前の姿を留める可能性があるものとして重要なのである。

2.5. 語彙について

語彙の点で興味深いのが，ホホ(頬)に関わる動詞ホホムである。〈蕾や芽がふくらむ〉という意味のフフムは中央語を中心に十数例見られるが，ホホムは東国方言に1例あるのみで，記紀歌謡にはいずれも見えない。その後の平安前期の辞書である『新撰字鏡』には保々牟が見える。

4077　わが背子が古き垣内の桜花いまだ含めり(敷布売利)一目見に来ね
(巻18)

3572　あど思へか阿自久麻山のゆづるはの含まる(布敷麻留)時に風吹かずかも

4387　千葉の野の児手柏の含まれど(保々麻例等)あやにかなしみおきてたかきぬ

最後のホホマレド(<ほほみあれど。八丈方言ではホウマイドウ)は，東国方言についての理解が国語学，日本語学の世界でもそれほど定着していないせいか，学研の『日本国語大辞典』(以下，『日国』)ではこの語形を「自ラ四」，つまり，ホホムとアリとが融合したホホメリの東国方言形ではなく，ア段であることにひっぱられてラ行四段活用の自動詞としてしまっている。

八丈方言ではホホムから直接に変化したホウム(自分で口に含む)，ホウメル(他の人の口に含ませる)が使用される。

 (26) アイモ **ホウモウ**。
   「私も(口に)<u>含も</u>う。」
 (27) クチイッペー **ホウドッテイ** ハナソドーテ ワカリンノージャ。
   「口いっぱいに<u>含ん</u>で話すもんだから，(言っていることが)わからないねえ。」
 (28) カラス カラス カンネンボウ ナレガ コウワ トンデーテ ミソウ ヤッテ **ホウメテ** カゴヤガ ニャーイー ブッチャッタ
   「カラス，カラス，おまえの子は取り出して，味噌をやって(口に)<u>含ませ</u>て，籠屋の庭にすてた」(わらべ歌)

『日国』によれば，ホオメルは関東各地の方言にだけ見られるが，自ら口に入れるホオムの方は『日国』にも見当たらない。

 語彙的にも，上代の〈蕾や芽がふくらむ〉とった意味は，おそらく〈食べ物を口に含んでほほがふくらむ〉からの派生と見るのが妥当だろう。つまりこれは，体の部位であるホホを動詞化したものである。体の部位からの動詞化とされる類例には，肩からのカタグ＞カツグ，股からのマタグなどがある。

 以上，万葉集の中の東歌と防人歌に見られる上代東国方言と八丈方言の主な類似点について見てきた。奈良時代の畿内と関東との関係は，弥生系渡来人たちがその勢力を東に広げようとしている中にあって，弥生化の最も進んだ畿内と，その勢力範囲内にありながらも弥生化の最も進んでいなかった関東と捉えることができる。当然そこには，渡来系の民族が持っていた言語の影響の濃淡差があるわけで，裏を返せばそれは日本列島に存在したいくつかの縄文系民族が持っていた言語の保存の濃淡差でもある。このように，東歌や防人歌の言語現象を色濃く保存する八丈方言は，文献から確認できるかぎりにおいて(アイヌ語を除くという意味で)，日本列島の最も古い言語の姿を留めていると言える。

2.6. その他の古風な文法現象
(1) 過去の「き」を持つ語形
　中央では鎌倉時代になると過去の「き」が衰退していくが，それに呼応するように（どちらがニワトリかタマゴかは調べていないが），現在テンスに関わっていた「飲みたる」が「飲んだる」から「飲んだ」になって現在テンス離れを起こし，過去の「き」に取って代わるのである。

　すでに述べたように，八丈方言の非アリ形やアリ形が〈現在の動作や変化の進行〉と〈結果の状態〉を現すことができたのは，もともと過去の意味をになっていた「き」がかろうじて生きていたからである。

(29) 　キョネン　オトトシャ　**オドラッチ**（<*オドリアリシ）　サマモ　イマジャ　トウロウノ　フサト　ナリ
　「去年おととしは元気に踊ったあの方も，いまでは亡くなって，灯籠の房になってしまった」（民謡「しょめ節」）

(30) 　ナブレ　カクレニ　**オジャラッチ**（<*オジャリアリシ）　サマモ　イマジャ　アシダデ　チョウチンデ
　「こっそり隠れながら私のもとにかよっていらっしゃったあの方も，いまでは堂々と足駄をはいて，提灯を提げて」（民謡「しょめ節」）

(31) 　**ホウジガ**（<*ホホミシガ）。
　「(口に)含んだっけなあ。」

　ここで八丈方言と古代語の時間表現を比較してみよう。形をそろえるために連体形で示してあるが，八丈方言に未来の「む」がないことを除けば，まったく同じであることが分かる。このように八丈方言は古代語の時間表現システムを，部分的にとはいえ少なくとも形態的にはそのまま保持しているのである。

【八丈方言】

未来	現在		過去
(ノモ)	進行	結果	ノンヂ
	ノモ	ノマロ	

【古代語】

未来	現在		過去
(のまむ)	進行	結果	のみし
	のむ	のめる	

(2) 強調と疑問の係り結び

八丈方言にはコソに由来する強調の係り結びと，カに由来する疑問の係り結びが存在する。

コソに由来する強調の係り結びには，コソハが融合したと見られるカによるもの(初めの3例)と，さらにそれにハの融合したコー(地区によってはコア，カー)によるもの(後の1例)との2種類がある。これらによって強調されると，古代語同様，述語はいわゆる已然形になる。方言話者にはほとんど意識されないようだが，後者コーの方がより強調が強いようで，結びにはノダのような意味の指定ナリの已然形ナレが変化した，ネー(地区によってはネァ)が義務的である。

(32) ワリャナ **オメイヤカ** タレドノ スナヲ トリテ **オガメガ** カミガミニ
　　「わたしは(あなたを)思っているからコソ，垂土(地名)の砂を取ってきて拝むのです，神々に」(民謡「しょめ節」)

(33) **タケボーキデカ** アラレ。**タケデカ** **カコァダレ**。
　　「(むかしの箒は)竹箒でコソあったよ。竹でコソ掃いたんだよ。」
　　(談話・中之郷)

(34) ジブンノ ウチデカ ワケーテ **ハイレガ**。
　　「自分の家でコソ(風呂を)沸かして入るよ。」(談話・青ヶ島)

(35) ソノ **イトーコア** ネングニ **オサメタンネァ**。
　　「その糸をコソ年貢に納めたんだよ。」(談話・中之郷)

第6章　八丈方言——古代東国方言のなごり　165

　最初の例は八丈の民謡「しょめ節」の歌詞の一つだが，20年以上前，なにもわからずに八丈方言の勉強を始めたころに，島の生き字引である奥山熊雄さんから教えていただいた。歌詞のおおよその意味は理解できても，これらが係り結びであることが文法的に分かるまでにけっこうな時間を要したと記憶している。

　カに由来する疑問の係り結びは，質問というよりも自問自答的な用法が基本で，結びには推量のナモ(の変化形)が義務的である。

　　(36)　コノ　カケザラワ　アニョカ　オスナルノウ。
　　　　　「この欠け皿は(まったく！)なにを言ってるんだろう。」(民話『欠け皿』)

　　(37)　チャカレタ　ナナチャノ　カケラヲ　ホレイ　ツキカ　スノウト
　　　　　ノセテ　ミル
　　　　　「割れた飯茶碗のかけらを拾い，くっつくかなあと，のせてみる」
　　　　　(民謡「しょめ節」)

(3)　否定形に見られる「ず」以前の形態

　古代語の否定「ず」は奈良時代にはすでに「ず」であり，同じ否定系列である「ぬ」や「ね」と子音が異なっていた。実は筆者もそうだったのだが，このことに疑問をもつ人は(学者・研究者は別として)意外に少ない。これについては，ごくわずかな例から「にす」が変化したものである可能性が指摘されているが，しかし推測の域を出るものではない。一方で，八丈方言の否定過去断定形や否定非過去推量形には「ず」以前の姿が保たれている。否定の要素はもともとナ・ニ・ヌ・ネのように「普通に」変化したと見られるが，その連用形ニとサ変動詞のスの連用形に由来する，ニシを含む語形がそれである。次の初めの例は，動詞連用形イェミ(笑み＝口を開く・割れること)＋ニシ＋アル＋推量ナモ＋終助辞ジャ(＜*ニテハ)が変化したものである。これが正しければ，この方言の否定形は，すでに「ず」になっていた奈良時代の奈良以前の姿を保っていることになる。

　　(38)　コレガ　コーベワ　マダ　イェミンジャンナオジャ？
　　　　　「これ(椿の実)の皮はまだ割れないだろう？」(談話・青ヶ島)

　　(39)　フロイッペーノ　ミズー　タミーシャーテワ　ホントーン　ナナ

タビモ　トータビモ　イカズニワ　フロイッペーノ　ミズワ　**タマリンジャララ**(＜*タマリニシアリアロワ)。

「風呂いっぱいの水をためようとしては，本当に，7回も10回も(水汲みに)行かなくては，風呂いっぱいの水は<u>たまらなかったよ</u>。」(談話・末吉)

　これらの語形のニシ以下の部分については無理のない変化なのだが，その接続，つまり中央語を含む日本語諸方言で否定形は全てノマ・ナイのように未然形接続となっている。これに対して，この方言ではイェミ，タマリと連用形に接続しているという点，接続一般としては連用接続がごくあたりまえであるとはいえ，今後解決しなければならない問題だろう。

(4)　その他の語彙

　語彙的に同じように見えても，発音のわずかの違いがより古い，語源に近い形を保っている場合がある。例えば，「はだし」は平安時代には既に「波太志」(『新撰字鏡』)であって，語源に結び付く情報はないように見える。一方，八丈方言ではハドーシとなっていて，この方言の音韻対応規則で aa は o: となるので，これはハダアシ(肌足)からの変化であることが分かる。

　また，「褌」にはいくつかの語源説があるが，これもこの方言でフンドウシであることから，フミトヲシ(踏み通し)からの変化であることが分かるのである。

　ミヤラビといえば沖縄の方言で若い娘をさすが，これはメワラベの変化したものである。八丈方言ではこれがメナラベとなっているので，こちらはメノワラベが変化したものだろう。古語は周辺部に多く残るといわれるが，「冬はつとめて」の「つとめて」も，琉球諸方言にシトゥンタ(八重山西 表(いりおもて))などの形で，そして八丈方言にはトンメテという形で保存されている。

2.7.　独自の文法現象

　ここまでは八丈方言の古さを中心に述べてきたが，どの言語，方言でもそうであるように，それ自身が独自に変化をすることがある。つまり，それまでになかった文法現象などを自らつくりだすのである。八丈方言にもそうした現象がいくつかある。

(1) 格の二重表示

全体と部分や持ち主と持ち物を現す「ゾウは鼻が長い」のような文は二重主語などと言われることがある。しかし、これはあくまでも「ゾウは」が主語で、「鼻が長い」全体が述語である。「鼻が」は述語を構成する文の中の主語であって、「ゾウは長い」ではない。「彼は足が短い」と「彼は短足だ」とを比較すれば、その違いが分かるだろう。

一方、この方言にはまさに主語を二つ持つ構文がある。例えば、「ゾウのは鼻が長い」のような文である。「ゾウの」とは「鼻」のことであり、どちらも「長い」が述語になっている。

次の初めの例は日本版シンデレラ姫の民話で、一人残された継子を友だちが七夕の祭りに誘いにくる場面である。ワゴーはワガハの融合形で「私のは」であり、「私のはない」は着物自体をさしているので、「着物はない」と同じ意味である。標準語なら「私は着物が」としなければならないが、これだと「私は」が主語＝主題的であり、この方言のようにとりたて性を明示できない。こうした現象は、主語だけでなく〈〜を〉、〈〜に〉などにも見られる。二番目の例は三重表示になっていて、他の人のではなく、他の畑のではなく、のようにやはり対比的に使用されている。

(40) アダン **ワゴー** キテ デロ **マダラガ** ナクテ ノーテ ユト
「だって、<u>私のは</u>着ていく晴れ<u>着が</u>なくてねえ、というと」(民話『欠け皿』)

(41) **クマチャンゴー カンドノガノ イモガ** シーマキャ。
「熊ちゃん(人名)のはカンド(畑のある地名)のがサトイモがおいしい。」

(2) 格の明示の厳格化

標準語で名詞の主格や対格は「<u>ネコが</u>いる。」「<u>チーズを</u>食べる。」のようにガ、ヲを付けて示される。古代語では基本的に名詞になにも付かないハダカの形が主格にも対格にも使用されたが、それが次第にガやヲの形をとって格を明示するようになったのである。しかし、ガやヲにハやモが付くと、「ネコはいる。」「チーズも食べる。」のようにガやヲは消えてしまう。したがって、「ネズミは食べた。」だけだと、「ネズミはチーズを食べたが、ネコ

はそれを食べなかった。」なのか「ネコは，ネズミは食べたが，チーズは食べなかった。」なのか，わからないことになる。

八丈方言では原則としてハやモが付いても，対格は対格であることを明示しなければならないし，主格でも一部そうである。主格と対格をハダカのままで形式的に区別しない古代語のような言語タイプから，両方に別の印を付けて，標準語以上にはっきりと区別し分ける言語タイプへと変化したことになる。

初めの例は八丈版姥捨て山の民話である。息子が役所からの難題に窮し，決まりで一度は山に捨てたがしのびなく，つれもどしてかくまっていた老婆にそれをたずねる場面である。余談だが，八丈島では60歳ではなく50歳で捨てられたことになっていて，そのいわれを持つ穴が実在する。

次の例43では「私にたいして」という意味で対格が使用されている。

 (42) コゴンドー　フレガ　モーローガ　**ソレイワ**　アダン　シェバイェイダロウ。
  「こんな触れが回ったが，それ(を)はどうすればいいだろう。」(民話『人捨て穴』)

 (43) アダン　**ワレイワ**　ワガ　ホーガ　コノ　タブー　ツメデ　シギッテ　ヒジノコデ　スリムクッテ　タナバタサマン　ニテ　オガメ　ヨウテ　オシャローテ
  「だって，私(を)は私のおかあさんが，この稲を爪でむしりとって，肘ですりむいて，七夕さまに炊いて供えなさい，とおっしゃったから」(民話『欠け皿』)

 (44) トシガ　アワズト　**キガセー**　アワバ　ソウテ　トシェイヨ　スレバ　ヨイ
  「年が合わなくても，気(が)さえ合うなら，つれ添って生活をすればよい」(民謡「しょめ節」)

 (45) **アガカ**　サケイ　ノマレ。
  「私がコソ酒を飲んだよ。」

3. 今後の展望など

2009年2月，ユネスコは日本に八つの「危機言語」があると発表した。従来のアイヌ語に加え，琉球諸方言の六つ，そして八丈方言である。八丈方言の貴重さ，重要性を外部から指摘された形だが，これが一つのきっかけとなり，八丈方言を見直そうという動きが地元に出始めていることは歓迎すべきことである。

言語にしろ方言にしろ，それを新たに身に付けるには十分な語彙と意味記述，用例を含む辞書，それに詳細に記述された文法書が不可欠である。しかしそれだけではけっして十分ではなく，やはり人から人へという，方言使用の直接の継承が必要だろう。

八丈方言は姉妹方言と呼べるものがなく孤立しているという点で，琉球諸方言とは状況が大きく異なるが，まったくの危機的状況にある青ヶ島を除けば，まだ方言を継承していくだけの方言話者はかろうじて存在している。島の若者たちはもちろんだが，方言を継承していけるのは島の住人や島出身者にかぎられたことではないのだから，八丈方言バイリンガル話者を広く全国に，いや世界中に募りたいところである。

奈良時代の奈良の言葉よりも古い，関東土着の言葉を受け継いでいるとは，なんとロマンのあることではないだろうか。

[引用・参考文献]
金田章宏. 2001.『八丈方言動詞の基礎研究』笠間書院.
金田章宏. 2002.『八丈方言のいきたことば』笠間書院.
金田章宏. 2005.『奥山熊雄の八丈島古謡』笠間書院.

愛媛県宇和島方言の時間の捉え方
標準語の文法を相対化する視点

第7章

工藤　真由美

1. 方言に体系的な文法はあるか

　昨今は，ゆきすぎた画一性に対抗して，方言や少数民族のことばを見直し，地域性を尊重しよう，その文化的価値をあらためて確認しようという大きな流れが生まれている。
　ここでは，愛媛県宇和島方言の文法を取り上げる。宇和島市は，四国予讃線の終着駅，静かな地方都市である。このような地方都市の方言を考えることによって，どのように標準語の文法が相対化されていくのか，これが本章のテーマとなる。
　文法というと，形式的な無味乾燥さを思い浮かべる人が多いかも知れない。また，日常的な話し言葉であり，書き言葉を持たない方言に，文法などあるのかと思う人もあるだろう。しかし，形式面だけでなく，文法的な「意味」まで考えていくと，方言には，標準語の常識をくつがえす豊かな体系性があることに気づく。
　宇和島方言では，次のような三つの言い方を使い分ける。
　　(1)　学校の新校舎は，来年の9月に建つよ。
　　(2)　学校の新校舎は，来年の9月には建っとるよ。
　　(3)　学校の新校舎は，来年の9月には建ちよるよ。
　(1)は，文字通り，新校舎の完成が来年9月であることを相手に伝える。

(2)は，来年9月には新校舎が建っていること，つまり完成は9月以前であることを伝える。これに対して，(3)は，来年9月には新校舎が建築中であること，つまり完成は9月以後であることを伝える。

「建つ」「建っとる」「建ちよる」という三つの形の違いが，〈完成〉〈完成後〉〈完成前〉という三つの時間的な違いを表し分けているわけである。

以上は，〈未来〉のことであったが，〈過去〉のことを伝える時も同じである。

 (4) 昨日の朝，小鳥が死んだ。
 (5) 昨日の朝，小鳥が死んどった。
 (6) 昨日の朝，小鳥が死によった。

(4)は死ぬという変化の〈完成〉そのものを表し，(5)は，変化の〈完成後〉，つまり既に死体になっている状態であったこと(死んだのは昨日の朝以前であったこと)を表す。これに対して，(6)は，弱ってはいるもののまだ死んでいなかったこと，つまりは〈完成前〉の進行段階であったことを表す。(なお，このような場合に「完成」という言葉に違和感がある方は〈達成〉という言葉に置き換えていただきたい。)

ここでも「死んだ」「死んどった」「死によった」という三つの「形」の違いが，〈完成〉〈完成後〉〈完成前〉という三つの時間的な違いを表し分けている。

2. 方言から標準語の文法を考えるとどうなるか

従来の文法研究では，標準語を基準にして方言の文法を考えるのが普通である。しかし，ここでは，視点を逆転させ，方言に軸足を移して，方言から標準語の文法を考えてみることにする。

上記の例を標準語と対応させてみていただきたい。標準語では，〈完成〉と〈完成後〉については，「建つ―建っている」「死んだ―死んでいた」という形で表し分けることができる。しかし，〈完成前〉であることを表すためには，「建ちつつある」や「死にかけている」「死のうとしている」といった少し複雑な言い方に助けを求めなければならない。

次のような言い方も追加してみると，「スル」「シトル」「シヨル」という三つの形の使い分けが，いかに整然としたものであるか，分かっていただけ

第7章　愛媛県宇和島方言の時間の捉え方——標準語の文法を相対化する視点　173

るだろう。

〈完成〉	〈完成後〉	〈完成前〉
雨がやむ	雨がやんどる	雨がやみよる
雪が積もる	雪が積もっとる	雪が積もりよる
船が着く	船が着いとる	船が着きよる
教室に入る	教室に入っとる	教室に入りよる

　〈完成〉は，変化過程が終わって結果が生じる達成そのものを表す。〈完成後〉というのは，「雨がやんでいる状態」「雪が積もっている状態」「船が到着している状態」「教室に入っている状態」である。〈完成前〉というのは，「雨が小降りになってやみつつある」「雪が積もりつつある」「船が岸壁に近づいてきつつある」「教室に入ろうとしている」という進行過程にあることを表す。
　やはり，標準語では，〈完成前〉の進行段階を表すためには「やみかけている」「積もっていっている」「着こうとしている」「入りつつある」といった複合形式を使わなければならない。
　次の場合は，宇和島方言と標準語の対応関係が違ってくる。宇和島方言では，それぞれ〈完成〉〈完成後(結果)〉〈完成前(進行)〉を表す。〈完成後〉というのは，窓が開いている結果状態であり，〈完成前〉は，窓を開けている進行段階である。

　(7)　お母さんが窓を開けた。　　〈完成〉
　(8)　お母さんが窓を開けとった。〈完成後〉
　(9)　お母さんが窓を開けよった。〈完成前〉

　このような動詞では，標準語のシテイル形式は，(9)〈完成前(進行)〉を表す。(8)〈完成後(結果)〉を表すためには，標準語では「窓が開けてある」と言わなければならない。
　次の例も追加して比較してみると，宇和島方言の整合性がさらに明確になるであろう。標準語では，〈完成後〉を表すために「シテアル」が使用されるが，この形式を使用する場合には，文の主語を変えなければならない。

	宇和島方言	標準語
完成	お母さんが洗濯物を干す	お母さんが洗濯物を干す
完成後	お母さんが洗濯物を干しとる	洗濯物が干してある
完成前	お母さんが洗濯物を干しよる	お母さんが洗濯物を干している

どのような動詞であっても,「スル(シタ)」「シトル(シトッタ)」「ショル(ショッタ)」のどれを使うかで〈完成〉〈完成後〉〈完成前〉を表し分けることができる宇和島方言の方が整然としたシステムになっているのである。

3. 宇和島方言は英語とどのような共通性があるか

1971年に出版された Geoffrey N. Leech, *Meaning and the English Verb* という名著がある。1976年に『意味と英語動詞』というタイトルで翻訳された。その翻訳には,次のような日本語訳がつけられている。

The train *was arriving*.《列車はまさに到着しようとしていた》

The helicopter *was landing*.《ヘリコプターはまさに着陸しようとしていた》

The old man *was dying*.《老人は死にかけていた》

英語の進行形に対応する標準語訳では,「到着していた」「着陸していた」「死んでいた」のように「していた」という形を使うと〈完成後〉の意味になってしまう。そのため,「まさに〜しようとしていた」といった表現形式にしなくてはならない。これに対し,宇和島方言なら「到着しよった」「着陸しよった」「死によった」と実に簡単に対応させられる。

上記の例に続いて,次のような指摘もされている。英語の He *was dying* はまさに宇和島方言の「死によった」に対応する。He died. の方は「死んだ」である。このように考えると,標準語よりも宇和島方言の方が,英語と対応させやすいことが分かる。

He *was dying*. のなかの *die* は死に至って終わりとなる過程を指すが, He died. のなかの *die* は実際の移行の瞬間, つまり過程の完了を正確に指し示す。

世界の諸言語を記述していく際に，〈完成〉〈完成後〉〈完成前〉といった出来事(事象)の時間的な展開段階の違いを表し分ける文法現象に対して「アスペクト」という用語が使用される。(アスペクトは「相」と訳されることがある。)

　アスペクトと対になる用語に「テンス(時制)」があるが，テンスは，発話時を基準にして，出来事(事象)が発話時以前のことなのか，そうではないのか(発話時以後あるいは発話時と同時であるのか)を表し分ける文法現象である。やや単純化していえば，アスペクトは出来事(事象)の内的な時間，テンスは外的な時間と言ってもよい。アスペクトは，動的な出来事の時間的な姿と言ってもよいだろう。

　テンスに関しては，標準語と大きく異なる方言のバリエーションはあまり見られない。一方，アスペクトに関しては，方言の方が標準語よりはるかに整然としていると考えたくなってしまう。では，このような方言のアスペクト文法はどう形成されてきているのだろうか。

4. 整然とした方言アスペクトはどう形成されているか

　標準語の「シテイル」という形を見ると，「シテ」という形に，「イル」という存在を表す動詞が接続してできあがっていることが分かる。
　次頁に示す(a)のように，「いる」は本来〈有情物の空間的な存在〉を表す動詞である。「人がいる」とは言えても「雪がいる」とは言えない。(＊印は非文法的であることを表す。)
　(b)になると，「来て」に接続した「いる」が，お客さんがいるという空間的存在の意味を表すと同時に，来るという〈変化後〉の時間段階にあることも表すようになっている。ここではまだ「来て＋いる」と分析できる。
　ところが，(c)になると，雪という無情物についても，積もるという〈変化後〉の時間段階にあることを表せるようになっているが，雪は無情物であるため，もはや「積もって＋いる」とは分析できない。「いる」は，もはや空間的な意味はなく，時間的意味を表すようになっている。さらに，(d)になると，お客さんはもういない，雪はもうないわけであるから，「帰る」「消え

る」という〈変化後〉の時間段階だけを表していることがはっきりするだろう。

 (a) お客さんが<u>い</u>る。 〈有情物の空間的存在〉
   ＊雪がいる
    ↓
 (b) お客さんが<u>来てい</u>る。 〈空間的存在・変化後(完成後)〉
    ↓
 (c) <u>雪</u>が<u>積もってい</u>る。 〈変化後(完成後)〉
    ↓
 (d) お客さんが<u>帰ってい</u>る。〈変化後(完成後)〉
   雪が<u>消えてい</u>る。

　宇和島方言の「シトル」の形も同じである。違いは，有情物の存在を表す動詞として「オル」を使用するため，「シテ＋オル」が音声的融合を引き起こして「来とる」「積もっとる」「帰っとる」「消えとる」という形になっていることだけである。

　標準語との大きな違いは，宇和島方言では，国文法で連用形といわれる形にも存在動詞が接続し，「シ＋オル」が音声的融合を引き起こして「来よる」「積もりよる」「帰りよる」「消えよる」といった形が生まれていることにある。

標準語	宇和島方言		
シテ＋イル	シテ＋オル	→	シトル
＊シ＋イル	シ＋オル	→	シヨル

　この結果，〈完成(終了)〉そのものを表す「5時に運動会が終わる」に対して，「5時には運動会が終わっとる」，「5時には運動会が終わりよる」のように，完成(終了)後の段階か，完成(終了)前の段階(終わりに近づいているがまだ終わっていない段階)かが，極めて簡単に明示できるようになったわけである。

5. 宇和島方言の動詞はどのようにグループ化されているか

　宇和島方言のこのようなアスペクトシステムは，様々な動詞を整然とグループ化することにつながっている。
　一口に動詞と言っても，様々な意味を表すものがある。「スル―シトル―ショル」というアスペクトシステムがあるかどうかという観点から見ていくと，宇和島方言の動詞は，大きく，次のように分類できる。
　(A)「スル―シトル―ショル」の意味の違いがはっきりある動詞グループ
　　建つ，死ぬ，着く，来る，入る，積もる，消える／建てる，殺す，消す，開ける，作る，飾る／食べる，読む，歩く，泳ぐ，遊ぶ，降る
　(B)「スル―シトル―ショル」の意味の違いがなくなる動詞グループ
　　思う，心配する，喜ぶ，嫌う，信じる，困る／暮らす，住む
　(C)「スル―シトル―ショル」の形が揃っていない動詞グループ
　　おる，ある

　(A)は，全て，時間の中でダイナミックに展開していく変化や動作(動き)を表す動詞らしい動詞である。「動詞」という名付けからも分かるように，大部分の動詞はこのグループに属する。
　一方，(C)はスタティックな意味の動詞らしくない動詞である。従って，この動詞には〈完成後〉を表すシトルの形はない。また，ショルの形が使用されたとしても〈完成前〉の意味を表さず，「おる」「ある」の形自体も〈完成〉の意味を表さない。「おりよる」は〈一時的存在〉を明示する時に使用される。
　　・あの山には蛇がおる。　　　〈恒常的存在〉(〈一時的存在〉)
　　・あの山には蛇がおりよる　　〈一時的存在〉
　　＊あの山には蛇がおっとる
　動詞「ある」が，「運動会がある」「交通事故がある」のように動的な出来事を表す場合には，行われているという〈完成前の進行段階〉を表したり，〈完成後の結果段階〉(道に破損した車があるのを見た場合など)を表したりす

るようになることがある。しかし，「机の上に手袋がある」のような空間的存在を表す「ある」にはこのようなことは起こらない。

　　・運動会がありよる。　　　〈進行中（完成前）〉
　　・交通事故があっとる。　　〈結果（完成後）〉

　心理活動を表す(B)は，(A)と(C)の中間である。ショル，シトルの二つの形式が使用されるが，〈完成前〉〈完成後〉という違いはなく，どちらもほぼ同じ意味になる。

　　・明日は学校行こう，思いよる＝思うとる。
　　・山田先生が太郎のこと心配しよった＝心配しとった。
　　・合格して，喜びよった＝喜んどった。

　心理活動は典型的な動的出来事ではない。また「暮らす，住む」のような動詞が表す意味も，動的展開はなく，存在動詞に近い。従って，〈完成前〉〈完成後〉という意味の違いはない。

　　・今は幸せに暮らしよる＝暮らしとる。
　　・先月まで借家に住みよった＝住んどった。

6. 動的な出来事を特徴付ける時間的な性質とは何か

　「スル―シトル―ショル」の三つの形が，異なる時間的な意味を表し分ける(A)の動詞グループを見ていくと，(B)(C)にはない時間的な特徴があることに気づく。それは，変化や動作（動き）の終了や開始の〈時間限界〉がはっきりあるという特徴である。

　この時間限界のありさまの違いによって，(A)グループの動詞は三つに下位分類される。

　　(A・1)　建つ，焼ける，炊ける，閉まる，来る，着く，入る，死ぬ，やむ，消える
　　(A・2)　建てる，焼く，炊く，閉める，入れる，飾る，作る，着る，脱ぐ
　　(A・3)　歩く，泳ぐ，食べる，読む，見る，触る，たたく，泣く，降る

(A・1)の動詞グループでは，例えば「家が建った」「ご飯が炊けた」と言うためには，建築中(工事中)や炊飯中の進行過程が終わって変化が完成していなければならない。したがって，進行過程が必然的に終了し，変化結果が生じる〈終了の時間限界〉が重要である。

　これに対して，(A・3)の動詞グループでは，一歩でも1kmでも「歩いた」と言えるし，一口でも三杯でも「ご飯を食べた」と言える。動きが終わるべき必然的な終了限界はないし，進行過程が終わったことによって必然的に生じる結果も捉えていない。この動詞グループが表す動作(動き)はどこで終わっても良く，重要なのはむしろ〈開始の時間限界〉であるということになる。

　この違いによって，次のような「スル―シトル―シヨル」の違いがでてくる。

- ご飯が炊けた。　　　〈完成(終了)〉
- ご飯が炊けとった。　〈完成後(終了後)の結果段階〉
- ご飯が炊けよった。　〈完成前(終了前)の進行段階〉
- 赤ちゃんが歩いた。　　　〈開始から終了まで全体〉〈開始〉
- 赤ちゃんが歩いとった。　〈終了後の痕跡段階〉<u>〈開始後＝進行段階〉</u>
- 赤ちゃんが歩きよった。　<u>〈終了前＝進行段階〉</u>〈開始前の段階〉

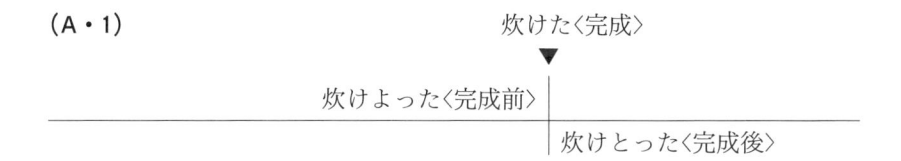

(A・1)　　　　　　　　　　　炊けた〈完成〉
　　　　　　　　　　　　　　　▼
　　　　　　　　炊けよった〈完成前〉
　　─────────────────────────────
　　　　　　　　　　　　　　　│炊けとった〈完成後〉

(A・3)　　　歩いた〈開始〉/〈開始・終了全体〉
　　　　　　　　　▼
　歩きよった〈開始前〉│歩きよった〈終了前〉
　─────────────────────────────
　　　　　　　　　　　│歩いとった〈開始後〉　│歩いとった〈終了後の痕跡〉

　変化過程が終了した時に必然的な結果が生じる(A・1)の動詞グループに

対して，(A・3)の動詞グループでは，次のようになる。
① 必然的に生じる結果がなく，開始の時間限界が重要であるために，シトルは〈開始後の段階＝進行段階〉を表すことができる。従って，同じ場面を見て，「歩きよる」と「歩いとる」の両方が使えるということが生じる。このようなことは(A・1)の動詞グループでは起こらない。
② 開始の時間限界が重要であるために，シヨルは，〈終了前の進行段階〉だけでなく〈開始前の段階〉を表すことができる。例えば，赤ちゃんが柱につかまって足を出しているのを見た場合などである。まだ歩いてはいないが，歩こうとしている段階をシヨルは表す。まだ泣いてはいないが，赤ちゃんの顔がゆがんできたのを見て，「赤ちゃんが泣きよる」と言う。
③ スルは，〈開始から終了まで全体〉を表すが，「あ，赤ちゃんが歩いた」のように〈開始そのもの〉を表すこともできる。この場合，赤ちゃんの歩く動作は終了していなくてもよい。(A・1)の動詞グループでは，〈開始〉自体を表すことはない。
④ 必然的な結果が生じないために，シトルが〈終了後の結果〉を表すことはない。シトルが使用される場合には〈終了後の痕跡〉を表すことになる。廊下に足跡がついている，赤ちゃんの足に泥がついているなど，どのような〈痕跡〉が生じるかは偶然にまかされており，様々な現象形態がある。痕跡が生じない場合もある[*1]。

極めて単純化すれば，(A・1)に比べて，(A・3)の動詞グループではシトル，シヨルの競合が起こりやすいという違いがあるわけである。その意味で，

[*1] 〈痕跡〉は，(A・3)グループの動詞のみならず，(A・1)や(A・2)の動詞グループでも可能である。
- ［死体を見て］小鳥が死んどる。〈必然的な結果〉
- ［死体はないが血痕を視て］小鳥が死んどる。〈痕跡〉
- ［開いた窓を見て］誰かが窓を開けとる。〈必然的な結果〉
- ［窓は閉まっているが虫が入っているのを見て］誰かが窓開けとる。〈痕跡〉
(A・1)と(A・2)の動詞グループでは，シトル形式が〈必然的な結果〉を表すとともに〈偶然の痕跡〉も表す。したがって，(A・3)の動詞では，〈必然的な結果〉を表さないという言い方の方が正確である。なお，「毎日6時に起きている」のような〈反復習慣〉は，宇和島方言ではシヨル形式が表す。

〈必然的な終了の時間限界〉のない(A・3)の動詞グループは，心理活動などを表す(B)グループに近づいていると言えよう。

　ただし，同じくシトル，ショルの競合が起こると言っても，やはり(A・3)グループの動詞はダイナミックな出来事を捉えているので，「駅まで」「1km」のような〈外的な終了限界〉を付ければ，(A・1)の動詞グループに近づき，シトルとショルの競合はなくなる。次の例を見られたい。駅に到着しなければ「駅まで歩いた」とは言えないのである。

　　・駅まで歩いた。　　　〈完成(終了)〉
　　・駅まで歩いとった。　〈完成(終了)後の段階〉
　　・駅まで歩きよった。　〈完成(終了)前の進行段階〉

「食べる」の場合も同様である。「全部」「三杯」のような〈外的な終了限界〉をつければ，(A・1)の動詞グループに近づき，シトルとショルの競合はなくなる。

　　・全部食べた。　　　〈完成(終了)〉
　　・全部食べとった。　〈完成(終了)後の段階〉
　　・全部食べよった。　〈完成(終了)前の進行段階〉

　こうして，(A・1)と(A・3)とは次のように違っていることになる。
　(A・1)　内的で必然的な終了の時間限界があり，必然的な結果が生じる動詞
　(A・3)　内的で必然的な終了の時間限界がないかわりに，開始の時間限界が重要な動詞

　この二つの動詞グループの特徴を併せ持っているのが(A・2)の動詞グループである。ここには，「炊く，着せる」のような他動詞や「着る」のような再帰動詞が所属する。次の他動詞「炊く」の例から分かるように，複合的な出来事であることに注意されたい。お母さんは動作主体であり，変化するのはご飯である。従って，(A・1)の「炊ける」と同様に変化結果が生じる〈必然的な終了の時間限界〉を捉えている一方，(A・3)の「歩く」と同様に動作の〈開始の時間限界〉も捉えている。再帰動詞「着る」も同様である。

　　・お母さんがご飯を炊いた。　　　〈開始から終了まで全体＝完成〉
　　・お母さんがご飯を炊いとった。　〈完成(終了)後の結果段階〉

- お母さんがご飯を炊きよった。　〈完成(終了)前の進行段階〉〈開始前の段階〉
- 娘が着物を着た。　〈開始から終了まで全体＝完成〉
- 娘が着物を着とった。　〈完成(終了)後の結果段階〉
- 娘が着物を着よった。　〈完成(終了)前の進行段階〉〈開始前の段階〉

(A・2)　　　　　　　　炊いた〈開始・終了全体＝完成〉
　　　　　　　　　　　　　▼

炊きよった〈開始前〉	炊きよった〈完成前〉	
		炊いとった〈完成後〉

　「ご飯を炊いとった」「着物を着とった」は〈完成後の結果段階〉を表す。〈完成前の進行段階〉を表すのは,「ご飯を炊きよった」「着物を着よった」である。

　「ご飯を炊きよった」「着物を着よった」は,米びつからお米を出していたり,タンスから着物を出しているなど,〈動作開始前の段階〉も表すことができる。これは,(A・3)の動詞グループと共通する特徴である。ただし,(A・3)の動詞グループとは違って,必然的な終了の時間限界があるので,「ご飯を炊いとった」「着物を着とった」が〈開始後の段階〉を表すことはなく,この点は(A・1)の動詞グループと共通する。

　「ご飯を炊いた」「着物を着た」は,開始から終了までの動作全体を表すが,必然的な終了の時間限界があるので,それは同時に,変化の完成を意味することになる。

　そして,標準語では「着物を着ている」の場合,完成前の進行段階なのか,完成後の結果段階なのかは一定の条件がないと分からないが,宇和島方言では,「着よる」「着とる」という別の形式で明示できる。

　こうして,宇和島方言における〈完成〉〈完成後〉〈完成前〉というアスペクト対立のありさまが,動詞が表す動きの性質の違いを鮮やかに浮かび上がらせることにもなるのである。

7. 方言の文法は何を提起するか

　かつて方言は撲滅の対象であったが、現在はそうではなくなっている。とは言っても、方言に期待されているのは、標準語を補完する役割であり、標準語を相対化する役割ではない。

　しかし、世界の諸言語の中に日本語を位置付けて、アスペクトという文法現象を考える際には、標準語よりもむしろ方言の方から出発して、標準語のアスペクトシステムを相対化するという逆転の発想が必要であると思われる。以上述べてきたように、アスペクトに関しては、方言の方がはるかに整合的である。

　第一に、標準語では、「ご飯を炊いている」は〈完成前の進行〉を表す一方、「ご飯が炊けている」は〈完成後の結果〉を表すことになる。だが、このように一つの「シテイル」という形式が、時間的展開段階がまったく異なる〈完成前の段階〉も〈完成後の段階〉も表してしまうアスペクトシステムは普通ではないと思われる。

　第二に、標準語では、「炊ける」の場合には〈完成前の進行段階〉を表すために「炊けつつある」「炊けてきている」といった複合的な形式を使用しなければならない一方、「炊く」の場合には、〈完成後の結果段階〉を表すために「ご飯が炊いてある」という受動態と絡み合った「シテアル」形式を使用しなければならない。この点もまた、「炊けよる」「炊いとる」という形式で表し分けてしまう方言のアスペクトシステムから見ると整合的ではないと思われる。

　古代日本語から現代日本語に至る中央語の歴史において、「スル―シトル―シヨル」という三項対立の整合的なアスペクトシステムは見出されないことが指摘されている。だとすれば、方言研究の重要性は、中央語では実現されなかった日本語のもう一つの顔、しかも極めて整ったもう一つの顔を発見することにあると言うべきであろう。

　これはアスペクト現象のみに留まらない可能性がある。例えば、宇和島方言では次のような使い分けができる。

- ちょうどバスが来たけん，すぐ乗れた。　〈外的要因による意図の実現〉
- 一生懸命走ったけん，バスに乗れれた。　〈努力による意図の実現〉
- 一人でバスによう乗った。　〈内的要因による意図の実現〉

全て特定時における意図したことの実現を表している点で共通するが，「乗れた」は，ちょうどバスが来たという状況，つまり外的要因による実現であること，「乗れれた」は，一生懸命走ったという努力による実現であること，「よう乗った」は，不安がらずに勇気を出したという内的要因による実現であることを表し分ける。

既に示したアスペクトの例とこのような意図の実現に関わる表現形式に共通するのは，どちらも，特定時における具体的な出来事であるという点である。

また，東北方言や沖縄方言には二つの過去形があるが，これは時間的な違いを表し分けているのではない。話し手が直接体験(目撃)した出来事であるかどうかを表し分ける。

[宮城県中田方言]
- 太郎，酒飲んだ。　　〈目撃の有無に中立〉
- 太郎，酒飲んだった。　〈話し手が目撃した出来事〉

[沖縄県首里方言]
- 太郎，酒ぬだん。　　〈目撃の有無に中立〉
- 太郎，酒ぬむたん。　〈話し手が目撃した出来事〉

話し手が体験(目撃)できるのは，やはり特定時の具体的な出来事である。このように見ていくと，生活の言葉として機能する方言では，抽象的な事象ならぬ，時間の中で展開する具体的な出来事を表すための文法が発達しているのではないかということが考えられる。

生活の言葉の豊かさが抽象的思考を支えるとすれば，このような観点から，方言を軸足にして標準語の文法を相対化して見るという方向も重要である。標準語の文法と方言の文法を往還することで，日本語を複眼的，立体的に捉えることができるようになるだろう。

[引用・参考文献]

工藤真由美. 2001.「アスペクト体系の生成と進化—西日本諸方言を中心に」『ことばの科学 10』(言語学研究会編). 117-173. むぎ書房.

工藤真由美(編著). 2004.『日本語のアスペクト・テンス・ムード体系—標準語研究を超えて』ひつじ書房.

工藤真由美(編著). 2007.『日本語形容詞の文法—標準語研究を超えて』ひつじ書房.

工藤真由美・八亀裕美. 2008.『複数の日本語—方言からはじめる言語学』講談社.

Leech, Geoffrey N.. 1971. *Meaning and the English Verb*. London: Longman.(國広哲彌(訳注). 1976.『意味と英語動詞』大修館書店).

鹿児島方言
南端の難解な方言

第8章

木部　暢子

1. 鹿児島方言の難解さ

　難解という点ではどの方言も難解かもしれないが，鹿児島方言がとくに「難解」という理由は，とにかく発音が独特で，よそ者には聞き取りが難しい，そのため，発音から意味にたどり着くのが困難だ，という実態があるからである。鹿児島には「江戸時代，藩の機密が他藩の隠密に漏れるのを防ぐために(あるいは他藩の隠密を見分けるために)，薩摩藩がわざと鹿児島弁をつくり上げた」という言い伝えがあるくらいである。明治時代以降の標準語教育の例からも分かるように，ことばをつくり上げ，普及させるのはそう簡単なことではないから，この言い伝えは正しいとは言えないが，では，なぜ鹿児島方言はこれだけ難解な方言になったのだろうか。以下では，鹿児島方言のどんなところが難解なのか，その原因は何なのか，いつごろからそうなったのか，これからの鹿児島方言はどうなるのか，について見ていくことにしよう。

2. 聞き取りにくさの実態

2.1. 母音が短くなる
　最初に，鹿児島方言の談話例(1999年11月収録)を見てみよう。Aさんは

女性，Bさんは男性である(Bさんの発話はやや共通語的になっている)。( )は省略された内容を補ったことを表す。

  A：アケビチュタ　コー　ヒラットガ。コンマエナ　ソィコソ　テレビ
   デ　ユゴッタ。ホタ　アタィゲンヘンナ　ホラ　ムベチイワンジ
   アン　ンベチュモシタ　ナー。
  B：ウチャ　テゲ　ヒラクノワ　ネコンベチュ。
  A：ネコンベチュタ　アタィゲンヘンナ　アオカト。アオカトガ　アン
   デヤ。ヒラットガ。ソヨ　ネコクソンベチュ。

どうだろうか。話の内容が理解できるだろうか。共通語訳は以下のとおりである。

  A：アケビというのは，こう(実が)開くのが。この前ね，それこそテレ
   ビで言っていた。それで，私の家のあたりは，ほら，ムベと言わな
   いで，あの，ンベと言いましたねえ。
  B：うちはだいたい，(実が)開くのはネコンベと言う。
  A：ネコンベというのは，私の家のあたりは，青いの(を指す)。青いの
   があるからね。(実が)開くのが。それをネコクソンベと言う。

 植物のアケビにどんな種類があり，それを方言で何と言うかという話だが，共通語訳に比べて鹿児島方言は，発音がだいぶ短くなっている。例えば，「アケビチュタ」の「チュタ」は「トュートワ(トワのトは共通語のノに当たる準体助詞で，九州で広く使われる)」，「ユゴッタ」は「ユイオッタ(オッタは現在進行を表すオルの過去形)」，「ホタ」は「ソーシタラ」，「チュモシタ」は「トイーモーシタ(モーシタは「申す」の過去形。鹿児島方言では謙譲表現ではなく丁寧表現に使われる)」，「テゲ」は「タイガイ(大概)」にさかのぼる。こうしてみると，使われている単語はほとんど共通語と変わらないのに，発音がどんどん変化して語形が短くなっているために，聞き取りが難しくなっているのが分かる。

なぜこのように語形が変化してしまったのだろうか。それを考えるために，上の語をローマ字書きにしてみよう(本来は IPA (国際音声字田)を使って表記すべきなのだが，IPA は普段あまり使われないので，ここでは日本で一般的に使われている訓令式のローマ字表記法を使うこととする)。左端がもとの語形，右端が現代の鹿児島方言の語形，変化の途中で生じたと思われる中間形を真ん中に挙げておく(中間形は想定した形という意味の * を付けておく)。

(1) トユートワ(toyûtowa)＞*チューター(*tyûtâ)＞チュタ(tyuta)
(2) ユイオッタ(yuiotta)＞*ユーオッタ(*yûotta)＞ユゴッタ(yugotta)
(3) ソーシタラ(sôsitara)＞*ホーシタア(*hôsitaa)＞ホタ(hota)
(4) トイーモーシタ(toîmôsita)＞*チューモーシタ(*tyûmôsita)＞チュモシタ(tyumosita)
(5) タイガイ(taigai)＞テーゲー(têgê)＞テゲ(tege)

これを見ると，もとの語形や中間形の母音・半母音の連続及び長母音(下線部分)が一つの短い母音に変化している。このことから，鹿児島方言では，

① 母音や半母音が連続すると，これらを一つの母音にまとめてしまう。
② 長い母音を短い母音に変えてしまう*1。

という二つのルールが働いていることが分かる(この他にも，(2)では母音連続(ûo)の途中に g の音が挿入される，(3)では s が h に変化する，語中の r が脱落するなどの変化が起きているが，これについての詳細は省略する)。

このうち，①は鹿児島方言に特有のルールというわけではなく，日本の多くの方言が持っているルールである。例えば，東京の下町でも「大概」は「テーゲー」と発音される。参考として，全国諸方言で母音の連続がどのよ

---

*1鹿児島方言でも，外来語の長母音は短くならない。例えば「エレベータ」，「エスカレータ」，「キャラクター」などは長母音のままである。これらは新しく取り入れられた単語であるため，短く発音するというルールの適用を免れたものと思われる。ただし，「スプン」，「パタン」，「イヤホン」，「アドバルン」など，「ン(撥音)」が後接する場合には短くなることがある。これらを長母音で発音すると，「プーン」「ターン」「ホーン」「ルーン」のような超重音節(3拍1音節)ができてしまう。これを避けるために長音が短くなるのではないかと思われる。共通語でもこれらは短く発音される傾向がある。

190　第Ⅱ部　独自性と現状

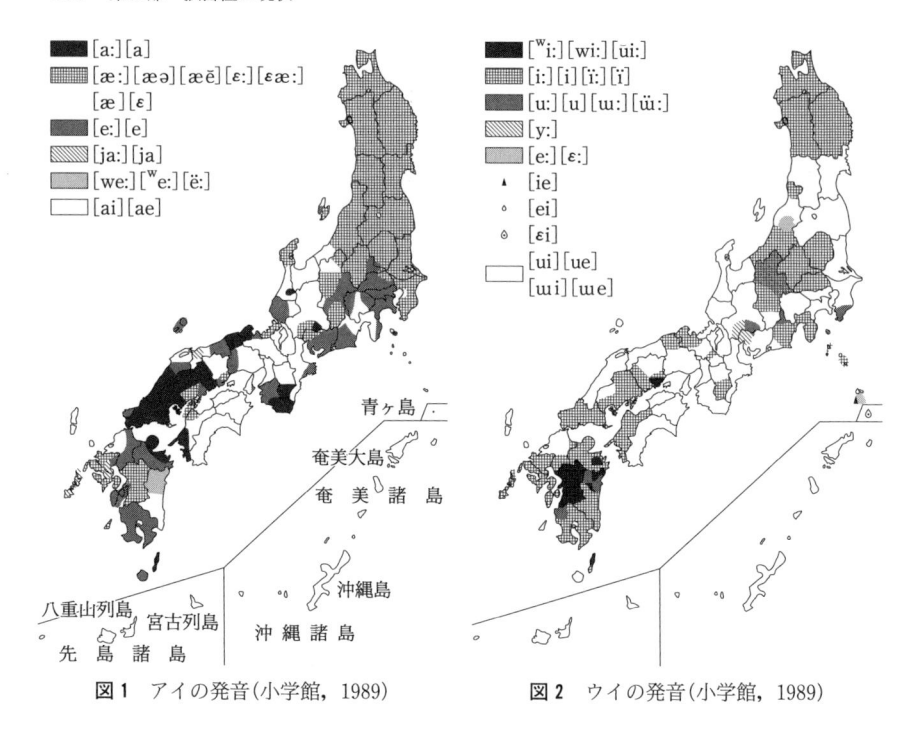

図1 凡例:
- [a:][a]
- [æ:][æə][æē][ɛ:][ɛæ:]
- [æ][ɛ]
- [e:][e]
- [ja:][ja]
- [we:][ʷe:][ë:]
- [ai][ae]

図2 凡例:
- [ʷi:][wi:][ui:]
- [i:][i][ï:][ï]
- [u:][u][ɯ:][ü:]
- [y:]
- [e:][ɛ:]
- [ie]
- [ei]
- [ɛi]
- [ui][ue]
- [ɯi][ɯe]

図1　アイの発音（小学館，1989）　　　図2　ウイの発音（小学館，1989）

　うに発音されるかを，図1，図2に挙げておいた。これを見ると，母音の連続を何らかの形で一つの母音にまとめてしまう方言は，日本の広い範囲に分布している。また，世界の諸言語でも，ai, ui のような母音の連続を一つの母音にまとめる言語は，結構たくさんある。したがって，鹿児島方言が聞き取りにくい原因は，①のルールだけにあるのではない。では，②のルールが働いているからだろうか。
　確かに，東京の下町方言には②のルールはない（「テーゲー（大概）」は「テゲ」にはならない）。しかし，②のルールも鹿児島方言特有というわけではない。例えば，東北方言の「ネ（無い）」などは，鹿児島方言の「テゲ」と同じように，①と②の二つのルールが働いた結果である（nai＞nē＞ne）。鹿児島方言の聞き取りにくさには，①，②に加えて他の特徴が関係しているのである。これについて，次節で見ることにしよう。

2.2. 音が詰まる

先の談話の中で，Ａさんが２回使っている「ヒラッ(開く)」という語形に注目してみよう。この語は，もとは「ヒラク」だから，語末の「ク」が「ッ」に変化していることになる。この「ッ」は英語の[bat]などの[t]とは違って，舌先が上の歯茎についたままで歯茎から離れない内破音の「t」(IPAで書くと[t̚])である。また，のどの奥の方を閉める音(声門閉鎖音[ʔ])の場合もある。驚いたときに思わず口から出る「アッ」の「ッ」がこれに近い発音だが，共通語ではこの音が普通の単語に使われることは，まずない。それに対し，鹿児島方言ではこの発音が普通の単語に頻繁に現れる。例えば，次の談話(2001年11月収録)のような具合である。ＡとＣは女性，Ｂは男性，話題は「三月の節句や彼岸のときの習慣について」で，下線部が問題の「ッ」である(方言の発話の下に共通語訳を並べて挙げておく)。

Ａ：ムカシャ　アマザケワ　ツクッテ　マア　シオィオシタドンナー。
　「昔は甘酒はつくって，まあ(ひな祭りを)しておりましたけどねえ。」
Ｃ：アマザケト　フッノモッモ　アッタヨナ　カンジガ……。
　「甘酒とフツ(蓬)の餅もあったような感じが……。」
Ａ：フッノモット　コメンモット　アカモット　マルモチデ。ヤドヘンナ　ヒシモチテラ　センカッタヨ。
　「フツ(蓬)の餅と米の餅と赤餅と丸餅で。私の家のあたりでは，ひし餅などはしなかったよ。」
Ｂ：ヒガンワ……。
　「彼岸は……」
Ａ：ヒガンダゴオ　スィバッカィ。ソヤ　ベツニ……。
　「彼岸団子をするばかり〈するだけ〉。それ以外には……。」
Ｂ：ヒガンダゴチャ　イケナトオ　ツクィオシタ　デスカ。
　「彼岸団子というのは，どのようなのをつくっておられましたか。」
Ａ：ヒガンダゴワ　コムッノコデ　シゴシティ　ナー。
　「彼岸団子は　小麦の粉でしていましたよね。」

「ッ」になっているのは，「フツ(蓬)」，「モチ(餅)」，「コムギ(小麦)」である。「ヒラク(開く)」を含めて，これらに共通する特徴は何かと考えてみると，語末の音が「ク」，「ツ」，「チ」，「ギ」といったイ段音，ウ段音だということである(語末がエ段音，オ段音の「アマザケ(甘酒)」，「ダゴ(団子)」は「*アマザッ」，「*ダッ」にはならない)。つまり，鹿児島方言では，

③ 「ク・ツ・チ・ギ」など，狭母音の[i]，[u]を含む音節が「ッ」になる。

というルールがある。これは次のようなプロセスを踏んだものと考えられる。

(6) ヒラク(hiraku)＞*ヒラク̥(*hiraku̥)*ヒラク̥(*hirak)＞ヒラッ(hirat)

フツ(hutu)＞*フツ̥(hutu̥)＞フッ(hut)

モチ(moti)＞*モチ̥(moti̥)＞モッ(mot)

コムギ(komugi)＞*コムギ̥(komugi̥)＞*コムギ̥(komug)＞コムッ(komut)

中間形の「ク̥」，「チ̥」，「u̥」，「i̥」などの「 ̥」は，「u」，「i」の母音が無声化している(声が出ていない)ことを表す。語末の狭母音にこの無声化がまず起こり，次に無声化した母音が脱落して語末に子音が残り，さらにこれが「ッ」に変化したのである。狭母音の無声化は共通語にも見られるが，鹿児島方言では無声化の条件が共通語に比べてかなり広い点と，無声化した後，さらに「ッ」まで変化する点に特徴がある。

以上は語末の例だが，「ッ」になるのは語末に限らない。語中の狭母音音節も「ッ」になる(7)。また，複合語の中の狭母音音節も「ッ」になる(8)。

(7) ヤッバ(役場)，ウッバ(団扇)，キッネ(狐)，フッカ(二日)，コッケ(小遣い)，カッタ(歌留多)

(8) ユッナゲ(雪投げ)，タッモン(焚きもの，薪)，ムッガラ(麦藁)，スッノッ(杉の木)，マッノッ(松の木)，ウッガンサア(氏神様)

狭母音音節の中には「ッ」ではなく，独立性のない「ィ」になるものもある。先の談話の中の，「ソィコソ(それこそ)」，「アタィゲンヘンナ(私の家のあたりは)」，「シオィオシタ(しておりました)」，「スィバッカィ(するばかり)」，「ツクィオシタ(つくっておられました)」の「ィ」がその例で，これ

らは「レ」,「シ」,「リ」,「ル」が次のような変化を起こしたものである。

(9) ソレコソ(sorekoso)＞*sori̥koso＞ソィコソ(soikoso)

アタシ(atasi)＞*atasi̥＞アタィ(atai)

シヨリオシタ(siyoriosita)＞*siyori̥osita＞シオィオシタ (sioiosita)

スルバッカリ(surubakkari)＞*suru̥bakkari̥＞スィバッカィ (suibakkai)

ツクリオシタ(tukuriosita)＞*tukuri̥osita＞ツクィオシタ(tukuiosita)

また,「ニ」,「ヌ」,「ミ」,「ム」は「ン」になる。

(10) タニ(谷)(tani)＞*tani̥＞タン(tan)

イヌ(犬)(inu)＞*inu̥＞イン(in)

カミ(紙)(kami)＞*kami̥＞カン(kan)

クム(汲む)(kumu)＞*kumu̥＞クン(kun)

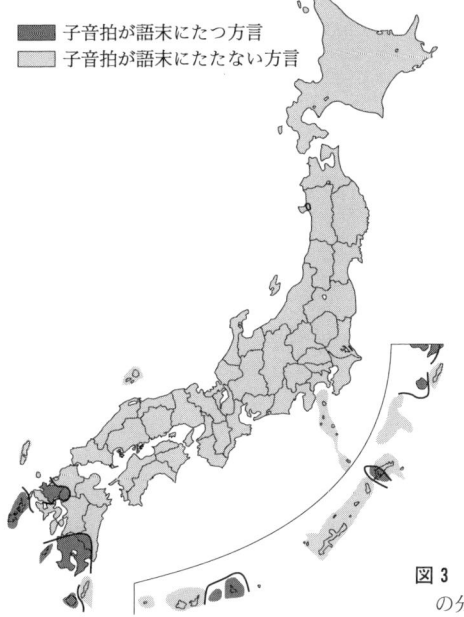

図3 語末にたつ子音拍(Q, P, t, k, r, tʃ, m)の分布(平山, 1968)

このように，鹿児島方言では語中，語末の狭母音がことごとく無声化を起こし，最終的にはその音節が独立性を失って「ッ」や「ィ」や「ン」といった音に変化してしまう。地元の人たちはこのような特徴を「音が詰まる」と表現している。

　「音が詰まる」という特徴も，じつは鹿児島方言だけの特徴というわけではない。同じ九州の佐賀県や長崎県にも同じような特徴が見られる (図3)。しかし，これだけ規則的に，徹底して「音が詰まる」のは鹿児島方言くらいである。鹿児島方言の聞き取りにくさの一番の原因は，「音が詰まる」点にあると言ってよい。

3. いつごろから聞き取りにくくなったのか

3.1. ロシアにある薩摩語の資料

　では，鹿児島方言はいつごろから「音が詰まる」という特徴を持っていたのだろうか。これを知るための手がかりがロシアに残されている。ゴンザという人のつくった6冊の書物である。この資料を最初に日本に紹介した村山(1965)によると，ゴンザは次のような経歴を持つ人である。

　　1728年11月　ゴンザ11歳。サツマ市から大阪に向け，若潮丸に乗り込み出帆。暴風に遭い漂流。

　　1729年6月　半年間漂流したのち，カムチャツカに漂着。乗組員15名は殺害され，ソーザ(38歳)とゴンザの2名のみ助かる。ニジニ・カムチャック，ヤクーツク，トボリスク，モスクワなどに送られる。

　　1734年　ペテルブルグに送られ，アンナ・ヨアノヴナ女帝に謁見する。

　　1735年　アレクサンドロネフスキー神学校，科学アカデミーでロシア語の教育を受ける。

　　1736年　ロシア人子弟に日本語を教えよとの勅令が出る。ソーザ没(43歳)。
　　　　　『露日語彙集』，『日本語会話入門』作成。

　　1738年　『簡略日本文法』，『新スラヴ・日本語辞典』作成。

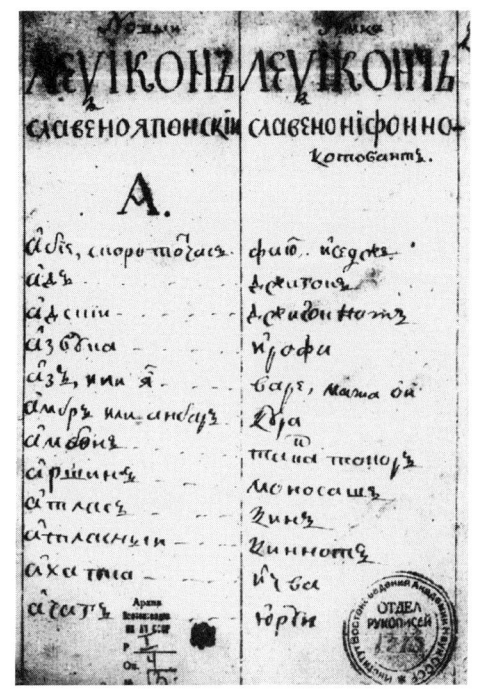

図4 『新スラヴ・日本語辞典』
(村山(編), 1985)

　1739年　『友好会話手本集』,『Orbis pictus』作成。ゴンザ没(22歳)。
　ゴンザは薩摩生まれの少年だが,船の遭難によりロシアに漂着し,12歳以降はロシアで暮らした人である。ゴンザという名前は,おそらく日本語の名前をもとにしたロシアでの愛称ではないかと思われるが,残念ながら本名は分かっていない。また,日本での経歴も一切,分かっていない。しかし,彼はロシアでは,3～4年の短い期間に日本語の辞書と入門書を6冊も作成するという,めざましい仕事をした。ただし,彼の日本語は,じつは薩摩語であった。しかも,それが全てキリル文字で書かれている(一から百までの漢数字が日本の文字で書かれているだけである)。このキリル文字をゴンザ自身が書いたのか,それともロシア人がゴンザの発音を聞き取って書いたのか,説が分かれるところだが,いずれにしても,キリル文字で書かれているということがゴンザ資料の最大の長所である。

3.2. 18世紀初頭の薩摩語の状況

まず，次の例を見てほしい(原文はキリル文字だが，見やすくするために，キリル文字をローマ字に置き換えたものを最初に挙げ，キリル文字表記はカッコの中に入れて示す。また，意味と出典もカッコの中に記入しておく。出典の略称は次のとおりである。『露日』→『露日語彙集』，『入門』→『日本語会話入門』)。

 (11) dzigok (джигок, 地獄, 『露日』1章)
   mocwo (мочво, 餅を, 『入門』228)
   ucno (учно, 内の, 『入門』203)
   togucnomae (тогучномае, 戸口の前, 『入門』序)
   abra (абра, 脂, 『露日』6章)
   fodokĕ musko (фодокĕ муско, 息子なる神, 『露日』1章)

これを見ると，「i」や「u」の文字が予想される箇所(下線部の次)に，それらが書かれていない。また，以下の例では「i」や「u」の文字が予想される箇所(下線部の次)に「ь」や「ъ」の文字が書かれている。「ь」は軟音記号で，直前の子音が軟音化している(yを伴うような感じで柔らかく発音される)ことを，また，「ъ」は硬音記号で，直前の子音が硬音であること(軟音に対して硬い発音であること)を表す。

 (12) komugь (комугь, 小麦, 『露日』8章)
   akubь (акубь, あくび, 『露日』13章)
   amь (амь, 網, 『露日』7章)
   kamьnoikь (камьноикь, 神の息, 『露日』1章)
   umь (умь, 海, 『露日』4章)
   fičъ (фицъ, 櫃, 『露日』31章)
   faʃirъ (фаширъ, 走る, 『露日』29章)
   backaburъ (бачкабуръ, 罰かぶる, 『露日』1章)
   surъ (суръ, する, 露日39章)
   innъ (иннъ, 犬, 露日10章)

このような表記は，ちょうど前節で見た(6)の変化の中間の段階(狭母音が無声化した段階，あるいは狭母音が脱落した段階)に一致している。つまり，

ゴンザの資料は，18世紀初頭の薩摩語において狭母音の無声化や狭母音の脱落が既に起きていたということを表している。音節末の子音がさらに「ッ」や「ィ」や「ン」に変化するのは，この後ということになる[*2]。このようなことが分かるのも，ゴンザ資料がかな文字ではなく，キリル文字で書かれているからである。言うまでもなく，子音と母音が一文字で表記されるかな文字では，母音の無声化などは表記できない。18世紀の薩摩語の発音がこれだけの精度で復元できるという点で，ゴンザの資料は大変価値の高い資料と言うことができる。

ゴンザ資料のさらに貴重な点は，現在，危機方言を記録する際に必要とされているテキスト，レキシコン，グラマーの3種類が全て含まれている点である。すなわち，『日本語会話入門』，『友好会話手本集』，『Orbis pictus』がテキストに，『露日語彙集』，『新スラヴ・日本語辞典』がレキシコンに，『簡略日本文法』がグラマーに当たる。ゴンザはボグダーノフの指導のもと，これらを作成したわけだから，ボグダーノフの指導の的確さを評価すべきであろう。おそらく，ボグダーノフはラテン語の勉強を通じて，これらの必要性に思い至ったものと思われる。

4. 離島の方言

ここまでは，主に母音の変化を見てきた。次に，子音の変化について見ておこう。鹿児島方言の中で子音に最も特徴があるのは，上甑島瀬上方言(図5)である。まず，文例を見てみよう(ガ，ゲ，ゴはガ行鼻濁音を表す)。

  (13) ハナゲー　ナエ(裸になれ)
     キョーネー(兄弟)
     ノノノ　イラガ(のどが痛い)
  (14) カーニ　ヂャー(火事だ)
     ヒンニーバ　マグーユ(肘を曲げる)

[*2] ゴンザが薩摩のどの地域の出身かは，まだ分かっていない。従って，「この時期，鹿児島方言は母音の無声化の段階にあった」とはいっても，それが鹿児島のどの地域なのか，いまは特定することができない。

198　第II部　独自性と現状

図5　上甑島瀬上の位置

```
          キーヌノ　チーレ(傷がついて)
          クーヌガ　チヤガッチョ　アー(屑が散らかっている)
(15)      ツーキガ　デラー(月が出た)
          タレガ　ナンカー(縦が長い)
          イロガ　ウナイラ(糸がもつれた)
(16)      クーヂノ　トガ(口が太い(大きい))
          ネーヅノ　アット(熱があるよ)
(17)      アブヤガ　ナガゴロ　ナッター(油がなくなった)
          コモイバ　スー(子守をする)
          イモロガ　トーイ　オーユ(妹が一人いる)
          ワライイェ(綿入れ)
          イヨノ　キイェーカー(色がきれいだ)
```

　一見，ずいぶん分かりにくい方言のような気がするが，よく見ると，次のようなきれいな規則があることに気がつく。
　④　語中のダ行子音は「n」に発音される。(13)
　⑤　ザ行の「ジ・ズ」，ダ行の「ヂ・ヅ」の子音も「n」に発音される。(14)
　⑥　語中のタ行子音は「r」に発音される。(15)等

⑦　ただし，語中のチ・ツの子音は「dz」に発音される。(16)
⑧　語中のラ行子音は「y」に発音される。(17)等

従って，語中での各行の区別は，次のようになる。

⑨　ダ行とナ行は区別がない。例：ハナガ(裸)：ハナ(鼻)
⑩　「チ」と「ジ・ヂ」，「ツ」と「ズ・ヅ」は「dz」と「n」で区別される。
　　例：クーヂ(口)：カーニ(火事)・ヒンニー(肘)，クーヅ(靴)：キーヌ
　　　(傷)・クーヌ(屑)
⑪　タ行とラ行は「r」と「y」で区別されるが，ラ行とヤ行は区別がない。
　　例：イロ(糸)：イヨ(色)：ヒヨイ(日より)

ダ行，ザ行，タ行，ラ行の子音は，いずれも舌先と上の歯茎で発音する歯茎音である。瀬上方言ではこれらがいっせいに変化を起こしている。その変化は次のようなものだったと思われる。

　　(18)　ダ行子音：*nd＞n
　　(19)　ジ・ヂ，ズ・ヅの子音：*nd＞n
　　(20)　タ行子音：*d＞r
　　(21)　ラ行子音：*r＞y

まず，ダ行子音だが，現在の瀬上方言ではこれが「n」になっていることから，瀬上方言のもとの形は「n」の要素(鼻音の要素)を伴った「nd」だったと推測される。この「nd」のうち，「d」の要素(舌先と歯茎による閉鎖)が弱まったのが，現在の「n」である。次にタ行子音だが，これはもとは「d」だったと思われる。タ行子音が「d」でも，ダ行子音が「nd」だから，タ行とダ行の混乱は起きない。ここでも舌先と歯茎による閉鎖が弱まり，「d」が「r」になったのが，現在の形である。一方，ラ行子音はもともと「r」だったと思われるが，これも歯茎と舌先との接触が弱まり，「y」になったのである。つまり，(18)〜(21)の変化は全て「歯茎音の弱化」による一連の変化の結果と考えることができる[*3]。

[*3] 歯茎音の弱化は，韓国や中国南部でも盛んである。例えば，「李」という字は，日本では「ri」と発音されるが，韓国では「i」と発音される。「廬」は日本では「ro」だが，韓国では「no」である。それだけ，歯茎音の弱化は一般に起こりやすい変化といえるが，甑島の地理的な位置も気になるところである。

ここで重要なのは，ダ行子音，タ行子音がもとは「*nd」，「*d」だったと想定している点である。じつは，これは東北方言のダ行・タ行の発音とほぼ同じ形である。東北と上甑島は地理的にずいぶん離れており，また，現在の発音もずいぶん異なっているが，以前は似たような状態だったということが，変化のプロセスをたどることで分かるのである（ガ行とカ行に関しても鼻濁音の「ŋ」と濁音の「g」で区別されているが，ここでは省略する）。

　もう一つの重要なポイントは，ザ行の「ジ・ズ」とダ行の「ヂ・ヅ」がともに「n」になっている点である。瀬上方言では，「ジ」と「ヂ」の区別，「ズ」と「ヅ」の区別（いわゆる四つ仮名の区別）がないから，体系としては共通語と同じ「二つ仮名」体系である。ただ，これらが「ニ・ヌ」に発音されていることから，瀬上方言では「ジ」と「ヂ」，「ズ」と「ヅ」が合流する際に，ザ行の「ジ・ズ」への合流ではなく，ダ行の「ヂ・ヅ」への合流という形で変化が進んだというプロセスを知ることができる。

　　(22)　ジ・ズ(*z)
　　　　　ヂ・ヅ(*nd)　──→ヂ・ヅ(*nd)──→ニ・ヌ(n)

　このように，他の方言と比較したり，内部のシステムを分析したりすることで，発音の変化に関するいろいろな事実が見えてくる。これ以外にも瀬上方言は，他の方言にない特徴や奄美・沖縄方言に連なる特徴など，興味深い現象をたくさんもっているが，これらについては省略する（詳しくは木部 2001，木部 2008 を参照）。

5. これからの鹿児島方言

　これまで見てきたように，鹿児島方言は，発音に大変特徴のある方言である。しかし，これらの特徴は，現代の若者にはほとんど受け継がれていない。瀬上方言の場合，20歳以下の人が集落にほとんどいないので，そもそも受け継ぐ人がいないという状態である（離島は多かれ少なかれ，似たような状況にある）。県本土の場合は，若者がいないわけではないが，伝統的な方言をほとんど知らない，あるいは使えないという状態だ。

　その中で，唯一，健在なのがアクセントである。私の体験談を一つ挙げて

みよう。私が鹿児島大学に勤めていたころのことだが，私が若者風の格好をして大学へ行ったところ，学生が私に，

　　(23)　センセー　ドーカシテマスヨ（上線は高く発音することを表す）

と言ったのである。先生に対して「どうかしている。つまり正常でない」とは，いくら何でも馴れ馴れしすぎると最初は思ったのだが，学生の意図は「同化している。つまり，学生に同化するくらい若い」という褒めことばだったのである。このような誤解が生まれるくらい，アクセントに関しては若い人も方言の特徴をよく残している。

　鹿児島方言のアクセントは，単語や文節の長さにかかわらず，最後が下がるタイプ(A型：○○　○○○　○○○○)と最後が上がるタイプ(B型：○○　○○○　○○○○)の2種類の型しかない二型アクセントである。単語の後ろに助詞や助動詞が続くと，A型，B型の特徴は維持しつつ，高い部分がどんどん後ろにずれていく(24)。また，複合語でも高い部分が後ろにずれていく(25)。それに対し，共通語のアクセントは下がり目の位置が固定していて，助詞や助動詞が続いても高い部分が後ろにずれない。

　　(24)　アクセント体系

	単語	共通語	鹿児島
2音節名詞	鼻	ハナ　ハナガ　ハナカラ	A型　ハナ　ハナガ　ハナカラ
	花	ハナ　ハナガ　ハナカラ	B型　ハナ　ハナガ　ハナカラ
	雨	アメ　アメガ　アメカラ	アメ　アメガ　アメカラ
3音節名詞	桜	サクラ　サクラガ　サクラカラ	A型　サクラ　サクラガ　サクラカラ
	男	オトコ　オトコガ　オトコカラ	B型　オトコ　オトコガ　オトコカラ
	心	ココロ　ココロガ　ココロカラ	ココロ　ココロガ　ココロカラ
	兜	カブト　カブトガ　カブトカラ	カブト　カブトガ　カブトカラ

　　(25)　鹿児島方言の複合語のアクセント
　　　　　カワ(川)　　カワカミ(川上)　　カワクダリ(川下り)
　　　　　アメ(雨)　　アマガサ(雨傘)　　アメアガリ(雨上り)

　近年は，鹿児島の若者のアクセントに変化が見られるという報告もあるが(窪薗, 2006)，基本的なシステムと音調の型はまだ健在である。今後は，アクセントだけが方言的で，他はほとんど共通語というようなもの(地元で

「からいも普通語」と呼ばれているもの)が鹿児島方言として残っていくのかも知れない。

[引用・参考文献]
平山輝男. 1968.『日本の方言』講談社現代新書.
平山輝男(編者代表)/木部暢子・鹿児島県(編者). 1997.『鹿児島県のことば』明治書院.
上村孝二. 1965.「上甑島瀬上方言の研究」『文学科論集』1：21-49.
上村孝二. 1998.『九州方言・南島方言の研究』秋山書店.
木部暢子. 1995.「方言から『からいも普通語』へ」『変容する日本の方言』：166-177. 大修館書店.
木部暢子. 2000.『西南部九州二型アクセントの研究』勉誠出版.
木部暢子. 2001.「鹿児島方言に見られる音変化について」『音声研究』5-3：42-48.
木部暢子. 2002.「方言のアクセント」『朝倉日本語講座10　方言』(江端義夫編)：50-67. 朝倉書店.
木部暢子. 2008.「内的変化による方言の誕生」『シリーズ方言学1　方言の形成』：43-81. 岩波書店.
窪薗晴夫. 2006.『岩波科学ライブラリー　アクセントの法則』岩波書店.
村山七郎. 1965.『漂流民の言語―ロシアへの漂流民の方言学的貢献』吉川弘文館.
村山七郎(編). 1985.『新スラヴ・日本語辞典』ナウカ.
小学館. 1989.「音韻総覧」『日本方言大辞典』(下巻)：1-77. 小学館.

第9章 琉球語
「シマ」ごとに異なる方言

西岡　敏

1. 琉球語とは何か

1.1. シマクトゥバ（島言葉）

　日本の南西部に位置する琉球列島では，琉球語あるいは琉球方言と呼ばれる言語が話されてきた。この言語は日本語と相互に意思疎通ができないほどかけ離れているが，その日本語との歴史的なつながり（系統関係）が証明されている言語である（いわば，日本語の「姉妹語」である）。ここではまず，「言語」という言い方をしたが，その「言語」は島ごとに，さらには島の中の集落（琉球ではこれを「シマ」と呼ぶ）ごとに異なる。琉球列島の「言語」は，多様な「方言の集積体」と言うべきものである。琉球列島の総面積は日本の総面積の1％弱，そこに暮らす人々は日本の総人口の1％強である。しかし，琉球列島全体の海域は，日本の本州の大きさと変わらないほどの広さをもち，そこに住む人々が話す「方言」の多様性は，本土全域の方言差に匹敵すると言われる。

　現在，琉球列島は日本の一部であり，「標準語」と呼ばれる「日本語」があまねく通じる（以下，単に「標準語」と呼ぶ）。そして，その標準語は先祖から連綿と伝わってきた伝統的な琉球語に置き換わるように，若い世代に浸透してきた。なお，ここでは，琉球列島全体の伝統的なことばを指すときには「琉球語」，沖縄島を中心とした伝統的なことばを指すときには「沖縄語」

を用いる。琉球列島に生きる人々は，自分たちのことば(琉球語)を指すとき，「標準語」では単に「方言」と呼ぶことが多い。

　近代に入るまで，琉球列島のうち，沖縄諸島，宮古諸島，八重山諸島は，首里にいる国王を頂点とする「琉球国」という，日本国とは別の政治体制の中にあった。「琉球国」は中国に進貢して，中国皇帝から琉球国王として認めてもらうという形をとり，東アジアの世界秩序(冊封体制)の一翼を担っていた。奄美諸島は，1609年の薩摩侵入以前は，琉球国の版図の中にあり，薩摩侵入以後，薩摩藩の直轄支配を受けるようになった。沖縄諸島より以西の地域(沖縄諸島・宮古諸島・八重山諸島)については，薩摩藩は琉球国(首里王府)の支配にまかせ，直接統治をしなかった。現在でも，奄美諸島が鹿児島県に属し，沖縄諸島，宮古諸島，八重山諸島が沖縄県に属するのは，薩摩侵入という歴史的な事件と，その後の分割統治政策に端を発している。

　琉球語が話される地域は，琉球国が薩摩侵入以前に支配していた最大版図と一致する。その言語的な区分を言うならば，鹿児島県の奄美諸島と沖縄県の沖縄諸島は北琉球方言群を形成し，いずれも沖縄県に属する宮古諸島と八重山諸島は南琉球方言群を形成するということになる。北琉球方言群と南琉球方言群との間に特に大きな隔たりがあり，相互理解性はない。北琉球の沖縄諸島と南琉球の宮古諸島の間における海の隔たりは，およそ300 kmあるが，この隔たりはカムチャツカ半島から千島列島，日本列島，琉球列島，台湾，中国大陸へと連なる弧状列島の中で，最も大きいものである。

　人口の多さで言うならば，沖縄諸島の最大の島である沖縄島(それは琉球列島の中でも最大の島であるが)の南半分に約100万人が集中している。この地域で話されてきたのが，「沖縄中南部方言」に分類されることばであり，中でも琉球国の政治的な中心地であった首里のことばが，歴史的に琉球語の標準語的な地位を占めて今日に至っている。しかし，その首里方言でさえ流暢な話し手がきわめて少なくなってきており，危機的な状況にあると言わざるをえない。沖縄中南部方言は，多様な琉球語の諸方言にあって，人口の多さの割には内部の方言差が少ない地域でもある。いわば，琉球語の「多数派」であり，この「多数派」の沖縄中南部方言が，他の琉球語の「少数派」を抑圧する構造も無視できない。

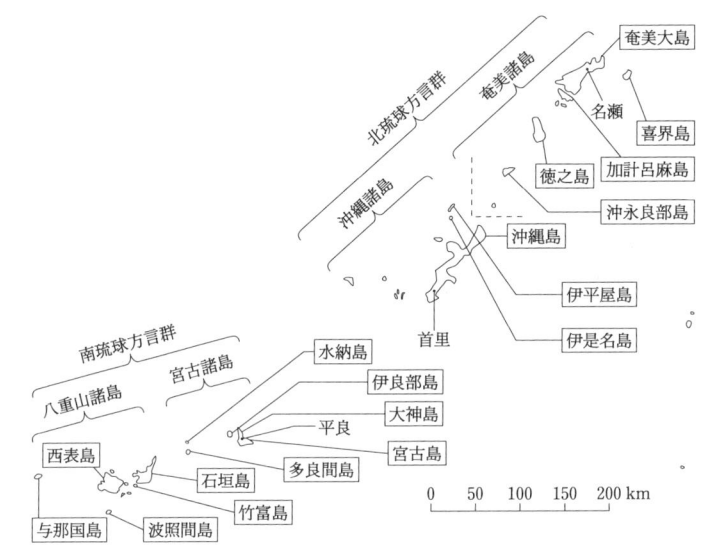

図1 琉球列島の地図(西岡, 2009を改変)

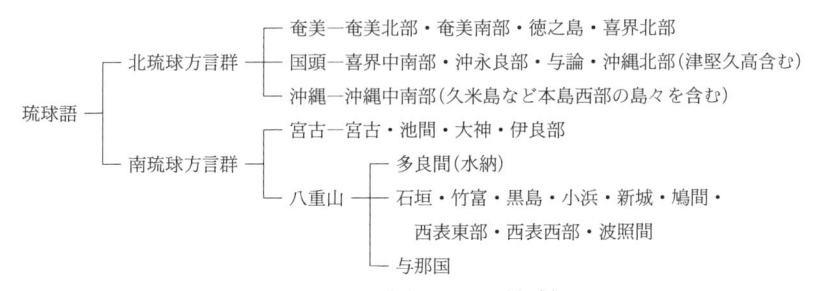

琉球語 ─┬─ 北琉球方言群 ─┬─ 奄美―奄美北部・奄美南部・徳之島・喜界北部
　　　　│　　　　　　　├─ 国頭―喜界中南部・沖永良部・与論・沖縄北部(津堅久高含む)
　　　　│　　　　　　　└─ 沖縄―沖縄中南部(久米島など本島西部の島々を含む)
　　　　└─ 南琉球方言群 ─┬─ 宮古―宮古・池間・大神・伊良部
　　　　　　　　　　　　　├─ 八重山 ─┬─ 多良間(水納)
　　　　　　　　　　　　　│　　　　　└─ 石垣・竹富・黒島・小浜・新城・鳩間・
　　　　　　　　　　　　　│　　　　　　　西表東部・西表西部・波照間
　　　　　　　　　　　　　└─ 与那国

図2 琉球語諸方言の区画(私案)

　沖縄諸島から約300 km西に隔てられたところにある宮古諸島と，そこからさらに西に離れたところにある八重山諸島は確かに「沖縄県」に属してはいるものの，そこに住む人々は，自分たちのことばを「沖縄」のことばと思っていないし，「沖縄」という地域は自分たちとは別地域であるとの認識がある。薩摩藩が奄美諸島に行った政策が差別的で苛酷であったように，琉球国(沖縄の首里王府)が宮古・八重山諸島に行った政策も同様に差別的で苛酷であった。首里王府により人頭税が課されたのは，沖縄諸島より遠く離れた宮古・八重山地域であった。島と島とが隔絶し，容易に行き来できない琉

球の生活世界を沖縄学の父と呼ばれる伊波普猷(1876〜1947)は「孤島苦」あるいは「シマチャビ(島痛み)」と呼んだ(伊波 1974[1934]：153-155)。多様に分岐した琉球の「方言」は，島ごとの往来が簡単ではなかった「孤島苦」の歴史の反映でもある。

2009年2月のユネスコの調査報告によると，日本における八つの危機言語のうち，琉球列島に含まれるものが六つあるという。すなわち，「沖縄語」「国頭語」「宮古語」「八重山語」「与那国語」「奄美語」である。これら「言語」は国際的な基準に照らせば独立の言語として扱われるべきだとし，中でも「八重山語」と「与那国語」の生存が「重大な危険」にあり，残りの4言語が「危険」のレベルにあるという。これら六つの「言語」の認定には，これまでの研究における琉球語の区画が念頭に置かれている。6言語のうち，「沖縄語」「宮古語」「八重山語」「与那国語」「奄美語」の5言語については既に，『言語学大辞典』の「琉球列島の言語(総説)」で上村幸雄が次のように言っている(この項目は，のちに，ウェイン・ローレンスが英訳している。Uemura 2003)。

> 同一の系統に属する2つの言語，方言を，方言とよぶか，言語とよぶかについて，両者間の差異の大きさ，ないしは，相互理解度の程度という尺度にのみ注目すれば，琉球語という名称は適切であろうし，琉球列島内部の方言間の音韻体系などにみられる大きな差異からして，琉球列島には，少なくとも北琉球語と南琉球語の2言語，あるいは，奄美語，沖縄語，宮古語，八重山語，与那国語の5言語が存在するなどのように言うこともでき，琉球列島の諸言語といった表現も適切である。
>
> (上村 1997[1992]：313)

問題はこれらの「〜語」がいったい何を指すかである。さきほども述べたように，琉球列島で話されていることばは，集落ごとに異なる。それを「〜語」という言い方でくくった場合，危機言語の中でも，より有力な言語のみを滅亡から救い，より弱小な言語を見捨てることにつながって行くのではないかという懸念が生ずる。

6言語のうち，最も方言差のことを考えなくてすむのが，日本最西端の島である与那国島の「与那国語」であろう。しかし，その与那国島の言語でさ

え,「〜語」という「ひとくくり」を拒む側面がある。与那国島にある三つの集落のうち,二つ(祖納・比川)は伝統的な集落,一つ(久部良)は主に沖縄からの移住によって生まれた比較的新しい集落である。「与那国語」が指すものは伝統的な集落である祖納と比川のことばであると思われるが,比較的新しい集落の久部良のことばはどう扱われるのであろうか。「沖縄語」の一派と分析されるのであろうか。また,祖納と比川のことばはほとんど同じとされるが,話者によっては文末の音調が少し異なると主張する人もいる。どちらの集落の方言が「与那国語」の「標準語」となるのであろうか。多数決の原理によって,集落が大きい方の祖納の方言を選択して果たしてよいものか。それこそ,危機言語の理念に反するのではないか。

琉球語を残す試みは数多くなされているが,琉球語が日常語から消滅しつつある現実は直視しなければならない。琉球語は,日本語が経たような近代化からは取り残されている。琉球語においても,他の民族語と同様に,豊かな口承文芸があり,そこで生じた韻文を表記する伝統はあった。しかし,琉球語は,正確な記録を促すとともに論理的な思考を展開する上で必要不可欠となる散文の伝統を持っていない。近世における琉球の知識人たちは,日本の和文候文や中国の漢文によって散文をしたためた(同時に和歌や漢詩にも親しんだ)。公文書も「琉球文」ではなくて,和文候文や漢文によって記録されたのである。琉球語における散文の未発達は,他の文字を持たない言語と同じく,近代以後の言語の衰退に影を落としている。

1.2. 琉球語の音声的特徴

ここで具体的な琉球語の姿を紹介したい。といっても,琉球語は多様な「方言の集積体」であるので,その「方言」の特徴のごく一部しか紹介できない。まずは音声的な側面を見ていくことにしよう。琉球語の諸方言をつぶさに見ていくと様々な発音に出会うことができる。

琉球語全体に関わる特徴に,「狭母音化」がある。これは,日琉祖語の *e と *o(半広母音)が,それぞれ i と u(狭母音)へと変わっていく音声変化である(* は理論的に再建された祖語の音声であることを示す)。例えば,かつて琉球列島の共通語としての役割を果たしていた首里方言は,次のような語形

フニ[huni](船)　ユル[juru](夜)　カジ[kadʒi](風)　フシ[huʃi](星)
クミ[kumi](米)　クリ[kuri](これ)

　日本語の「標準語」のエ段が首里方言のイ段と，「標準語」のオ段が首里方言のウ段と規則的に対応している。このことによって，かつての日琉祖語でエ段・オ段であったものが，首里方言ではイ段・ウ段となったことが推測できる。こういった「狭母音化」の傾向は，琉球列島のほぼ全域に見られ，琉球語の諸方言が日本(本土)の諸方言と一線を画す大きな特徴となっている。ただし，この「狭母音化」も，その変化の度合いに地域差がある。狭母音化が徹底的に働き，エ段やオ段そのものを無くしてしまった(eやoの母音を無くしてしまった)与那国方言(南琉球方言群の最西端)のようなものがある一方で，エ段からイ段，オ段からウ段への変化が不完全で，エ段の変化が中舌母音(後述)で留まったり，オ段の語がかなりの数残ったりしている奄美方言(北琉球方言群に属する)のようなものもある。

　また，祖語で*su(ス)，*tsu(ツ)，*dzu(ズ)の音は，首里方言ではʃi(シ)，tʃi(チ)，dʒi(ジ)などとイ段化するけれども，沖縄北部の金武町・宜野座村・久志地区の久志・辺野古は，スス(煤)，マーツー(松)，ミズ(水)など，ウ段のままである(名護市史編さん委員会[編] 2006：258)。沖縄島西沖に位置する慶良間諸島・座間味村にある阿嘉・慶留間方言では，1音節語のエ段音が，テー(手)，ケー(毛)など，そのままエ段音であるとの報告がある(座間味村史編集委員会[編] 1989：509)。変化度の地域差からも，琉球語諸方言の多様な音声的実態を見出すことができる。

1.3. 北琉球方言群

　北琉球方言群の多くに特徴的な音声として「喉頭化音」(無気喉頭化音)というものがある。喉の奥を強くいきませて発音されるもので，歴史的にはイやウなどの母音の脱落によって生じるものが多い。首里方言などでも良く知られているのが，「豚」を意味するッワー[ʔwaː](アクセント平進調)，二人称親称(君，お前)を示すッヤー[ʔjaː](アクセント下降調)である。[ʔ]は声門閉鎖音と呼ばれる記号で，これが付くと喉が緊張して喉頭化していること

を表す。首里方言では，半母音や母音の前に限定されてこの[ʔ]（声門閉鎖音）が現れるが，同じ北琉球方言群でも，奄美や沖縄北部の方言のいくつかでは，カ行[k]，タ行[t]，パ行[p]，マ行[m]に，この喉をいきませて発音させる単語が広がっている。例えば，沖縄県国頭郡（沖縄北部）恩納村の瀬良垣方言では，ミー[miː]（アクセント下降調）と言うと「目」を表すが，最初に喉をいきませて，ッミー[ʔmiː]（アクセント下降調）と言うと「海」を表す。「海」では，「ミ」の前に[ʔ]（声門閉鎖音）があるのに対して，「目」にはその要素がない。標準語になれた耳には一瞬同じように聞こえるかもしれないが，よくよく聞くと喉の緊張の有無で，互いの単語を使い分けていることが分かる。この「喉頭化」を琉球で最も良く発達させたのが，伊江島（沖縄北部）の方言で，上の行に加えて，ラ行にまでこの発音が存在している。二人称親称は，伊江島方言では，ッラー[ʔraː]と言い，r音の前に[ʔ]（声門閉鎖音）が現れている。

　北琉球方言群のうち，奄美方言（奄美語）は，琉球諸方言の中では，中舌母音を発達させている方言として知られている。標準語は「アイウエオ」の5母音体系であるが，例えば，奄美の名瀬方言では「アイウエオ」に加えて，「イ」と「ウ」の中間のような中舌母音[ɨ]と「エ」と「オ」の中間のような中舌母音[ë]が存在し，7母音体系となっている。例えば，「目」はムィ[mɨ]，「前」はメェ[më]と発音され，標準語にない母音を持っている。

　また，奄美大島南部や加計呂間島の方言では，標準語とは異なり，[kup]（首），[nat]（夏），[hak]（箱）など子音で終わる単語が数多くある。子音終わりの単語がある方言としては，他に鹿児島方言や長崎県五島列島の方言が知られているが，奄美南部方言もそうした方言の一つであり，標準語に慣れた耳では語末子音の聞き分けが難しい。

　琉球語のいくつかの地域において，ハ行の音声が，古代日本語のp音のまま残っていることはよく知られている。歴史的には「パ→ファ→ハ」といった過程を経て現在のハ行音となるのであるが，琉球列島ではこれを言語の地図として地理的な分布として表現することができる。次に掲げる言語地図は，北琉球方言群のうち，沖縄北部方言における「歯」という単語の分布図である（図3）。パ(p)，ファ(F)，ハ(h)の分布を一目で確認することがで

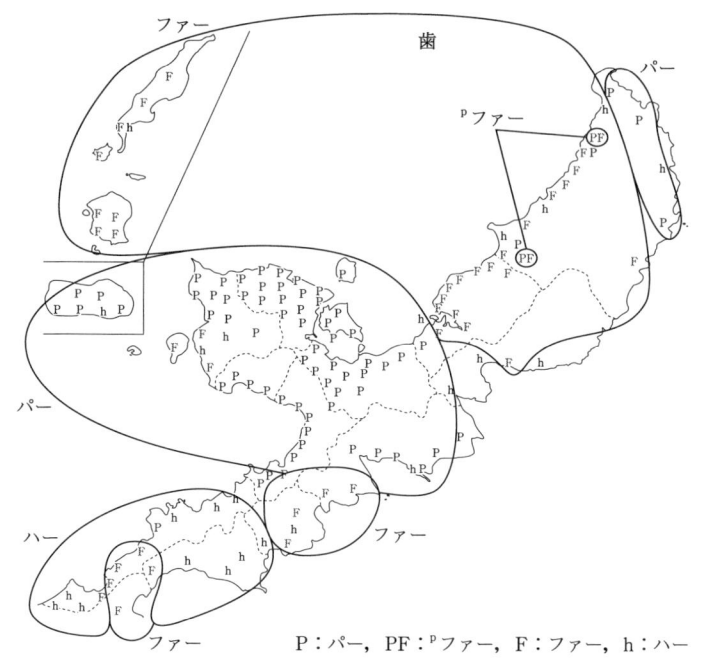

図3 沖縄北部方言(やんばる方言)の「歯」の言語地図(名護市史編さん委員会 2006)

P:パー，PF:ᵖファー，F:ファー，h:ハー

きる。中にはパからファへ変わる過渡期のような音声を持つ地点もある。
「キ」から「チ」，「ギ」から「ヂ」などへ，口蓋化・破擦化する地域も，北琉球方言群にいくつかある。沖縄中南部はその代表的な地域で，首里方言でも次のように言っている。

　　チム[tʃimu](肝)　チン[tʃiN](衣[きぬ])　チヌー[tʃinu:](昨日)
　　ヤナヂ[janadʒi](柳)　クヂ[kudʒi](釘)　ヂリ[dʒiri](義理)

ここでは，日琉祖語で「キ」「ギ」だったと思われるものが「チ」「ヂ」へと変化している。首里方言をはじめとする多くの沖縄中南部方言では，この口蓋化・破擦化の音変化を被っているけれども，宜野湾市大山や糸満市糸満など，沖縄中南部方言でも周囲とは言葉が異なる「方言の島」と考えられている地域では，口蓋化・破擦化は起きていないところがある。沖縄北部方言でも，今帰仁村地域や移住者の集落を除いて，多くの地域で口蓋化・破擦化は見られない。また，奄美諸島のうち，沖永良部島では，この口蓋化・破

表1 カ行音の変化(広母音)

	喜界町小野津	国頭村辺土名	本部町崎本部
*ka	ハー[ha:](皮)	ハー[ha:](皮)	ハー[ha:](皮)
*ko	フムィ[humɨ](米)	フミー[humi:](米)	フミー[humi:](米)
*ke	ヒー[hji:](毛)	ヒー[hji:](毛)	キー[ki:](毛)

擦化が起こっているかいないかが,島を中央で二分するような一つの特徴となっている。その変化の有無による区分は,和泊町と知名町という沖永良部島の行政的な区分とほぼ一致している(徳川 2001[1958]:13-14,奥間・真田 1983:145)。

また,カ行音のうち,広い母音と結びついている*ka,*ko,*keは,図2で「国頭」と分類した地域(喜界中南部・沖永良部・与論・沖縄北部)において,h音化(摩擦音化)している。この変化は,沖縄県北部地域と鹿児島県奄美地域の県境を越えた地域的な変化と言える。その一方で,*ka,*ko,*keのh音化の度合いは,一部地域によって異なっている。例えば,沖縄北部の中の北やんばる地域(国頭村・大宜味村)以北では,*ka,*ko,*ke全てがh音化しているが,中やんばる地域(名護市・本部町・今帰仁村)では,*ka,*koはh音化しているものの,*keはh音化していない(中本 1976:132,名護市史編さん委員会 2006:40)。

1.4. 南琉球方言群

南琉球方言群に目を転ずると,宮古方言(宮古語)の音声的な複雑さが注意を引く。この方言には英語のように[f]や[v]の発音がある。宮古の平良方言の「子供」には[ffa],「君,お前」には[vva]と言う。また,宮古諸島のうち,大神島の方言では日本語で言うところの濁音(有声閉鎖音)が出てこない。こうした発音や変化には,南琉球方言群に特徴的な呼気の激しさが関連すると考えられている。宮古方言(宮古語)の[f]や[v]をはじめ,[m]や[n]などは,母音を伴わずに音節を形成することのできる,いわば「成節的な子音」の特徴を持っている(かりまた 2002:109)。

宮古方言のうち,祖語が*iにさかのぼる母音の解釈をめぐっては,研究

者の間で長年にわたる論争がある。大きく分けて，母音体系の対立構造を重視して「中舌母音」と捉える立場と，舌先と歯茎による調音という音声的な側面を重視して「舌先母音」と捉える立場という，二つの立場がある。理論的な立場はともあれ，この*i 由来の音声が，[s]や[z]にも似た摩擦的躁音を含むとすることは，両者の立場とも共通した認識である。

　また，古代日本語的な発音とされるハ行音のp音も，宮古諸島の方言で多く残っている(八重山方言も同様)。ただし，池間島(およびその移住者の集落である宮古島西原や伊良部島佐良浜)のように，p音が既にh音に変化してしまっている方言もある。

　宮古諸島と八重山諸島のほぼ中間地点に位置するのが，多良間島と水納島である。このうち，多良間方言を例にとると，この方言は宮古方言と八重山方言の双方の特徴を併せ持っていると言うことができる。その音声的な特徴として，音節末に反舌的な[l]の発音が現れるということがある。この音声的な特徴は，宮古島西隣の伊良部島の佐和田方言・長浜方言と共通している。これに対して形容詞が「〜シャ」の形で現れることなどは，八重山方言のそれと近い(宮古方言の形容詞では「〜カ」)。多良間方言は，従来，宮古方言の一派に分類されてきたが，最近では八重山方言に分類する(狩俣 2000)。

　八重山諸島の方言からもいくつか取り上げておこう。八重山諸島の竹富方言には，母音を発音するとき鼻にかかる鼻母音が存在する。「男」には「ビードー」[biːdoõ]と言うが，「ドー」[doõ]の後半は鼻にかけて発音する。同じく八重山諸島の波照間方言は，宮古の大神方言と同じく，濁音が消える傾向，すなわち，「無声化」が激しい方言である。確かに標準語でも「来た」の「キ」のイ母音や，「草」の「ク」のウ母音は，母音であるにもかかわらず声帯を震えさせずに発音している。母音の「無声化」と呼ばれる現象であるが，波照間方言では，ア母音にもこの無声化が確認され，さらには[n]や[r]といった子音にまで広がっていっている。「鼻」は「パナ」[panḁ]というが，声帯が震えるのは「ナ」の最後の母音だけである。

　最西端に位置する与那国島の方言は，八重山方言の中でも異彩を放っている。南琉球方言群では，北琉球方言群に比べて，「喉頭化音」(無気喉頭化音)が発達していないところが多いが，与那国方言は，この「喉頭化音」が発達

表2 ワ行音・ヤ行音の変化

	石垣市新川	与那国町祖納
*wa	バガムヌ[bagamunu](若者)	バガムヌ[bagamunu](若者)
*wo	ブー[buː](苧)	ブー[buː](苧)
*ja	ヤー[jaː](家)	ダー[daː](家)
*jo	ユミ[jumi](嫁)	ドゥミ[dumi](嫁)

した方言として知られている。例えば，ティー[tiː]（アクセント低平調）は「手」を表すが，最初に喉をいきませて，[t'iː]（アクセント低平調）と言うと「月」を表す。「月」では，「ティ」が無気喉頭化しているのに対して，「手」は喉頭化しておらず，有気音で表れる（上野 2010：14-15）。また，南琉球方言群では，祖語のワ行（w音）がバ行（b音）となって閉鎖音化しているのであるが，与那国方言ではその変化に加えて，ヤ行（j音）までも閉鎖音化してダ行（d音）となっている。

　以上，見てきたような琉球語諸方言の音声的な複雑さは，その正確な「表記」に大きな問題を投げかけている。ひらがな・カタカナという音節文字，しかも，標準語のように比較的やさしい音声を書き表すための文字で，琉球語諸方言の音声全てを正確に表記することは至難の業である。琉球語の伝統的な表記は，標準語と同じ漢字仮名交じり表記である。そう考えると，琉球語の表記は日本的な制約に支配されていると言えるのかもしれない。漢字仮名交じり表記は，琉球の多様な「方言」に対して，様々な仮名表記と様々な当て漢字を生み出している。「沖縄文字」という独自の文字を創作して，沖縄語（首里方言など）の普及活動を行っている人もいる（船津 1987）。琉球では，ことばそのものが多様であるばかりでなく，そのことばを写し取る表記も多様になっているのである。

1.5. 首里方言における助詞「に」の表現法

　かつては，標準語では複雑なことが言えるが，地方語では複雑なことが言えないという思い込みにも似た誤解があったかもしれない。ことばの体系は，まずそれぞれ固有のものとして考えるべきであり，そう考えると，「標準語」「地方語」それぞれが，互いに対してより簡単な部分とより複雑な部分を抱

えていることを見出すのは，さして難しいことではない。琉球語が「地方語」と扱うべきかどうかの問題はおいておくとして，ここでは標準語で簡単な区別で済ませているところを琉球語では細かく区別している例を紹介したい。

　首里方言で標準語の助詞「に」に当たる表現を見てみよう。この「に」に当たる助詞には，首里方言では「ンカイ」「ナカイ」「ニ」「ガ」といったものがあり，標準語の「に」よりも細かい区別をしている（西岡 2004）。最もよく使用されているのが「ンカイ」であり，動作の行き着く先や受身文の動作主を表す助詞として使用される（○は使用可，×は使用不可）。

　　　○ハル<u>ンカイ</u>　ゥンジャン。
　　　「畑に行った。」「ゥン」は喉頭化音
　　　○タルーヤ　ジルー<u>ンカイ</u>　スグラッタン。
　　　「太郎は次郎に殴られた。」

「ナカイ」が「ンカイ」とどのように異なるかというと，存在する場所を表す場合には「ナカイ」と「ンカイ」の両方を使うことができるけれども，動作の行き着く先については「ンカイ」のみが使用できる。「ナカイ」の方が，「中にある」という意味合いを強く持っているようである。頻度的には「ナカイ」の使用例が「ンカイ」よりも随分と少ない。

　　　○ナーファ<u>ナカイ</u>　アタル　ハナシ
　　　「那覇にあった話」
　　　○ナーファ<u>ンカイ</u>　アタル　ハナシ
　　　「那覇にあった話」
　　　×ナーファ<u>ナカイ</u>　ゥンジャル　ハナシ
　　　「那覇に行った話」
　　　○ナーファ<u>ンカイ</u>　ゥンジャル　ハナシ
　　　「那覇に行った話」

　首里方言には「ニ」という標準語と同じ形式を持った助詞もある。これは，主に動作の行われた時点を表すときに用いられる助詞である。標準語でも「8時に」というように「に」を用いている。

　　　○ハチジ<u>ニ</u>　ゥンジャン。

「8時に行った。」

　この「ハチジニ」の「ニ」の部分を「ンカイ」や「ナカイ」に置き換えることはできない。動作の時点を表すはたらきは，他ならぬ「ニ」のみが担っているのである。

　　×ハチジンカイ　ゥンジャン。
　　「8時に行った。」
　　×ハチジナカイ　ゥンジャン。
　　「8時に行った。」

　また，標準語で「遊びに行く」というように，動作の目的を表す助詞「に」があるけれども，これも首里方言では別の形式である「ガ」を用いて表現する。

　　○スバ　カミーガ　イチュン。
　　「ソバを食べに行く。」

　標準語のきわめて広い意味範囲を覆っている「に」に対して，それに対応するものが首里方言では「ンカイ」「ナカイ」「ニ」「ガ」という四つの形式に分かれ，それぞれきめ細かく使い分けられているのである。

2. 古代日本語とのつながり

　琉球語と日本語との間の相互理解度は著しく低いものとはいえ，地元の話者たちも自分たちのことばが本土のことばとつながっていることを十分に認識している。特に，古代日本語とのつながりを主張する人は話者の中に数多く見られる。確かにいくつかの単語においては，標準語では使われなくなった古語が，一定の音変化を経ながら，琉球の地において日常語として息づいているのを見ることができる。例えば，首里方言の例を挙げるとするならば，アーケージュー（蜻蛉，＜あきづ），ストゥミティ（早朝，＜つとめて），ネー（地震，＜なゐ），トゥジ（妻，＜とじ）などといった単語が，古語との関連でしばしば指摘される。

　ただし，古語が「周辺」に残るという点において琉球の事例が特別に多いかどうかはよく分からない。実際には，古語の残存として保存された部分よ

りも，琉球語で独自に変化した部分が多いように見える。琉球での独自の変化が多かったからこそ，日本本土と通じないくらいの差が生じているのである。古語の残存を見ることのみならず，琉球で起こった独自変化の歴史的な道筋をたどり，さらには日本本土のものと比較することが，「日琉比較言語学」の面白さと言えるのかもしれない。その系統的道筋をたどることは，「琉球祖語」さらには「日琉祖語」を求めるという多様な言語（諸方言）の統合作業に他ならない。バラバラに分化している諸方言が，比較言語学の手法によって一つに束ねられる。今の日本の中で，比較言語学の成果が最大限に適応できるのは，琉球列島の諸方言であると言っても過言ではないだろう。

　ここでは動詞の後ろに付く補助動詞的な要素をいくつか取り上げてみたい。日本の古代語との対応で言うならば，「をり（居り）」「あり（有り）」「おわす（御座す）」に当たるものである。

　北琉球方言群において，動詞の終止形（言い切り形）は，〜ウン，〜ウリといった形を持つことが多い。例えば，沖縄の首里方言では，「読む」が「ユムン」，「書く」が「カチュン」，「飛ぶ」が「トゥブン」，「干す」が「フスン」など，語尾に「〜ウン」が付く。この「〜ウン」には，実は「をり（居り）」の要素が含まれている。すなわち，「読み＋をり」「書き＋をり」「飛び＋をり」「干し＋をり」と言った形から（正確にはさらに「む」の要素が最後に加わっているのであるが），「ユムン」「カチュン」「トゥブン」「フスン」が出てきているのである。形の上では，西日本方言の「読みよる」「書きよる」「飛びよる」「干しよる」という進行相の表現とつながっている。首里方言では，その進行相の意味合いが薄れつつあり，標準語の「読む」「書く」「飛ぶ」「干す」とほぼ同じ意味を持った完成相として機能することが多い。

　「ユムン」「カチュン」などの例は，「連用形＋をり」の文法化（文法的機能語への転化）を示す例であるが，「連用形＋あり」の文法化についても興味深い話題を提供してくれる。この形式は，学校古典文法などでは，已然形（ないしは命令形）＋完了の助動詞「り」として紹介されているものである。琉球語においては，文の途中でいったん中止して後続の文へと続いていく形，すなわち，標準語の「〜て」の形と同様の機能を持つ形式として知られ，「第3中止形」という用語でも呼ばれている。標準語の中止形は二つである

表 3　中止形の日琉比較

	標準語	首里方言
第1中止形	書物を読み，字を書く。	スムチ　ユミ，ジー　カチュン。
第2中止形	書物を読んで，字を書く。	スムチ　ユディ，ジー　カチュン。
第3中止形		スムチ　ユマーニ，ジー　カチュン。

が，北琉球方言群に属する首里方言には三つの中止形がある。

　標準語の「読み」と首里方言の「ユミ」(第1中止形)，標準語の「読んで」と首里方言の「ユディ」(第2中止形)は同根である。首里方言の「ユマーニ」は「読んで(から)」という意味を持つ語であるが，これが実は「連用形＋あり」とつながっている形である。正確には，「連用形＋あり＋に」で，「ユマーニ」の「ニ」の部分は「ナカイ」と置き換えることもできる。「ユマーニ」は，古くは「ユマーイ」「ユミャーイ」という言い方もあり，こちらが「連用形＋あり」を直接受け継ぐ形である。本土の古典語では「已然形(命令形)＋完了の助動詞」(読めり)となったものが，琉球語では「〜して」を意味する中止形として機能するようになっている。

　南琉球方言群では，第2中止形，すなわち，「連用形＋て」に由来する形が発達していない。「〜してください」は，宮古方言では「ユミ(読んで)フィーサマチ(ください)」などと表現し，「〜て」に由来する形が「ユミ」の部分に出てこない。この「ユミ」の部分が，実は「連用形＋あり」，すなわち，「読みあり」の一部に由来すると考えられている。沖縄北部の伊平屋島や伊是名島の方言でも，この「読みあり」に由来する形式「ユメー」が中止表現として多く使われていて，「読みて」に由来する「ユディ」が比較的新しい中止表現であることも，南琉球の「ユミ」が「連用形＋あり」に由来するという説を補強してくれる。なお，南琉球では，「連用形＋て」に由来する形の代わりに，「連用形＋して」に由来する形も中止表現として機能していることも付け加えておきたい。

　補助動詞的な機能を果たすものとして，最後に「おわす」を挙げておきたい。「おわす」は本土の古典語では尊敬語として機能している。琉球語でも，これに対応する語形があるが，「おわる」というラ行動詞化した形(言い切り

の形が「〜る」)で論じられるのが一般的である(仲宗根 1987：238)。

　敬語の歴史的な変化として，「敬意の逓減」ということが言われる。例えば，標準語の「貴様」は，もともとは高い待遇を表していたものが「敬意の逓減」によって，卑称に転じていったことはよく知られている。琉球語の「おわる」は，沖縄古典語による祭祀歌謡集『おもろさうし』(16〜17世紀)では，目上の行為に対する尊敬語として使われている。しかし，時代が下り，沖縄語の楽劇である「組踊」(18世紀)の台本の中では，一人称の行為や目下の行為に対して用いられている。現在の沖縄語，例えば，首里方言では「おわる」に直接当たる形はなくなってしまっている。代わって，首里方言では，敬意が逓減した「おわる」の前に「召す」を付けた「召しおわる」に相当する形が，尊敬の補助動詞として機能している。ところが，南琉球の石垣方言や多良間方言などでは「おわる」に由来する形が，尊敬語としてそのまま機能している。北琉球の沖縄では，『おもろさうし』以後，「おわる」の敬意は徐々に薄れていった。それに対して，南琉球の石垣や多良間などでは，「おわる」に当たる形は尊敬語のまま維持されている。このように，ある語のたどった道筋を見ることで，多様に分化した琉球の諸方言を系統的にまとめていくことができるのである。

3. 琉球語の危機

　琉球語諸方言の衰退および危機はいまに始まったことではない。沖縄学の父と称される伊波普猷は1928(昭和3)年の段階で，琉球語の「言語破産」について次のように述べている。

　　[―前略―]特に明治文化の南漸に至つては，更に一層彼等[注：琉球人]の呼吸を困難ならしめた。四十年前には，日本語が話せるといふことは，英語が話せるといふ位に誇りであつたが，国語教育の普及した今日では，琉球語を操るのが，むしろ恥辱と思はれるまでに世相が変り，今ではどんな寒村僻地にいつても，標準語の通じない所はない。従つて琉球語の単語は国語のにすげかへられ，その音韻語法さては言ひあらはし方まで日本的になつてゐる。つまり或る老人が，今の青年同士の話は沖縄語ら

しいが，私には何を言つてゐるのか毛頭わからないといつたほど変化して了つた。信じない人があるかも知れないが，私は数年前標準語を能く解せない人達に，彼等に了解せられる(understanded of the people)言語で，通俗講演をして廻つた時，若い人達が，却つて私の言葉を了解しかねてゐるのを見て，私の琉球語が，最早クラシツクになつてゐることに気がついたのであつた。幾世代の間，伝承によつて学び得た吾等の琉球語は，すでにその「言霊(ことだま)」を失つた。言語学者は，南島に於いて言語破産の適例を見ることが出来よう。［―後略―］　　(伊波 1974[1928]：428)

　今から80年ほど前にも琉球語の危機が存在していたことが既に書かれている。伊波の言葉から翻って現在の状況を考えてみた場合，状況はさらに深刻なものと言えるだろう。伊波の語った昭和初期の時代にはまだ，老人が「今の青年同士の話は沖縄語らしい」という認識をしていて，老人の後に続く世代も「標準語」ではなく「沖縄語」で話をしていたことが分かる。しかし，今日の老年層に続く世代は，「沖縄語」ではなく，もはや「標準語」に近い言葉で話をしている。

　近代に入り，新しく成立した明治の日本政府は，旧支配層である琉球士族の抵抗を受けながらも，琉球国の廃止，沖縄県の設置を断行する。琉球における「廃藩置県」である(1879年)。近世においては日本の権力者にとって琉球が異国であってよかったが，近代において琉球が日本とは異なる言語・民俗・習慣を持つ土地であることは，強固な近代的主権国家を目指す日本の権力者にとっては都合の悪いことであった。帝国内の領土として，琉球が日本の一部であることを世界に示す必要があったのである。明治政府がとった琉球に対する言語政策は早かった。「廃藩置県」の翌年の1880年，沖縄県学務課より『沖縄対話』という日本語と沖縄語(首里方言を基礎にした沖縄中南部方言)の対訳本が出される(図4, 5)。

　これは，沖縄語を母語とする琉球人の子弟が，対訳の形で標準語を学べるようにと編まれた教科書である。沖縄語が衰退しつつある現在から見ると，逆に沖縄語のほうが貴重な資料となっているのであるが。この『沖縄対話』以降，中央からの「標準語」の教育が始まり，「方言蔑視」「方言撲滅運動」へと展開し，学校教育から排除される形で地元のことばが衰退していったと

図 4 『沖縄対話』(復刻版)の表紙
（沖縄県学務課，1981）

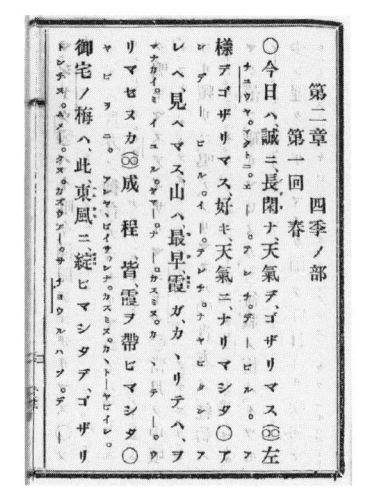

図 5 『沖縄対話』第二章冒頭

見てよいだろう。ゆえに，1880年は，沖縄県における「標準語教育元年」とでも言うべき年なのである。以来，130年，琉球語は，正規の学校教育からほとんど排除されてきた。

　実は，ある一時期，学校教育に琉球語が導入されかけたことがある。悲惨な沖縄戦のあと，琉球列島を統治した米軍が，琉球語による教科書はできないかと沖縄の文化行政に対して働きかけているのである。沖縄を代表する方言学者・国語学者であった仲宗根政善(1907～1995)の言語エッセイに次のような文章がある。

　　アメリカーター　ムル　ムヌ　ワカラン〈アメリカ人は皆ものをしらない〉

　終戦直後，東恩納(注：現うるま市石川)で教科書の編修をしていた頃であった。近くに諮詢会(注：沖縄側の行政組織)事務所があって，諮詢会員だった大宜味朝計君が，編修所にやって来て，「政善君　イジ　方言サーイン　教科書ヌ　書カリーミ」ときいてきた。米軍は，沖縄の教科書を方言で書かせる方針を持っていたようである。諮詢会の議題にかけられたどうかは分からないが，大宜味君に米軍の方針を聞いて知って

いた。「君，哲学書の一頁，琉球方言で翻訳が出来るか」と言うと「ヤラヤー　アメリカーター　ムル　ムヌ　ワカラン」と言って，そそくさと帰って行った。
(仲宗根 1995：47)

　日本語と琉球語の差異を認識していた米軍の権力者は，言語政策で日本と琉球を分断することで米国の勢力拡充を図ったとされる。しかし，先ほども述べたように，琉球語(仮にこれを首里方言にしておくが)には散文の伝統がなく，論理的・抽象的な思考を展開する道具として使用されたことがなかった(それらは近世期には和文や漢文が担っていた)。「方言」は，どれも人々の日常で話される情緒的なものを多く含んだことばである。集落ごとに異なると言われる琉球の諸「方言」の中で，例えば，近世期の有力言語である首里方言を近代的な教育を施すための「標準語」として，論理的・抽象的な思考ができるように格上げし，他の「方言」を格下げすれば，首里士族文化中心の別の民族中心主義(エスノセントリズム)になる。首里士族以外の島々村々のことばが抑圧される構造に変わりはなく，それならば今ある標準語(日本語)による恩恵を受けたほうが良いのではないか。結局，米軍による琉球語の教科書導入は不首尾に終わり，琉球列島では標準語(日本語)による教育が米軍統治下でも続けられた。沖縄の政治的・社会的運動はほとんど標準語(日本語)によって行われ，琉球語は，「陳情口説」「艦砲ぬ喰ー残さー」などといった歌謡や「命どぅ宝」「行逢りば兄弟」などといったことわざに託され，いわば韻文的表現が可能なところで使用されている。

　「琉球語」という「ひとくくり」の名称に対して，疑念と違和感を持つことも決して不自然なことではない。ここでの問題は，「日本語」などといった，いわば「国家」によって規定される言語に対して，地域共同体の「シマ」が伝えてきた言語をどのように捉えるかということである。「シマ」とは，琉球では，海で囲まれた地域のみならず，「集落」「村落」「字」「生まれ故郷」を指すことばでもある。その点では，日本古代の文学である「万葉集」で，「あきづしま(蜻蛉島)」などと使われるときの「しま」と近い意味を持っている。沖縄で「シマクトゥバ(島言葉)」「シマグチ(島口)」と呼ばれるものは，その地域内のみで通用する，汎用性を持たされていないことばである(実際には「祖語」を同じくするものとして，標準語と歴史的にはつ

ながっているのであるが）。集落ごとに先祖から伝わり，それぞれ他集落と異なり，全体としてみれば多様なことばを，グローバル化が進む社会の中で，将来的にどのように位置付けるかが問われていると言えよう。

　言語研究者の立場から言うならば，各集落におけることばの記述的研究が急務であることは言うまでもない。琉球列島には伝統的な集落が約800あり，そのうち，「文法書」「辞典」「テキスト（会話・民話など）」がトータルに記述されている地点は，まだまだ限られている。伝統的なことばが話せる話者の高齢化も進み，多くの集落では，いま記録して残さないとそのことばが永遠に失われてしまうという瀬戸際まで来ている。

　この危機的状況に対して，地元の話者や研究者が単に手をこまねいて見ていたわけではない。特に，「辞典」については，これまで『沖縄語辞典』(1963年)，『奄美方言分類辞典』(1977年)，『沖縄今帰仁方言辞典』(1983年)，『沖縄伊江島方言辞典』(1999年)，『石垣方言辞典』(2003年)，『伊是名島方言辞典』(2003年)，『与論方言辞典』(2005年)など，話者と研究者が互いに協力することによって，記述の正確な「方言辞典」が数多く生み出されている。他にも，今後，発刊が予定されている「方言辞典」がいくつもある。「シマ」によって方言が異なるから，理想的としては「シマ」ごとに「方言辞典」があって然るべきであろう。

　しかしながら，約800とも言われる「シマ」ごとの「方言辞典」を作成することは，きわめて厳しいものがある。「方言辞典」作成のために費やす時間と労力は並大抵のものではない。単語の収集に始まり，カードの作成や例文の挿入（最近ではデジタル情報化されているが基本的な作業は同じ），単語の並べ替えと草稿の作成，話者と研究者の対面調査，語形・意味記述の確認，標準語引き索引の作成，等々，細かい作業を継続的に行う必要がある。そうすることで，はじめて「方言辞典」は完成するが，そのような地道な作業に取り組める環境が十分に整っているとは言い難い（西岡 2002：534）。

　音声を正確に写し取った「テキスト（会話・民話など）」を充実させることも急務であるが，これもまだ道半ばの段階である。各地域の民話集をはじめ，琉球語のテキストには数多くのものが出ている。しかし，その「方言」を表記したものについては，漢字仮名交じり表記の制約に縛られていることもあ

り，多くのテキストが音声的には正確に再現できないものとなっている。それぞれの「方言」が理解できる世代とともにテキストの再検証を行い，正確な表記や音質の良い録音を今のうちに付与しておかねばならない。その際，「テキスト」を「文法書」や「辞書」の記述と関連付けることも重要になってくる。そのための時間が十分に残されていると言えるだろうか。

　琉球語の再活性化の問題はさらに難しい。多様なことば全てを再活性化することは可能なのであろうか。一つの「方言」を積極的に選び，それを再活性化させることは，別の似た「方言」をその「方言」に吸収せしめ，おとしめることにつながりはしないだろうか。言語の一義的な機能は，相手に自分の意図を伝えることであるが，そのような中で，もともと集落の共同体のみでしか伝わらないことばを後世に伝えることの意味は何であろうか。

　その答えの一つとして重要なのは，共同体の中で連綿と伝わってきた口承文芸の価値であると言えるだろう。琉球の各集落において，特に，祭祀や余興などの「ハレ」の場面で用いられてきたことばは，人々の暮らしや生き方とも関わる大切なものである。こうした口承文芸も，琉球語の衰退とともに，危機的なものが少なくない。このような文学的な価値の高い言語作品群を，言語学者が主に対象としている日常の言語と関連付けてゆく作業は，学問的な発展のみならず地域の活性化のためにも取り組んでゆくべき仕事である。

　また，現在の若い人々が話していることば(ウチナーヤマトゥグチと呼ばれる)が，標準語とまったく同じではなく，実は伝統的なことばの干渉を強く受けていることも，積極的に評価していく必要がある。例えば，「太郎がケーキを食べた」は，伝統的な沖縄語では「タルーガ　ケーキ　カダン」という。これに対して，現在の若い世代で「太郎がケーキを食べよった」という別の過去形「食べよった」が用いられることがある。西日本の方言を思い出させるが，沖縄では「太郎がケーキを食べるのを私は見たよ」という「話し手が目撃した第三者の動作を聞き手に報告する」(高江洲 2002：160)の意味で，実は伝統的な方言の「タルーガ　ケーキ　カムタン」の直訳が「太郎がケーキを食べよった」なのである。つまり，若い世代においても，形式は異なっているものの，標準語にはないような表現が上の世代から確実に継承されているのである。こうしたことを足がかりにして，伝統的なことばを継承

できずに上の世代との断絶を感じている若い世代が，身の回りのことばに対して関心を持ち，上の世代とのつながりを認識することも大切なことであろう。

4. 琉球語の再活性化運動

最後に，琉球語の再活性化運動について大まかに述べてみたい。沖縄県では「しまくとぅばの日」を「くとぅば」の語呂合わせによって，9月18日に設定している(2006年制定)。かつては抑圧と排除の対象であった「方言」が，現在では保護すべきもの，使用を促して発展させていくべきものとなってきている。奄美諸島地域では2月18日が「方言の日」として使用促進の日となっているが，地元の方言で「ことば」を意味する「フトゥバ」(*koがh音化により「フ」になる)にちなんで決められたものである(2007年制定)。

琉球語のうち，いくつかの方言は，韻文を中心に記録されたものが残っている。特に沖縄諸島には，祭祀歌謡集『おもろさうし』(16〜17世紀)をはじめ，和歌(五七五七七)とは異なる沖縄独自のリズム(八八八六)を持った「琉歌」(18世紀〜)，その八八八六のリズムの繰り返しによって舞台を展開していく琉球の楽劇「組踊」(18世紀〜)などがあり，ある程度の豊富な言語資料を抱えている。このうち，「琉歌」と「組踊」は，使われている言語が，現在，日常で使われている沖縄中南部方言と近く，特に「琉歌」は，創作をする人々が現在でもかなりいる。海外の沖縄系移民社会でも盛んに作られ，ハワイで作られた琉歌などが沖縄の新聞に掲載されている。「組踊」も，近年，創作する人が何人か出てきて，「新作組踊」が増えつつある。沖縄語によりながら，現代の風潮を意識した作品も次々と発表され，このジャンルの将来的な可能性を示している。

また，明治以降の近代沖縄では，沖縄芝居という演劇のジャンルが発達した。この沖縄芝居には「セリフ劇」と「歌劇」の二つのスタイルがある。使用される言語は，沖縄中南部方言をベースにした芝居言葉であり，文芸の言語としては沖縄中南部の日常の方言と最も近い関係にある。この芝居言葉により，数多くの優れた沖縄芝居の作品が生み出されてきた。沖縄芝居は，文

字による脚本を持たず，もっぱら口立てにより稽古が行われ，舞台で演じられてきた。しかし，沖縄語そのものが存亡の危機に立たされている現在，文字による記録が必要にもなってきている。現在，沖縄芝居の名優，真喜志康忠が，琉球大学の学生たちに講じたものが沖縄芝居の脚本として結実しつつあり，沖縄語の言語資料としても貴重なものとなっている(月野 2010)。実際に演じられる沖縄芝居も，かつての隆盛時には及ばないものの，毎年の母の日を中心に公演が続けられている。

現代詩の分野でも，標準語とは異なる語感を大切にしながら，琉球語のそれぞれの「方言」による詩を実験的に作る人たちがいる。例えば，宮古出身の詩人である松原敏夫は，宮古語にP音やN音で始まる単語が多いことに注目し，P音やN音で頭韻を踏む宮古語による「方言詩」を発表している。また，琉球語では散文はほとんど発達してこなかったと先ほど述べたけれども，現在では，沖縄中南部方言を中心に散文的な表現に挑戦する人たちも出てきている。

マスメディアの発達は，学校教育の普及と並んで，琉球語を喪失に向かわせた最大の要因であるかもしれないが，メディアを積極的に利用して琉球語の再生に活かそうという動きも注目していかねばならないだろう。沖縄の民放局であるラジオ沖縄(ROK)では，月曜から金曜の午後1時から数分間，ニュースが全て沖縄語で語られる「方言ニュース」という番組がある。1960年に開始され，以後50年，一時中断もあったが，短い時間ながらも粘り強く継続されている。現在，使用言語は，沖縄中南部方言に属する那覇方言(月・水・金)と首里方言(火・木)で，沖縄の最新の話題をそれぞれの「方言」に翻訳して伝えている。現在は，インターネットでも方言キャスターの動画・字幕付きで視聴が可能である。新聞は，日刊のものはないが，沖縄語普及協議会の「沖縄方言新聞」(季刊，2002年〜)，県うちなぁぐち会の「しまくとぅば新聞」(季刊，2008年〜)などがある。沖縄語の絵本などの出版も徐々に増えてきている。

映画・映像の世界では，ウルトラマンの脚本家として知られる金城哲夫(1938〜1976)が東京に出る前の若い頃に，沖縄芝居の役者をキャストにして作り上げた「吉屋チルー物語」(1962年，薄幸の遊女で女流歌人の物語)があ

る。金城哲夫は，東京での活躍後，沖縄に帰ったのち，沖縄芝居の脚本も手がけている。また，高嶺剛監督による「ウンタマギルー」(1989年)は，沖縄の義賊をモチーフにしながら祖国復帰(日本復帰)に揺れる沖縄の状況を描き出したものであるが，多くの沖縄芝居の役者が出演し，全編沖縄語による標準語字幕付きの映画となっている。同監督の映画「夢幻琉球つるヘンリー」(1999年)では，沖縄語に加えて，日本語，中国語，英語など，多言語的な映像世界が構築されている。記録映像の分野では，写真家の比嘉豊光をはじめとする「琉球弧を記録する会」が，「島クトゥバで語る戦世」を撮り続けている。標準語中心だった戦争記録に疑問を投げかけ，「島クトゥバ」，すなわち，沖縄戦を体験した人々の母語による戦争体験の語りとして注目を集めている。

　音楽の分野における隆盛にもふれないわけにはいかない。伝統的な琉球音楽はもちろんのこと，琉球音楽とロックミュージックやポップミュージックを融合する動きも盛んである。沖縄では，「喜納昌吉&チャンプルーズ」，照屋林賢をリーダーとする「りんけんバンド」，知名定男らがプロデュースした「ネーネーズ」の音楽活動などが知られ，それぞれ沖縄語の歌詞による音楽作品が数多くある。また，宮古島出身の宮古語歌手(ミャークフツシンガー)，下地勇は，ブルース調を中心に琉球音階にはこだわらない音楽世界を探求しているが，その歌詞はほとんどが宮古語によっている。歌詞の内容は個人的な体験から現代的なテーマまで幅広く，これからの宮古語の可能性を大いに示している。

　また，サブカルチャーの分野では，秋田の「超神ネイガー」にならい，「琉神マブヤー」(マブヤーは魂を意味する沖縄語)という沖縄発の御当地ヒーローも誕生し，テレビで放映されている。沖縄文化(その中には沖縄語も含まれる)を愛するキャラクターとして，沖縄の子どもたちの心を捉えるべく，沖縄各地のイベントでショーを行っている。

　琉球語のスピーチコンテストも，各地域で盛んになってきている。「方言」をあまり知らない子どもたちから「方言」が流暢に話せるお年寄りまで，幅広い世代にわたる人々が演壇に立ち，自らの「シマクトゥバ」による語りを披露している。ただし，子どもたちの発表は暗記中心で，「シマクトゥバ」

の継承にどれだけ役立っているかは未知数である。

　こうした琉球語の再活性化運動を見ていくとき，再び思い出されるのは，沖縄学の父と呼ばれた伊波普猷のことである。『おもろさうし』の解読を中心に，沖縄文化の先駆的な研究者として知られ，沖縄人の生きるべき方向を模索した伊波普猷であるが，その創作についてはこれまであまり語られることがなかったように思う。しかし，伊波の残した作品には，研究によって琉球語を深く掘り下げていき，自らの血肉にしようとしていった彼ならではのスタンスが感じられる。現代的な文脈に，自らが研究していた琉球語を駆使して作品の中に昇華させよういう姿勢が見えるのだ。その点で言語の再活性化に多くの示唆を与えるのではなかろうか。伊波の作品には，琉球の碑文を模したものや，「新オモロ（近作オモロ）」，琉歌，琉球訳賛美歌（伊波はキリスト教徒であった）などといったものがある。そのうちの一つ，新オモロ「飛行機」(1933年)の中から数節を挙げる。伊波は『おもろさうし』の文学的様式を模し，「オモロ語」を駆使して，70節以上に及ぶ詩章を作り上げている(伊波 1974[1933]：274-278)。神代に稲穂をくわえた鳥(神の使者)によって琉球に稲作がもたらされる。近代に入り，豊穣をもたらした鳥のイメージは，人間の生み出した飛行機と結び付く。

　　―[前略]―
　　大和世は物事変て，　　　　　　日本の時代は物事が変わって
　　殊に工学のひろましや，　　　　特に，工学の発達の不思議さ
　　珍しや算知らぬ――　　　　　　めずらしさは計り知れない――
　　飛行機もこので，　　　　　　　飛行機も考案して，
　　飛ぶ鳥といそいしめて。　　　　空を飛ぶ鳥と競わせて。
　　神代は　　　　　　　　　　　　神代は
　　神す出ぢへて人威せ，　　　　　神こそが出て人を威すのだ
　　今の世は　　　　　　　　　　　今の世は
　　人の出ぢへて神威ちへ　　　　　人が出て神を威している。
　　―[後略]―　　　　　　　　　　　　　　　　(伊波 1974[1933])

　近代における琉球語再活性化運動の先駆けとしても，伊波普猷は読み直さなければならない存在であろう。

琉球語は琉球文化の根幹をなす一つである。しかしながら，他の琉球の伝統文化に比べて，再活性化への道筋がまだあまり明確化されていない。琉球音楽，琉球舞踊，琉球空手の愛好者は既に国際的なレベルにまで広がっている。しかし，琉球語の習得に情熱を傾けようとする人は少ない。琉球音楽や琉球舞踊などが広まっているのには理由がある。それは習得すべき基準が明確だからであり，たとえよそ者であっても，その基準をクリアすれば伝承者の資格が与えられるシステムになっているからである。現在，沖縄の新聞社を主催としてコンクールが行われ，レベルに応じて課題曲または課題舞踊と賞が設定されている。課題をクリアし，受賞することを目標にそれぞれの愛好者たちは日々稽古を積んでいる。

　これに対して，琉球語の場合には，クリアすべき基準をどこに置くかが難しい。クリアの基準を設定するのであれば，英語などの外国語ように，琉球語の検定試験を行うことも考えられる。しかし，どこの方言を基準にして検定試験を行うかという問題にまず行き当たる。今までに述べたように，琉球語は多様な方言の集積体であり，一つの方言に設定すれば，別の方言を排除してしまうということが生ずる。その言語の正統性を求めることで，多様性が排除されてしまう。個々の「方言」の特徴を捨象することなく，琉球列島全体のことばを再活性化していくことには必然的に困難を伴っている。

　そういった問題も踏まえつつ，琉球語の「語学教育」としての取り組みも，徐々にではあるが進行している。地元の文化団体と連携し，研究成果を地元の「シマ」で，地元の人（シマンチュ）に分かりやすく発表するといった催しも続いている。地元の話者と研究者とが，様々な機会・アイテムを通じて互いに協力しあうことにより，琉球語の再生への道が開けていくはずである。

[引用・参考文献]
阿波根昌鴻. 1973.『米軍と農民』 岩波新書.
船津好明. 1987.『美しい沖縄の方言①』(中松竹雄監修). 技興社.
伊波普猷. 1974[1928].「琉球作戯の鼻祖玉城朝薫年譜―組踊の発生」『伊波普猷全集　第3巻』(服部四郎・仲宗根政善・外間守善編). 402-429. 平凡社.
伊波普猷. 1974[1933].「飛行機」『伊波普猷全集　第10巻』(服部四郎・仲宗根政善・外間守善編). 274-278. 平凡社.
伊波普猷. 1974[1934].「南島方言史攷」『伊波普猷全集　第4巻』(服部四郎・仲宗根政

善・外間守善編).1-327. 平凡社.
伊是名島方言辞典編集委員会(編). 2004.『伊是名島方言辞典　本編・索引編』伊是名村教育委員会.
狩俣繁久. 2000.「多良間方言の系譜―多良間方言の歴史方言学観点からみる」『沖縄県多良間島における伝統的社会システムの実態と変容に関する総合的研究』(高良倉吉編). 27-37. 琉球大学法文学部.
かりまたしげひさ. 2002.「宮古方言の研究のこれまでとこれから」『国文学　解釈と鑑賞』(平成14年7月号, 特集＝復帰30年の沖縄と琉球方言). 105-115. 至文堂.
菊千代・髙橋俊三. 2005.『与論方言辞典』武蔵野書院.
国立国語研究所(編). 1963.『沖縄語辞典』大蔵省印刷局.
宮城信勇. 2003.『石垣方言辞典』沖縄タイムス社.
名護市史編さん委員会(編). 2006.『名護市史本編・10　言語―やんばるの方言』名護市.
中本正智. 1976.『琉球方言音韻の研究』法政大学出版局.
仲宗根政善. 1983.『沖縄今帰仁方言辞典』角川書店.
仲宗根政善. 1987.『琉球方言の研究』新泉社.
仲宗根政善. 1995.『琉球語の美しさ』ロマン書房本店.
西岡敏. 2002.「宮城信勇・加治工真市・波照間永吉・西岡敏編『石垣方言語彙一覧』の作成をめぐって」『石垣方言語彙一覧』(「環太平洋の言語」成果報告書A4-017)：534-541. ELPR.
西岡敏. 2004.「沖縄語首里方言の助詞「ンカイ」「ナカイ」「ニ」「ガ」「カイ」―共通語の助詞「に」「へ」と対照させつつ」『沖縄国際大学日本語日本文学研究』14：1-11.
西岡敏. 2009.「琉球語の危機と継承」『月刊　言語』38(7)：40-48.
沖縄県学務課. 1981[1880].『沖縄対話』(激動の沖縄百年　新聞, 雑誌, 教科書復刻版). 月刊沖縄社.
奥間透・真田信治. 1983.「沖永良部島における口蓋化音の分布域」『琉球の方言』8：145-166.
長田須磨・須山名保子(共編)・藤井美佐子(編集協力). 1977.『奄美方言分類辞典(上)』笠間書院.
長田須磨・須山名保子・藤井美佐子(共編). 1980.『奄美方言分類辞典(下)』笠間書院.
生塩睦子. 1999.『沖縄伊江島方言辞典』伊江村教育委員会.(2009年に新版)
髙江洲頼子. 2002.「ウチナーヤマトゥグチをめぐって」『国文学　解釈と鑑賞』(平成14年7月号, 特集＝復帰30年の沖縄と琉球方言). 151-160. 至文堂.
徳川宗賢. 2001[1958].「与論島と沖永良部島の方言について」『琉球方言考④　奄美属島』(日本列島方言叢書31, 井上史雄・篠崎晃一・小林隆・大西拓一郎[編]). 3-18. ゆまに書房.(初出1958年『人類科学』10号)
月野美奈子. 2010.「名優真喜志康忠と琉球大学での沖縄芝居脚本化の作業」『国文学　解釈と鑑賞』(平成22年1月号, 特集＝危機言語としてのアイヌ語と琉球語). 132-137. 至文堂.
上村幸雄. 1997[1992].「琉球列島の言語(総説)」『言語学大辞典セレクション　日本列島の言語』(亀井孝・河野六郎・千野栄一編). 311-354. 三省堂.
Uemura, Yukio 2003. *The Ryukyuan language*. Endangered Languages of the Pacific Rim (Series), A4-018. Osaka: Osaka Gakuin University.
上野善道. 2010.「琉球与那国方言のアクセント資料(1)」『琉球の方言』34：1-30.
座間味村史編集委員会編. 1989.『座間味村　中巻　教育文化・社会・民俗』座間味村.

第III部

標準語から見る
日本語の方言研究

標準語から見る日本語の方言研究

加藤　重広

1. はじめに

　飲食店などで注文をした後「ご注文は以上でよろしかったですか」と言われるようになって久しい。最近では，この種のタ形の使用を禁じている飲食店もあるというが，それは，「間違いだ」「おかしい」「不快だ」という客がいる以上，接客に使うべきではないという企業の営業的な判断であって，科学的に不適切という結論を踏まえているわけではない。

　結論だけ言うと，この種のタ形は厳密には誤用である。加藤(2009)では，本来知識文脈(長期記憶)にある情報を検索している処理過程の標示として，この種の「た」を位置付け，このような「よろしかったですか」は，知識文脈ではなく談話文脈にある情報に対して用いている点で，違反が生じているとする。要するに，いま注文をもらったばかりなのに，既に記憶に収蔵された情報の中から思い出しているような扱いをしている点が不適切なのである。

　では，この種のタ形がまったく認めるべきところのない誤りかというと，そうとも言い切れない。むしろ，その使用の動機には考慮すべき点があるのである。あらかじめ記憶の中にある情報として扱うことは，接客上，既に「客として認めている」というニュアンスを伴う。社会語用論的には，ポジティブ・ポライトネス的な効果が得られる，ということになる。それは，客に対して少なくともことばの上では丁重に遇したいという態度であり，責めるべきものではない(加藤, 2009)。一見(いちげん)の客だとしても，馴染みの客のよう

に接してもらえば，客としても悪い気はしないものだ。つまるところ，この種の夕形は「誤りではあるが，心ばえに免じて咎めずにおきたい」と思うのである。

2. 正しい日本語としての標準語

　言語学者は，この種の新しい表現や変化を，主観を交えず客観的に記録するかのごとく扱う（いわゆる「記述」的な態度をとる）ように訓練されているので，新しい言い方を批判したりしないものである。それは，変化や逸脱の背景には必ず動機がある[*1]と考えるからであり，変化も多数派になれば正用と認められる以上，言語そのものの問題と言うよりことばを使う人の認識の問題と考えるからでもある。このような「誤りだが，相応の理由がある」という見方は，いわば寛容な態度と言ってよいだろう。

　これに対して，「それは間違っている」「こう使わなければならない」という捉え方を，規範的な態度という。いわば，お手本としての「規範」を示して，その通りにするように仕込むようなやり方で，ことばの教育では，程度差こそあれ規範的にことばに接するのが普通である。従って，学校教育の中で国語や英語を学んだ一般市民がことばに規範を求めるのは，ある意味では自然なことだ。正解を知らないと不安になる心理を思えばいい。

　しかし，科学的な言語研究では言語を規範的に見てはいけない，と言語学では教え込まれる。もちろん，筆者は，科学的に日本語を扱う研究をしており，規範的な態度と記述的な態度がきちんと区別できていて，規範的にことばを縛るような捉え方に毒されてなどいないという確信があった。いや，正確に言うなら，自信満々に思い上がっていた。

　ところが，あるとき専門の異なる研究者に「標準語や東京弁の話をする人は，すぐ誤りだ，間違いだと騒ぎ立てますよね」と言われたのである。これ

[*1] 加藤(2002)を参照。これは，Ariel(2008)に言うように，推論によって生じる語用論的な特性がコード化する(Ariel, 2008は「意味化する」と表現する)ことによって一定の方向に変化するのが言語だと考えてもよい。

には，強いショックを受けた。確かに筆者も理論的な研究をする際には，文法的に認められない文を「非文」と呼んでアステリスク(*)を付けている。しかも，この文章の冒頭で，この種の「よろしかったですか」は「誤りだ」とはっきり言ってのけている。その上で，「心ばえに免じて罪一等減じてやる」とでも言わんばかりの偉そうな言い方をしている。これは厳密に言えば，記述的な態度ではなく寛容な態度でもない。一見，物分かりのよいように見せかけてはいるものの，実は，規範主義的であり，偽善的でさえある。しかも，この見方は自分の研究対象である日本語の扱いにも反映している可能性が高い。そのことに気付いて愕然としたのだった。

　方言とは限らないが，各地域の実際の話しことばについて調べている際に，微妙な表現について「この言い方は誤りですね？」と生え抜きの話者に尋ねても，「普通そうは言わない」「私は使わない」とは断言しても，「誤りだ」「不自然だ」という時には個人の判断であることを断る人が多く，こちらの狙い通りに「明らかに誤りだ」などと答えてくれることは，まずない。そもそも成立が微妙な例文で，判断が分かれる表現なのだから当然でもある。もしも，微妙な判断を要する例文についてはっきり正誤を明言してくれる母方言話者がいたら，むしろデータの信用性の点で慎重に扱うべきだろう。言語の実態よりも，調査者の意向に合わせて答えている可能性が高いからだ。言語データは調査者や言語学者にとっては，微妙な判断が重要な問題であるが，話者にとってはたいてい「どうでもいい」ことであり，「それなら，わざわざ調べに来た人が喜ぶように答えてやろう」と，あるいは，「相手が望むように答えれば細かくて面倒な質問もあまりされずにすむだろう」と，考えたとしても責められない。

　しかし，比較的はっきり「間違いだ」「誤りだ」と言ってくれる場合がある。それはおおむね標準語(ここでは，現在の東京におけることばを想定しておいてよい)の使い手で，教養のある人たちである。冒頭に挙げたタ形にしても，ら抜きことばにしても，誤用と一刀両断に切って捨てるのは，「教養ある」標準語の使用者ばかりで，逆に，それ以外の地域方言の話者は，誤用とはねつけるわけではなく，新しい言い方で面白い，せいぜい逸脱的という評価が主であり，寛容で鷹揚なのである。逆に言えば，教養ある標準語話

者は，厳格であり，規範的で，ときに教条主義的と言ってよい場合すらある。

　ここで言う「教養ある」とは，実際に教養の程度を測って決めるものではなく，当人が「教養ある」と自らを評価していることを示すにすぎない。「教養ある標準語話者」は，日本語を管理している気分が相当に強い。結果として，規範意識が強く作用し，逸脱や変化についてもただちに誤用という指摘が前面に出る。言語学者は，一応，規範性と記述性の違いを認識しているので，表だって誤りとして批判はしない。この種の批判の急先鋒となるのは，言語研究者ではなく，たいてい，いわゆる文化人や教養人，もっと正確に言うならその種の階層であることを自認する人たちである。著名なマスコミ人，文章指南を書くような作家や批評家，（言語学以外を専門とする）学者などがその典型だろう。従って，この種の言説に見られる「ことばの間違い」の指摘は，必ずしも科学的ではなく，単に伝統的なものを正しいとする態度にすぎないことが多い。それは，教養と権威をかさに着て誤用と決めつけるようなものであり，皮肉な言い方をすれば，ことばの「間違い」を非科学的にあげつらって言語そのものの変化や実態を貶めることで，自らの教養を誇るという見苦しく歪んだ姿勢にすぎない。しかし，言語使用に自信のない一般市民は，そのような恐怖政治には萎縮してしまう。標準語に自信のない者，教養に自信のない者は，びくびくしながらことばを用いるか，インターネットやメールなど正しい日本語からの解放区で自由にやるしかない。かくして，言語研究者をことばの傍観者として除外すれば，日本語の使用者は，「正しい日本語はかくあるべし」という規範主義と，「通じればいいじゃん。面白ければいいじゃん。迷惑かけてないんだからいちいち文句言わないで自由にやらせてよ」という反規範主義とを両極に，その間に揺れ動く態度のうちに位置付けられる。

　では，翻って言語研究者の場合はどうだろうか。言語学者は，「何が正しいか」という判断にはおおむね慎重である。理論的な言語研究では，構造的に不適格であることは比較的大胆に判断を下すが，運用上受容されないという語用論的な不適切性についてはおずおずと判断することになる。さらに，使用者による変異を前提にした社会言語学的な研究では，言語変化の途上にある「ゆれ」として正誤の判断は統計的にのみ扱う。これに対して，上に述

べた,「正しいことば」を決めようとする教養人の態度は,言語使用者としての一般市民の気分を反映したものでもある。つまり,ことばを慣習の一つと見なして,多くのしきたりと同じように,昔ながらの言い方を正統なる規範として「正しい」と見なすのだ。「この表現が正しいか」について,一般市民は,答えを求めてはいるが,それは,科学的に正確な見解ではなく,できるだけ単純な「答え」があれば十分と考えている。言語学者は,「権威」を理由に正しいとは考えないが,一般市民は結論があればよいのであって,理由は科学性でも「権威」でもこだわりがないのが普通である。厄介なのは,専門家の見解もこの「権威」に含まれることだろう。ことばを用いる一般市民としては,言語学的な講釈を聞いて結局答えが分からないのでは意味がないわけで,要は「この表現を使ってもよい」かどうかが知りたいわけである。それがゆきすぎると,一部の教養書やそれに類するゲームソフトで科学的に正確でないことを堂々と断言するような事態になる。例えば,「お読みになられる」のような二重敬語を誤りとしている本やゲームなどがある。しかし,二重敬語は敬語が過重なだけで,通常の誤用とは異なるものだ。「不適切」ではあるが,「誤り」と扱うのは問題であり,「二重敬語はすなわち誤り」と単純化するのはさらに重大な問題である。しかし,一般の言語使用者の感覚としては,単純明快な答えの方がよいわけで,その風潮の尻馬に乗って教養人が誤用日本語の指弾を行う状況が生まれる。言語研究者の考え方は,ある意味では良識的かもしれないが,世の中が求めることとは大きくずれている。悩ましい問題である。

　ある表現が正しいというとき,その根拠として,①伝統性,②都市的威信,③文法的一貫性(体系性),④意味の論理性などが考えられる[*2]が,一般の言語使用者は①の影響が大きい。後述するように,伝統性は文献資料に証拠を求めるから,書きことばとしての実績を持っているかどうかが,話しことばを含む現代日本語の「正しさ」に大きく影響することになる。そして,書きことばとの連続性が濃厚な標準語では,その傾向がさらに強い。方言調査

[*2]加藤(2007b：63)を参照。他に,用法の拡張・縮小を含む変化そのものの評価や位相の限局性などを考えてもいいだろう。

は話しことばの調査であるが，標準語と異なり，書きことばからの規範性が直接作用しないため，規範を意識することは少なく，単純な正誤判断になじまないとも言える。これに対して，標準語の場合，古典語を含む書きことばからの規範性が絶え間なく作用しているため，規範が意識され，正誤を明確にしたいという衝動に駆られる。標準語におけるこの種の規範性重視は，保守的な姿勢とも言えるが，一方で，品格を保持し，規範を尊重する考えとしては，ごくごく自然なものでもある。ただ，それだけに科学的な知見や判断は軽視され，感情的に正用を唱えるケースも少なくない。その分かりやすい例が，ら抜きことばと言えそうだ。

ら抜きことばは，一段動詞に後接する助動詞ラレルのラが脱落する現象だが，五段動詞が持つ可能動詞形を一段動詞が持たないという体系的不均衡の解消，受動辞の持つ受動・尊敬・可能という機能負担の平準化と意味の明示化という効果が認められる点で合理的である。一段動詞は「見る」「着る」など語幹が母音で終わるので母音語幹動詞と呼び，五段動詞は「書く」「切る」など語幹が子音で終わるので子音語幹動詞と呼ぶことがある。前者の場合，「られる」を付けて「見られる」とし，後者では「れる」を付けて「書かれる」として受身形をつくるが，これは尊敬や可能の意味でも使う。同じ「きられる」というかたちをしていても，「着られる」は「き・られる」と，「切られる」は「きら・れる」と分析される。五段動詞は「書ける」「切れる」という可能動詞形があるが，一段動詞には可能動詞形がない。

五段動詞「書く」では，「書かれる」という助動詞形（助動詞レルを付けた形）と「書ける」という可能形（「書き得る」の縮約という）が対立し，前者はもっぱら受身と尊敬に用いる。しかし，一段動詞「食べる」は可能形を持たず，ラレルを付けた助動詞形「食べられる」があるだけである。このため，助動詞形が受身と尊敬以外に可能の意味も表さざるを得ない。五段動詞では二つの形式が機能を分担しているのに，一段動詞では一つの形式に三つの機能が集中する，という不均衡が生まれる。同じ仕事をしているのに，ある部署は担当社員が二人いて別の部署は一人で全部やっているようなものである。

ら抜き形は，一段動詞にのみ生じ，五段動詞には生じない。しかも，ら抜き形は，可能の意味でしか用いない。「ピーマン，食べれる？」の「食べれ

る」は受身や尊敬の意味にならない。つまり，ら抜きことばは一段動詞の可能形を穴埋めするものと見ることができる。一段動詞に可能形があれば，全ての動詞に可能形と助動詞形がそろうことになり，体系は均衡し，負担の偏りもなくなる。ただ，ら抜き形のこの種の実態は正確に理解されているとは言い難いようで，いまだに「怠けてラが落ちる」と理解する向きは少なくない。しかし，科学的には，可能の意味だけで選択的にら抜きになるのであって，「られる」が全て「れる」になるという単純な合流現象ではなく，合理的な変化と見ることができる。

　言語学者の発言は，たいていここで終わりである。つまり，「ら抜きことばは，実は肯定される合理的変化だ」という言うわけで，「ら抜きことばを悪く言う輩はけしからん」「ら抜きことばを間違いだというのは非科学的だ」などと言ったりはしない。価値観を押しつけるのは，規範的だと言語学者は考えるからである。結果的に，ら抜きことばを批判する文化人とら抜きことばを認容する言語学者が意見と戦わせることはなく，両者は，温度の違う水が混じり合わずに層を形成するかのように，別々のところに存在している。しかし，これはよくないことだと筆者は考える。文化人の批判は繰り返す必要がないので，言語学者がすべき反省として，ら抜きことばのような変化を歓迎したり許容したりする心理に，標準語使用者がなりにくいことをもっと理解すべきだということを指摘したい。合理的な変化であることを理屈では理解しても，「ら抜きは許せない」という人もいる。世間一般の日本語使用者は，正しい日本語を決めて欲しい，それもできるだけ簡単に決めて示して欲しいと思っている。その根底には，変化に対する拒否反応があるかもしれないが，言語研究においてもこの種の好悪の評価は無視できない。標準語の使用者は，規範意識が強くなるために，「ら抜き許すまじ」といった気分も強くなる。言語学者は，記述的態度と科学的な説明を錦の御旗などにせずに，規範性が深く浸潤した標準語とその使用者の心理に対しても目配りが必要だと思うのである。

　以下で指摘したいのは，科学性と記述性を重視するはずの言語研究者でさえも，実は，標準日本語を扱う際に規範性の重力に気づかぬうちに捉えられ，研究も歪められていると思われる点である。そして，筆者などは科学的で客

観的な研究をしているつもりで，実は規範性の重力に捉えられている自分に気づいたとき，自称文化人を切りつけて返す刀が自らに深手を負わせることに慄然とすることになる。その具体例の一つとして，本章では二重ヲ格制約を取り上げたい（第4節）。また，標準語では許されない統語現象が同一の意味的原理を拡張しているケースを，北奥方言における状態性述部のテイル形を見ながら考える（第5節）。以下，第3節では，まず「標準語」とは何かをその成立の経緯とともに確認するところから始めたい。

3. 標準語の重力と言語研究

　標準語(standard language)とは，極めて近代的な概念である。少なくとも日本においてはたかだか1世紀ほどの歴史しかない。現代の標準語は，「東京山の手の中流階層のことばをもとに規範化されたもの」と理解されることが多い。もちろん，「標準」の名の下に規範と威信を押しつけたことの反省に立ち，いわば理想言語である「標準語」という言い方を用いず，あえて実態として標準的に用いられている「共通語」という言い方を用いることも多い。標準語が近代において，方言圧迫の装置になり，皇国の言語として植民地同化の手段にもなった歴史を考えれば（柴田 1978, イヨンスク 1996），「共通語」と呼ぶことは良識的な判断だと言えるだろう。例えば，国立国語研究所が長らく行ってきた調査では「標準語」ではなく「共通語」が用いられており，初等・中等教育における国語科の指導要領でも「共通語」が用いられてきた。

　標準語成立の事情は，真田(1991, 2001)に詳しいが，ここでは少し違う観点から述べたい。上田(1895)は，東京語と言ってもベランメーことばではなく「教育ある東京人の話すことば」と言い，明治期の日本語口語法の解説にあたる，國語調査委員會(1917)は「東京言葉と云つても，賎しい者にわ，訛が多いから」とした上で「東京の教育ある人の言葉」をもとにすると断っている[*3]。実は，近代初期の日本語を言語政策の観点から見た時，重要な課題

[*3] 前年刊行の『口語法』の解説編に当たる『口語法別記』で，この部分は大槻文彦の筆になるとされる。

は，書きことばと話しことばの乖離であり，教育普及に使える規範の確立であり，「標準語の確立」には，この二つの課題が含まれていると考えられる。

　この二つの課題は，明治35(1902)年に文部省の国語調査委員会が立てた4大方針に含まれている(残りの二つは文字と音韻である)。言文の乖離の解消策としての言文一致は，「書きことばで話す」ことではなく，「話しことばで書く」ことだったといってよい。いわば話しことばを書きことばにも使えるように，話しことばを部分的に加工して両者の間の大きな溝を狭めるものであった。この時，話しことばに「ベランメーことば」のような《下位話体》ではなく，「教養あることば」たる《上位話体》が選ばれるのは必然であった。それはまた，標準語が教育の普及と平準化のために要請されたものであることとも合致し，近世の士族が地域方言によって理解が妨げられる状況を解消するためにより書きことばに近い語彙と話体を用いた便法とも重なるものであった[*4]。

　標準語成立までの概略を述べれば，以下のようになる(ここでは紙幅の制約があるので，詳細は別稿に譲る)。近世初期の江戸では，上方(かみがた)ことばは士族や商人など支配層のことばであり，江戸の地元本来の方言である関東方言は被支配層の庶民の用いる訛として，「坂東声(ばんどうごえ)」と呼ばれて蔑視されていた。17世紀の江戸は，おおむね上位言語たる上方方言と下位言語たる江戸方言のダイグロシア状況であったと見ることができる。ダイグロシアとは，ダイ(＝2)とグロス(＝言語)というギリシア語に由来し，二言語併存状況を意味する。一つの共同体の中で複数の言語が使われていれば，自然に価値的序列が生じる。威信の高い上位言語と威信の低い下位言語は，上方方言と坂東声としての江戸方言という形で対立していたわけで，この時期はまだ上方方言という地域方言が士族を中心とする支配社会層の社会方言とほぼ重なっていた。

[*4] 近世後半には，各藩でいわゆる『浜荻』と呼ばれる方言語彙集が編まれたことはよく知られている。しかし，『浜荻』の多くは，江戸在勤の地方士族が使うべきでない語彙とその代替表現が集められているため，単純に各地域の話しことば，特に文体レベルの低い語彙を雑多に含んでいる。単に低い文体の語彙や品格のない表現で日常的に用いるもののなかには，江戸方言でも使われているものが散見される。『浜荻』の考え方は，いわば「書きことばで話す」ことで共通性を高めるということだと言える。

江戸の都市化につれて，流入してくる人たちがもたらす方言が江戸方言の下位に位置付けられ，17世紀後半から18世紀前半に，ポリグロシア（多言語併存）状況が生まれた。この時，上位言語は上方方言という地域性が希薄になり，支配層たる士族の言語という性質が強くなる。上方からの移住者が支配階層の相当数を占めた17世紀前半と異なり，三代・四代後の子孫は多くが江戸生まれとなり，さらに上方方言に近いことばを保持しようという意識が希薄になる。また，江戸の庶民のことばと絶えず接触した結果，支配社会層のことばもより東日本的になっていったのだろう。近世前期には，上方からの移住者たる士族のことばであったものが，近世中期には移住者のなごりを残す子孫の士族のことばになったとまとめることができる。

中位言語たる庶民（都市下層民）の江戸方言は，上方方言の影響を受けて様々な面で変質した。上位言語が下位の言語を変容させる強い動機となることはよく知られている。東北方言的色彩の強かった関東方言を基層に上方方言がそれにかぶさって「垢抜ける」形でこの時期にのちの「江戸弁」の原形ができたと言えるだろう。つまり，「支配階層が上方方言，被支配階層が江戸方言（坂東声）」のように，地域方言と社会方言が重なっていた近世前期とは異なり，この時期の江戸は，階層方言によるポリグロシア状況への移行が完成へと向かっていたと見ることができる。

周囲の方言と際だった違いを見せる方言を「方言島」と呼ぶ。近世後期の江戸方言はまさに方言島になっていた。方言島は，山梨県の奈良田方言など地形的理由で生じることが多いが，江戸方言は社会的・政治的理由で方言島になったということができよう。江戸方言が方言島化したのは，いわゆる「ポストクリール連続相」における上位話体からの強い干渉の結果である。江戸方言をクリオール的な混成言語と見ると，上層言語は上方方言である。混成から時間が経ってクリオールの上位話体が上層言語と近づいて連続的になった状態をポストクリオール連続相と言うが，江戸方言の上位話体（つまり江戸生まれの士族のことば）と上層言語であった上方方言が連続的であった状況は，まさにポストクリオール連続相であった。語彙や文法に部分的に上方方言が取り込まれ，いまでも残存しているものがある。「いけないじゃないか」を「いかんじゃないか」というのが，ナイ系の東日本方言とヌ・ン

系の西日本方言の対立ではなく，後者が年配の男性を使用域の典型とするような文体イメージを有標的に帯びる表現として残存しているのは，そのなごりである。

　井上(2008)をはじめとする一連の研究によれば，戦後の東京方言は現在まで東北南部・甲信越・東海の一部を含む関東近県の方言からの絶えざる影響を受けており，近隣域の標準語化と相まって，東京方言は「脱方言島」への変化の途上にあると考えることもできそうである。

　一方，江戸中期における下位言語は，実体としての統一的な方言ではなく，種々の方言の混在で，かつての坂東声の特質を色濃く残す東北・北関東がその中心であった。さらに，東日本方言をベースに東山道から近畿，北陸などの方言を混成させた形で，実在しない「訛り」の典型的イメージがつくられ，いわゆる「役割語としての田舎ことば」として，近世から近代にかけて江戸落語などの中で醸成されていった。

　19世紀前半の近世後期から末期にかけては，江戸における上位言語と下位言語は，ダイグロシア状況は保持されつつも，近世初期のような上方と江戸という地域対立ではなく，士族と庶民(支配層と被支配層)という階級対立へと完全に軸が変じている。もちろん，士族の居住地は主に「山の手」であったが，これはいわゆる江戸墨引内(秋永(1995)が「東京弁」と呼ぶものの分布範囲[*5])の山の手であり，現在多くの人がイメージする山の手とはほとんど重ならない。そして，このダイグロシア的対立を温存させる装置として機能したのが，士族がたしなみとして習得した漢籍の知識であることを強調したい。つまり，近代初期の上位言語は，ゆるやかに上方方言の影響も残っていたものの，決定的に下位言語と異なるのは，漢語由来の語彙の豊か

[*5]ただし，秋永(1995)の「東京弁」は，話者の生育地域以外に，終戦時までに言語形成期を終えていること，養育者の生育地域についても指定がある。なお，本論では，近世までの江戸市中(墨引内)の「江戸弁」，その近代以降の後継たる「東京弁」，東京区部中心の現代的口語たる「東京語」，島嶼部を除く東京都地域における言語変異たる「東京方言」，東京中心部から連続的に千葉・埼玉・神奈川などに広がる地域に現在行われている「首都圏語」のように，大まかな区分をしている。標準語は，規範と見なされる言語変異で，理想的状態として想定されるものであり，実態として存在するわけではないが，本論では「規範的な意識で用いられる東京方言」の意で用いてもいる。

さであり、漢語に関する知識の深さであったと考えたいのである。漢語の知識は書きことばの知識とつながる。言文一致の方向性にかなう規範言語の基盤には、文字言語・漢語語彙と親和性の強い《上位江戸方言》をおいて他に考えられない。これが「教養ある東京人のことば」であり、「山の手のことば」である。東京方言は、その後、明治維新(1867)と関東大震災(1923)と太平洋戦争(1941～45)の際に東京生え抜きの話者が地方に分散し、その後徐々に再集積する歴史を繰り返したが、近代から現代にかけて標準語の位置づけはほとんど変わっていないと言える。

　田中(2006)は、月刊アクロス編集室(1987)の提案する区分をもとに、山の手地域の拡大と変遷を時期ごとに第一山の手から第四山の手まで分けている。もとの区分案は、四半世紀前のものだが、おおむね首都圏の拡大を捉えているものの、西部と南部に向かって拡張する山の手が中心で、東部と北部に向かう下町地域の拡大は明確に捉えられていない[*6]。筆者は、首都圏域の拡大には、下町地域の拡大と変遷も想定する必要があると考えている。例えば、足立区の北千住付近などは、戦後の新しい下町であり、山の手の拡張時期に合わせるなら「第三下町」ということになる。山の手は、一定の教養と経済力を持つ新しい階層の街として拡張していくが、「下町」はそもそも伝統的な昔ながらの街ゆえに「新しく広がった下町」という規定は矛盾を含むことになる。このため、山の手の拡張と異なり、下町地域から拡張してゆく地域は、「下町」の特色が希薄になって「下町」ではない首都圏域として拡大していく。しかし、その後も下町と山の手の特性の違いは消えたわけではなく、1970年代のデータを主に用いて東京区部をメッシュ化してクラスター分析をかけた倉沢(1983：292-3)で言う、ホワイトカラー既成住宅地区は山の手に、ブルーカラー既成住宅地区は下町におおむね当たると言ってよいだろう。東京の東あるいは北に位置する千葉・埼玉に拡張した「下町」は結果的に下町

[*6] 田中(2006)が参照している月刊アクロス編集室(1987)では、下町地域の拡張を「トラディショナル東京」とし、これには北千住だけでなく幕張など、本論が「第四下町」に当たると考える地域も含んでいる。なお、北西への拡張は「ドメスティック東京」とされている。もちろん、地域の価値や威信は、もっと精細かつ多層的に捉えるべきもので、筆者は言語学の視点からは修正が必要だと感じている。

郊外の都市部となり，いわゆる千葉都民・埼玉都民と呼ばれる都内への通勤・通学者の居住域がそれに当たる。この地域は，実のところ，かつての下町からの移住者も多く，街の雰囲気には下町らしさが感じられることもある。現在「下町」に含まれるのは，23区内の「第三下町」までで，その外側は「下町」から拡張した「首都圏域」と見なされることになる。江戸末期から明治初期にあった墨引内の(第一)山の手と(第一)下町は，階層差を変容させつつもゆるやかに保持しつつ現在に続くと言ってよいだろう[*7]。しかし，現在では，山の手と下町で異なる言語変異があるとまでは言いにくいほど，首都圏域全体で均質化と一体化が進んでいる。

　かつての国語辞典などの「標準語」の定義は，「東京山の手のことばを基盤にした」とするものが多かったが，現在では地域差別と批判されかねない定義を国語辞典は避けるのが普通であり，「東京中流層の東京方言にもとづく」といった記述になっている。山の手は，拡張した山の手にも新しい中産知識層が多く居住したので，おおむね以前の記述を婉曲的にしたにすぎないと言えるだろう。とは言え，一億総中流と言われた時期もあり，「中流」が実態としてどのような人を差すのか，その種の階層性が言語変異にどのように対応するのかは曖昧なままである。

　さて，都市化の話からことばの話に戻ろう。重要なのは，「標準語」は単に規範的な「話しことば」なのではなく，現下の多くの地域方言に比べれば格段に「書きことば」に近く，書きことばとの親和性の強い規範だというこ

[*7] 山の手と下町を武家屋敷の地域と庶民の居住地域と大まかに分けたとしても，境界線を一本引いて示せるような単純な分布にはなっていない。第一山の手は旧東京15区における本郷区・小石川区ほか牛込区・麹町区・神田区などの一部であり，それが新宿・渋谷方面に拡張したのが第二山の手である。第三山の手は，世田谷区を中心に，大田区から杉並区や武蔵野市にかけての地域を主に指す。さらに，それが南西に向かって拡張した多摩から横浜郊外までが第四山の手に当たる。これに対して，第一下町は下谷区・浅草区・本所区・深川区・神田区・日本橋区・京橋区などの一部だが，江戸後期にはこれらの地域にも寺社は多く，武家屋敷もあったので，簡単に線引きはしにくい。第二下町は，戦前に拡張した市街地であり，隅田川両岸を中心としていた第一下町から東ないし北に向かって広がり，おおむね荒川付近まで，と考えられる。第三下町は，戦後に拡張した市街地であり，都内東部・北部の江戸川までの地域と考えておきたい。本文に述べたように第四下町に当たる地域は，千葉県・埼玉県であり，「下町から拡張した首都圏域」と言うべきだろう。

とである。これは，標準語の規範性を嫌って「共通語」と言い換えても実質的は変わりがない（文科省の国語の指導要領では「共通語」と記しているが，実質的に「標準語」に相当すると解釈できる）。明治期の言文一致は，書きことばを話しことばに近づける面が強かったが，田中(1982)に言うように，既に明治前期には東京で一定の談話体の確立が見られ，それがその後の書きことばの文体の基礎になったと見ることができる。しかし，近代日本語の書きことばは，それまでに急速に普及した報道文体や翻訳文体の影響を強く受け，漢語語彙や借用語彙も増大して変容していき，それがさらに話しことばに対して均質化の圧力として不断に作用し続けたため，結果的により書きことばに近い話しことばという特質を標準語が持つに至ったと考えられる。

　標準語が書きことばをより意識しているというと変な感じがするかもしれないが，地域方言ではもともと漢語であっても話しことばで多用されていることから，語種意識が不明確になることがあり，やはり相対的に標準語は書きことばとの親和性が強いと言えそうだ。例えば，北海道で「驚いた」の意の「ドッテンシタ」は「(気が)動転した」の転じたものであり，高知で「ノーガワルイ」というのは「能が悪い」の意であり，北奥方言での「ジャイゴ」は「在郷」の音訛であるが，方言をそのまま文字化することが少ないこともあり，語種や語源が不明瞭になりやすく，結果的に書きことばと遠ざかってしまいがちである。

　ネット時代の書きことばの変容を除外して考えれば，標準語とはそのまま書きことばと連続的な関係をなす高位話体にほかならない。もちろん，この現実は社会言語学的な問題であるが，言語研究者が科学的に日本語の文法研究を標準語を対象として行う場合にも，書きことばとしての規範性が絶えず介入してくる事実によく思いを致すべきである。一方，方言文法は，話しことばの文法であって，書きことばの強い影響を考える必要が通常はない。しかし，標準語を対象とする日本語文法研究では，研究者自身が，規範性と書きことばの重力に気づかぬうちに囚われていることを反省しなければならない，と筆者は強く思うのである。その具体例として，まず次節で二重ヲ格制約を取り上げる。

4. 二重ヲ格制約の本質

一般に「ヲ格名詞句は一つの動詞に対して一つしか存在してはいけない」という規則を二重ヲ格制約という[*8]。要は，形式上「〜を〜を…する」のような日本語は不適格だという規則と考えればよく，これはワープロソフトも「直すべき日本語」として指摘してくれる。結論を先取りして言うと，筆者は，この二重ヲ格制約は，標準語の規範性を拡張解釈した結果の幻影であって，実際の日本語に形式上の二重ヲ格制約を想定する必要はないと考えるのである。

(1) 太郎がグラウンドを走る。
(2) 花子が太郎 {*を／に} グラウンドを走らせる。
(3) 花子が太郎 {を／に} 走らせる。

「を」は対象格とは限らないが，場所格[*9]のうち経路格を意味するヲ格(加藤 2006a)をとる自動詞「走る」を用いた自動詞文(1)であっても，使動構文では被使動主「太郎」をヲ格標示すると経路のヲ格標示と衝突し，非文になる。(2)では被使動主をニ格標示にすれば適格だが，ヲ格標示では不適格である。これは二重ヲ格制約の違反による不適格性ゆえ，場所格に用いているヲ格名詞句を消せば(3)のようにヲ格を使っても適格になり，ヲ格標示とニ格標示の意味対立も生じる(意味対立については加藤(2006c)にゆずる)。ヲ格名詞句が必須である他動詞文の場合も事情は同じで，二重ヲ格制約により被使動主はニ格標示しか許されない。ただし，他動詞文(4)を使動構文にした(5)では対象格のヲ格が表層にない(6)でも，被使動主をヲ格標示できない。

(4) 太郎は次郎を呼びつけた。
(5) 花子は太郎 {*を／に} 次郎を呼びつけさせた。

[*8] Saito(1982)，Hoshi(1999)，加藤(2006b)を参照されたい。これは，Harada(1973)，Shibatani(1973)によって提唱された当初から，統語形態レベルの制約であり，表層構造に課されるものと考えられてきた(黒田 2000)。

[*9] 本章では「場所格」や「対象格」などを意味(深層)格の名称として用いている。形態格は「ヲ格」と「ニ格」のように言い表す。

(6)　花子は太郎｛*を／に｝呼びつけさせた。

複数のヲ格名詞句が，例えその意味役割が異なっても，一つの動詞句に対応することは許されない，という制約は概略以上のようなもので，形式に関わる制約だと考えられてきた。しかし，これに対して，意味役割が異なるなら，許容度が上がるとする考え方もある。

(7)　??太郎はその馬を第1ゲートをくぐらせた。
(8)　?騎手は，その馬をファンの応援に感謝を表すかのようにゆっくりと観客席の前を歩かせたのだった。

使役構文の被使動主「その馬」をヲ格で標示し，場所格(経路格)をヲ格で標示したのが(7)(8)である。被使動主をニ格で標示すればいずれも自然な文になるが，ヲ格が二つあってもその間に様々な要素が介在して距離が長くなるにつれて受容度が上がるとされる。

二重ヲ格制約の他の例として，「AをXする」のように「する」が補助動詞として用いられている文で複合動詞「Xする」を分離形にして「AをXをする」とする場合がある。例えば，「ピアノを練習する」を「ピアノを練習をする」のようにするのがその例であるが，後者は二重ヲ格制約に従い，文法的に不適格ということになる。しかし，実は，この種の表現は日常的によく聞かれるものである*[10]。「計画案を変更する」を二重ヲ格にした(9)(10)は，二重ヲ格制約を規定通り立てると不適格であるはずだが，二つのヲ格句が離れている(10)ではそれほど不適格さが明確ではない。しかも，この種の表現は公文書や政治家の答弁に頻繁に現れるのである。「練習する」よりも「練習をする」のほうが文体レベルが高いという意識があるからだろう。首相が「この点を検討をさせていただく」などと発言するのは頻繁に聞かれる。

(9)　?これまでの計画案を根本的に変更をするべきだと思います。
(10)　これまでの計画案を，可能な限り早い時期に事業規模が適正になるよう変更をするべきだと考えます。

---

*[10] 例えば，「〜を変更をする」「〜を変更をし」をフレーズとして含むものをgoogleで検索するとそれぞれ約814万件，約796万件ヒットした(2009年12月24日現在)。

加藤(2006b)では，①シンタグマティックな形式レベル(表層構造レベル)では，ガ格にもニ格やデ格などにも二重制約がないこと，②ニ格やデ格は形態格としての二重制約はないが，意味格が同一であれば不適格になること，③ヲ格の意味用法は，他の形態格ほど明確に分岐しておらず，連続性が高く，いわば，ゆるくひとまとまりになっていること(加藤 2006a)，などを踏まえ，日本語における二重ヲ格制約を形式レベルで生じるものではなく，意味的な制約と見なさざるを得ないとしている。同一の意味格ならば，ニ格・デ格・カラ格・マデ格などでも二重に存在できないという制約がある。しかし，ニ格やデ格に比べて制約が強く感じられるのは，ヲ格の意味格(場所格・対象格・被使動主格)が明確に分岐しておらず，相互に意味の近さがあることによるとした。これにより，日本語の二重ヲ格制約は次のようにまとめることができる。

(11) ① 意味格の重複は，一定条件下の例外[11]を除き，許容されない。
② 形態格の重複は意味的な重複がなければ構造的に許容される。
③ 形態格の重複は文理解において意味処理の負担となる。意味格としての違いが明確なほど負担は小さく，意味格が近いほど負担は大きい。

要するに，意味格が異なるなら形態格としての二重ヲ格は構造上不適格にならない。これまでの「二重ヲ格制約」は，他の形態格にもかかる①意味格の重複制約か，③意味格の近さによる解釈処理負担の過大さか，が明確でなかった。前者は，Ariel(2008)の言う「文法的」(＝意味論的)な制約であるが，後者は「語用論的」な適切性の問題である。既述の(2)(5)(6)はヲ格の意味格の重複による文法論的制約で成立しない。(7)〜(10)は，意味格が重複しないが，意味処理の負担度により語用論的に適切性が変わる。ヲ格名詞句間の距離が大きくなればそれぞれの意味の違いが計算しやすくなるため意味処理の負担は小さくなるが，これは休止や卓立などでも得られる効果である。

---

[11]「私は，まずパンを，次にサラダを，最後にヨーグルトを，食べた」のように，主に時系列的な並列の場合を例外とするが，これはヲ格に限らない。

天野(2008)では,「何を文句を言っているの?」のような文を拡張他動詞文と呼び,考察しているが,このような二重ヲ格が生じうるのは,(11)に従えば,形態的には二重ヲ格が可能であり,二つのヲ格の意味機能の分離が明確であるため,とも説明できる。「何(を)」は自動詞文でも現れることがあり,意味的には理由を尋ねる疑問副詞句として機能するが,ときに修辞疑問文のトリガー(解釈を誘引する要素)となる[*12]。天野(2008)は「何を」が咎め立てを表すような用法では,目的語として動詞句の内項となる通常の用法ではなく,動詞句の外項となっていると見る。いずれの場合でも,意味の重複がないと見なすことができ,(11)②に合致すると考えられる。

もちろん,意味格が近くても,形態格を変える操作をすれば,受容度は上がる。(7)(9)は(12)(13)のようにニ格やハにすることで成立させられる。(13)から分かることは,①における「一定条件下の例外」に「形態格が異なる場合」が含まれるということであろう。

(12) 太郎はその馬に第1ゲートをくぐらせた。
(13) これまでの計画案は根本的に変更をするべきだと思います。

さて,標準語研究における二重ヲ格制約が,なぜこれまで厳密で強い制約と見なされたのかという本節での課題に解答を与えたい。標準語の背後に強い規範性があり,その規範性が書きことばを基盤にしていることは先に述べた。方言はいずれの場合にも話しことばであり,そこでは書きことばの規範性から適格性や自然さの判断に直接的な干渉は生じない。干渉があるとすれば,標準語の規範性の影響であり,標準語の基盤に書きことばがある以上,地域方言にも書きことばの規範性が間接的に影響しうる,ということだろう。しかし,それは標準語文法のように明らかに書きことばの規範性の幽囚であるものとはまったく影響度が異なる。

例えば,佐々木(2006:15),佐々木(2011:113f)は,標準語の「その馬を門を通した」に対応する水海道方言が(14)のように難なく成立することを指摘

[*12]「なに笑っているの?」は理由を尋ねているとも,笑っている事実を咎めているとも解釈できる。「いったいなにを文句言ってるの?」なら理由を尋ねているという解釈もできる。これはヲ格をゼロ化した方が自然であることが多く,機会を改めて考察したい。

している。これは，水海道方言だけでなく宇都宮方言など他の方言にも見られる(加藤, 2000)という。

(14) オラ　　　　アノ　ンマ-ゴド　　コノ　モン　　　　トーシタ
　　　私(トピック)　あの馬-対格(有生)　この門(対格・無生)　通した
(15) 悪い者どもを町を追い出した。

さらに佐々木(2006)は，ロドリゲスが『日本大文典』で(15)を示していることにも触れ，かつての日本語では二重ヲ格制約そのものがかかっていなかったと考える。本論は，さらにそれを推し進め，(11)に言うようにそもそも日本語では，形態格の重複そのものは基本的に可能であり，意味的な重複が制約されるにすぎず，それは現在も変わっていないと考える。(15)は対象格と場所格であり，意味格は重複しない(ロドリゲス(1955)の挙げる二重ヲ格の例も全て意味格が異なる)が，同一形態格が連続して出現するため，現代日本語では意味処理上の負担が大きくなり，受容度が低くなる。それを水海道などの方言では，有生対象格を統語形態論的に有標化することで意味処理の負担を軽減していると考えたい。東京方言などでも，形容詞述語でガ格やゼロ助詞が形式上重複する時は，「俺，お前，好きなんだ」「俺がお前が好きなこと」などでは受容度が低くなり，「俺，お前のこと，好きなんだ」「俺がお前のことが好きなこと」のようにして意味的に対象格に近い方を有標化することが行われる。ただ，(14)のような文ほどに文法化が進んではいない。

望ましい文章表現としては，重複が含まれていないことが求められる。「馬から落馬する」「違和感を感じる」「病院に入院する」「学校に入学する」などは，ときに不適切な表現としてやり玉に挙げられる。文字面では重複が確認できないが，同じ基準なら「会社に出勤する」「タクシーに乗車する」なども重複があると考えることは可能だ。しかし，後者は「出勤」は「会社」とは限らず，「乗車」とは「タクシー」に限らないから，完全な重複とは言えないが，「落馬する」こと自体が「馬から落ちる」ことなので完全に重複していることにされる。しかし，「愛馬から落馬する」「痛みに近い違和感を感じる」「東大病院に入院する」のようにすれば，後者と同じように重複は限定的なものにすぎない。結論から言えば，この種の重複表現は，文法的に不適格なのではなく，表現上美しくなく，表現技量が低いだけのことで

ある。しかし，この種の重複表現に人は過剰に反応するのだ。

　ゆきすぎた教条主義をここで批判しようというのではない。書きことばは書き手が客体化してモニターしやすいだけでなく，論理的たらんとする不断の圧力を受けている。重複表現に過敏に反応するのはその象徴的な例であるが，書きことばと最も親和性が強く，書きことばの規範性に強く影響される標準語の場合は，書きことばの規範性が運用や適格性判断にも直接反映することを指摘したいのである。

　　　(16)　昨日，あの馬をさ，何とかなだめすかしてゲートを通そうとしたらさ……

　標準日本語の文法性を論じる時には，(16)のように文体レベルの低い，東京方言の話しことばではなく，(12)のような文体レベルの高い，おおむね書きことば的な表現で検討される。これに対して方言文法を論じる時は(16)に近いものを用いることが多くなる。つまり，標準語文法の研究では，過度に規範化された文法が検討の対象とされやすく，実際の言語運用に近いデータは社会言語学的な問題として退けられてしまう。特定の母方言の文法データを収集する際にも，先に述べたようにインフォーマントは「自分たちの方言では普通そうは言わない」とは言うが，明確に「間違いだ」とはあまり言わない。ところが，標準語の場合は，軽々に適格性や受容度を判断すべきでない微妙な例についても，誤りとして扱うことが多く，そこにはこの規範性の問題が根深く関わっていることを本論は重く見たいのである。

　結果的に，標準語の文法は規範性による先入観で過度に理論化されてしまい，方言文法なら論じられることが問題とすら意識されないという状況が生まれている。翻って，これらの事実は，方言文法について母方言話者がはっきり「不適格」と言わないのをいいことに，実態とかけ離れた文法を研究者が再構成してしまう恣意的処理にもつながりかねない。この事実は，日本語の文法を論じる以上，誰もが自覚していなければならないと考える。

5. 状態性述語のテイル化

　アスペクト研究の先駆けである金田一(1950)が，動詞を4種類に分け，テ

イルが付かないものを状態動詞としたことはよく知られている。状態動詞は，「ある・いる」のような存在を意味する動詞のほか，「見える・聞こえる」や「行ける・走れる」など可能の意の動詞が含まれるが，九州方言では「あっている」が用いられ，標準語でも（一部俗用でおおむね文体レベルも低いが）可能動詞にテイルを付けて使うことは珍しくない。さらに，近年，金田(2004)，八亀(2007，2008)などで，東北方言などに形容詞にテイル形と非テイル形の分化があることが指摘され，標準語には見られない統語現象から日本語の本質的な意味統語的特性が考察されるようになってきている。

本論は，さらに北奥方言では名詞述語でもテイルと非テイルの分化があることを補い，これが，状態動詞の一部にテイルが付く現象と本質的に同じ意味特質を持つことを指摘したい。まず，金田一(1950)で当初テイルを後接させない状態動詞とされたもののうち，「見える・聞こえる」の他「読める・話せる・書ける・飛べる」など子音語幹動詞の可能動詞形，「食べられる・着られる」などの母音語幹動詞＋助動詞ラレルなどにテイルが後接する例を標準語について見ておこう。

 (17) 一時的に雲が切れて，富士山の頂上が<u>見えている</u>。
 (18) いつも言いよどんでしまうのだが，今日は英語が<u>うまく話せている</u>。
 (19) 苦手なセロリもいまのところ<u>食べられている</u>が，そろそろ限界かな。

加藤(2006c)では，「見える」「話せる」「食べられる」が属性を《恒常的状態》として表すのに対して，テイルを付けることで《一時的状態》を表すとしている。恒常的状態とはいわば無時間的なもので，形容詞に近いのに対して，一方，一時的状態とは時間軸上に有限性を想定するもので，時間的な表示だと言える。しかも，(17)～(19)を見て分かるように，可能状態という属性の保持が少し前から始まり，ごく近い未来に保持が終了することを明確に意識しているのが《一時的状態》である。属性の喪失という終了限界は非現実(irrealis)たる未来時間に想定されているが，それがすぐに現実(realis)になることが世界知識を参照することでわかり，また，見込みとして強く意識されていることになる。見込みとして背景化されている領域に事態認識に関わ

るモダリティ的判断が含まれていると言ってもよい。ごく卑近な例で言えば，「かっこいい」「魅力的だ」の意の「いけてる」は可能動詞「行ける」の永続的属性から転じて一時的属性を表している例だ。「今日はめちゃめちゃいけてる」かもしれないが，明日はどうか分からないわけである。

　以上の例は，可能動詞など状態動詞に含まれるものではあるが，品詞区分上は明らかに動詞である。しかし，標準語では，形容詞のテ形＋「いる」，あるいは，形容動詞・名詞述語のデ形＋「いる」は原則として成立しない。

　　(20)＊　花子は悲しくている。(→悲しい)
　　(21)＊　花子は静かでいる。(→静かだ／静かにしている)
　　(22)　　健康でいられれば，長生きも悪くない。
　　(23)＊　花子は学生でいる。(→学生だ)
　　(24)　　学生でいるうちに，運転免許を取ってしまうつもりだ。

　形容詞のテイル形は(20)に見るように標準語では不適格である。形容動詞の場合，補助動詞スルを用いた「静かにする」であればテイル形にできるが，これは動詞のテイル形と扱うべきである。また，「元気でいる」のような表現は俗用では聞かれるが，これはまだ生産性がない。また(22)が「健康でいる」が「健康で」という形容動詞連用形＋本動詞「いる」ではなく，形容動詞のテイル形だと断言はできない。中間的ではあるが，「健康でずっといられれば」のように言える[*13] ことから，前者の性質も残していると見るべきだろう。名詞述語「学生だ」も(23)のように通常の言い切りは成立しないが，(24)のようにすれば成立しうる。

　以上から分かるのは，形容動詞と名詞述語「Xだ」については「Xでいる」という形態そのものは可能であり，意味的に制約がかかるということである。形容詞については，「語幹＋くている」が成立しないのが，形態論的な理由なのか意味的な理由なのか分かりにくいが，形容詞のテイルが成立する方言があること，形容動詞・名詞述語については標準語も形態論的には成

[*13] しかし，これはテイル形かどうかを決める絶対的基準にはならない。加藤(2007)に言うように，アスペクト辞「ている」は，内部に弱境界(weak boundary)を含み，それは本質的に形態論的なものだからである。

立することから，標準語では形態論的に許容されても意味論的に「形容詞語幹＋くている」が成立しないと考えるべきである。

　加藤(2010)では，北奥方言では，形容詞・形容動詞・名詞述語にテイル形があり，それらが《一時的状態》を意味することを指摘している。これは，状態性を意味特徴として持つ述語表現をテイル形にするという，一見，意味上の重複を含む操作が不適格にならない点，終了限界が近い未来時間に見込まれる，有期的状態性を意味する点，で有標だと見ることができる。

　北奥方言の形容詞テイル形は「語幹＋クテラ」であり，「Xダ」のテイル形は「Xデラ」(形容動詞・名詞述語で共通，以下同様)である。形容詞の否定形・「Xダ」の否定形は，「語幹＋グネ」「Xデネ」となり，「赤くない」「静かでない」に対応する「赤グネ」「静カデネ」を用いる。しかし，テイル形に否定形はない。標準語なら「赤くている」「静かでいる」に対する「赤くていない」「静かでいない」に当たる「赤クテラネ」「静カデラネ」は不適格になる。しかし，テイル形に時制辞タを付けることは可能で，「赤クテラッタ」「静カデラッタ」となる(詳細は，加藤(2010)に譲る)。

(25)　【「息子さんはもう大学を卒業したの？」と問われたのに対して】「マダ大学生デラ」[→まだ大学生でいる]*14

(26)　【毛布に触れて】「コノ毛布，暖ケージャ（アッタ）」[→この毛布，暖かいぞ]

(27)　【肉まんに触れて】「コノ肉マン，温カクテラ（アッタ）」[→この肉まん，温かくている]

　発話時点では大学生であるが，じきに卒業してそうではなくなるという認識があるために(25)はダのテイル形を用いている。これが「もう会社員だ」という趣旨なら，近い将来の転職や離職の可能性が想定されているのでない限りテイル形にはしない。(27)は，温かい肉まんもいずれは冷めてしまうという認識があるので，形容詞「温かい」のテイル形で《一時的状態》を示している。(26)は，毛布の属性を永続的なものと見ており，テイル形にはできない。標準語では，(26)(27)も表記の違いを無視すれば「あたたかい」であ

---

*14 [　]で標準語に逐語訳したものを示す。

り，副詞や形式名詞を使わずに表し分けることはない。

　重要なのは，標準語でも北奥方言でも，《意味的な状態性》に重ねて《状態性の形態》を付すことが有標的に，非永続的で時間的な一時的状態を表すことである。これは，英語の進行形が，Jack is kind. に対して Jack is being kind. という進行形を持ち，後者が一時的な状態を意味する[*15]ことを考え併せると，普遍性を有する一つの統語原理なのではないかとすら思えてくる。これは，スペイン語のように ser と estar といったコピュラ動詞の対立になっている場合もあり，対立の実現の仕方は多様であり，述部での標示ではなく temporarily あるいは「一時的に」「いまのところ」など副詞的に意味を限定する方法もあるが，状態性述語＋未完了アスペクト形態によって，状態の一時性を表すしくみとしては普遍性のある一つの方法と考えることができる。しかし，統語原理としての普遍性は，標準日本語の文法だけを見ていても，見えてこないわけである。

　日本語における形容詞・名詞述語のテイル形は，統語形態論的には可能なものであり，標準語や東京方言をはじめとする他の地域方言では，意味論的に（あるいは語用論的に）抑制されていると考えるべきであろう。

　ここで見た例は，東北方言の一部では制約がかからないというものであるが，標準語，そして，その反照を強く受ける東京方言は他の地域方言に比べて，特殊な環境に置かれていることもあり，他の地域方言ではかからない制約がかかっていることを標準日本語の研究者は強く自覚するべきだと思うのである。標準語の言語現象が，広義の日本語全体では「非標準」ですらありうることは，重要である。

6. 内的対照と見えにくい危機

　比較言語学では，系統関係が証明された言語がない場合には，当該言語の

[*15] これは，状態動詞についてもあてはまり，Sandra lives in Kyoto. は Sandra is living in Kyoto. が一時的居住を意味するのに対して，現住地を示す無標の言い方であることにも適用できる解釈である。

変異の内部で古形の推定を行う内的再構という手法が用いられる。ここで言う当該言語の変異とは，方言のことである。内的再構によって，中央語や標準語の資料だけでは分からないことも時に明らかになり，その言語の変化をより深く立体的に理解できるようになる。同じことが，言語の対照研究や通言語学的な研究においても有効な場合があると本論では考える。これを「内的再構」になぞらえて「内的対照」(internal contrast)と呼ぶことにしたい。

　共通の基盤を持ちながら一定の差異が個々の言語変異で明確に現れたものが日本語の諸方言だと考えれば，方言(言語変異)Aと方言Bが共有する基盤の構造として許されない言語現象はいずれの方言においても不可能である。方言Aにあって方言Bにない言語現象は，共通基盤の構造としては可能であると考え，方言Bにその種の言語現象が現れないことになんらかの理由があると判断するのが自然である。それは，多くの場合，当該の意味を別の方法でも実現可能であるために使う慣習が生じなかった，つまり，「あってもよいのだが要らない」というケースである。北奥方言で「学生だ」(−：一時性)と「学生でら」(＋：一時性)が意味的対立を持つということは，日本語において状態性述語にテイルを付すことが構造的には可能であることを意味する。標準語他の方言にこの種の現象が見られないことは，その種の表し分けを必要としないからである。

　富山方言(呉西・呉東とも)では，サ変動詞「スル」に助動詞「ラレル」を後接した「シラレル」(用例は否定形「シラレン」が多い)という形式が可能である。標準語他では，「できる」があれば事足りるので不要なだけである。標準語では「する」は可能形が「できる」，受身形が「される」であって，いずれも「シラレル」とはならない。使役形も「シサセル」ではなく「させる」となる。標準語だけを見ていると，「する」は不規則動詞だから可能形や受身形・使役形も規則通りではないのだろうと考えかねない。しかし，「しさせる」が他の言語変異に存在することは，日本語に構造的にありうるものを標準語では用いないのだと分かる。漢字一字の語幹に「す」を後接させた「Xす」は現代語では「Xする」のようになり，サ変活用に部分的に五段活用が混ざっている。大正から昭和の初めにかけて見られた「Xしる」(松下(1930)に記述がある)は，現代では用いない。しかし，Xに当たる漢語が

撥音で終わって連濁を生じ「Xず」となる場合には，「Xずる」という硬い言い方と「Xじる」という日常的な言い方の双方が現在でも可能である。「訳す」に対する「訳する」「*訳しる」，また，「感ず」に対する「感ずる」「感じる」を比べて見るとよく分かる。標準語の感覚では，「しられる」「訳しる」などは舌足らずな言い方に感じられるが，なんらかの理由があって標準語では用いられなかっただけで，日本語の基本構造で許されない形だったわけでないことが確認できる。

　同様に，標準語にはない形式だが，時制辞の「た」を重ねたと思われる「たった」が各地域方言で見られる。「た」は，「てあり」から「たり」を経て成立したと考えられているが，もしも，そうならば，古い日本語の構造では，「あり」に「て」を後接させることが形態論的には可能なので「てありてあり……」と理論上無限に反復可能である。とすれば「たりたり」から「たった」が生じることは形態論では許され，一部の方言には存在するものの，東京方言や標準語では，意味論的あるいは語用論的に許容されないと説明できる。明示的な機能差のない別形式の表現は存在せず，類義で別形式の表現が可能ならそれは意味や語用に関する存在価値があるはずだと考えれば，「た」と「たった」が分化している方言は，両者の間に何かの機能差が見られるはずである(加藤 2010, Horn 1982)。

　以上のケースとは逆に，標準語で可能で諸方言で可能でない現象も見られる。従属節で敬体が用いにくいことについては従来から指摘があるが，「大学生である太郎」の意で，「大学に在籍しております太郎」は受容されても「大学生です太郎」は受容されないことから分かるように，連体修飾でのマスとデスの受容度は異なっている。理由の接続助詞(複合助詞も含む)では，「大学に在籍しております{から／ので}」でも「大学生です{から／ので}」でも東京方言では一様に受容される。しかし，上位話体に用いることの少ない地域方言の場合，東京方言と同じようには扱えない。西日本で広く使われる理由の接続助詞「ケ(ー)」「ケン」の場合，「行マスケー」「学生デスケー」は広島方言では受容されず，「です・ます」のない「行クケー」「学生ジャケー」としなければならない。一方，高知方言ではいずれも受容されると言う。北奥方言では，近畿方言のサカイと同系統と思われるスケが用いられて

いるが，やはり「行ギマススケ」「学生デススケ」は受容されないようである。これらは逆に地域方言で制約が見られるもので，構造的に可能であっても運用上発達しておらず，用いる慣習が確立していないと見られるものである。上位話体でも，地域方言を用いることの多い近畿方言では，「行マスサカイ」「学生デスサカイ」など理由の接続助詞の前に敬体が現れることに制約がないことからも，このことが確認できる。

　日本語の構造や文法を研究するとき，標準語だけを見ていると，統語形態論的に不可能なのか，統語形態論的には可能なのに別のレベルでの制約がかかっているのかが判断できない。しかし，標準語を含む日本語の諸方言のあいだで比較対照を行う「内的対照」を行えば，その現象の本質が見えてくると考えたい。むしろ，そのような内的対照を経ない日本語の考察は，単視点的な捉え方であり，時に重大な誤解や欠落を含むのではないかとおそれるのである。そして，内的対照は現代語だけを考えるわけではなく，歴史的な変化も考察に含めることで研究に広がりを与える。

　例えば，九州方言の形容詞は「甘カ」「寒カ」のように基本形（終止・連体）がカで終わるが，これは「甘くある」のクアの縮約とルの脱落で「甘カ」を生じた結果である。カは連用形語尾のクと存在の軽動詞「あり」のアの縮合であり，その類推は形容動詞にも及び「立派カ」「静カカ」なども見られる。九州方言の場合，記述の仕方によっては形容詞の全ての活用形が「〜ク」を含むと見なすことも可能で，形容詞の活用タイプを動詞の活用タイプと並行させない捉え方も成立しうる。また，古代日本語にあった係り結びが中世期に消失していったことが，動詞の活用組織の変化と連動していることはよく知られているが，琉球方言や九州方言の一部では，連体形と終止形の分化が部分的に残存している。このことは，一種の主題陳述呼応と見なしうる係り結びを再検討するための示唆をもたらすと期待されるが，一方で十分に記述がなされないうちに各地域方言が継承されないまま衰退していく状況にあるのが現実である。

　そもそも，日本語諸方言の変異の抽象としてその上位に位置付けられる「日本語」，すなわち標準語は絶滅の危機にないだけに，日本語諸方言の消失は少数民族の危機言語よりも可視性の低い問題だとさえ言える。現代日本語

の研究は，数の上では標準日本語を対象とするものが格段に多いが，実は標準語だけを考察対象とすることで，かえって日本語の本質から遠ざかってしまう可能性があることを本論では何度か指摘した。このことを，もっぱら標準語を研究対象とする研究者は自覚しなければならない。方言研究の成果は，通言語的普遍性や日本語の可塑性の範囲を示唆し，社会言語学が扱うような短い通時的変化も，比較言語学が扱うような長いスパンの変化も，いずれも推測できるデータを提供してくれるが，一方で，開けたら最後，理論的に単純化されていたものを現実の複雑さに埋もれさせてしまうパンドラの箱になってしまうかもしれない。しかし，覚悟と見通しがあれば，混乱することなく，ブレークスルーにもつながり，有益な示唆を得ることができるはずだと考えたいのである。

[引用・参考文献]
秋永一枝. 1996.「消えゆく東京弁」『東京語のゆくえ』(國學院大學日本文化研究所編).
　　129-186. 東京堂出版.
Airel, Mira. 2008. *Pragmatics and Grammar*. Cambridge: CUP.
天野みどり. 2008.「拡張他動詞文―「何を文句を言ってるの」」『日本語文法』8(1)：3-19.
月刊アクロス編集室(編). 1987.『「東京」の侵略』PARCO出版.
Harada, S.-I. 1973. Counter Equi NP Deletion. *Annual Bulletin of the Research Institute of Logopedics and Phoniatrics* 7: 113-47. University of Tokyo.(原田信一 2000. 181-215. 再録による).
原田信一. 2000.『シンタクスと意味―原田信一言語学論集』(福井直樹編) 大修館書店.
Horn, Laurence R. 1982. Toward a New Taxonomy for Pragmatic Inference: Q-based and R-based Implicature. In: Deborah Schiffrin (ed.), *Meaning, Form, and Use in Context: Linguistic Application*. 11-48. Washington D.C.: Georgetown University Press.
Hoshi, Hiroto. 1999. Passives. In: Tsujimura, Natsuko (ed.), *The Handbook of Japanese Linguistics*. 191-235. Oxford: Blackwell.
井上史雄. 2008.『社会方言学論考―新方言の基盤』. 明治書院.
イヨンスク. 1996.『「国語」という思想―近代日本の言語認識』. 岩波書店.
加藤昌彦. 2000.「宇都宮方言におけるいわゆる自発を表す形式の意味的形態統語的特徴」『国立民族学博物館研究報告』25(1)：1-58.
加藤重広. 2002.「言語使用における動機のあり方について」『富山大学人文学部紀要』36：43-50.
加藤重広. 2006a.「対象格と場所格の連続性―日本語学助詞試論(2)」『北海道大学文学研究科紀要』119：135-182.
加藤重広. 2006b.「二重ヲ格制約論」『北海道大学大学院文学研究科紀要』120：19-42.
加藤重広. 2006c.『日本語文法―入門ハンドブック』研究社.
加藤重広. 2007a.「日本語の述部構造と境界性」『北海道大学文学研究科紀要』122：

97-155.
加藤重広. 2007b.『ことばの科学』ひつじ書房.
加藤重広. 2009a.「タ形の長期記憶参照標識機能」『北海道大学大学院文学研究科紀要』127：1-27.
加藤重広. 2009b.『その言い方が人を怒らせる―ことばの危機管理術』筑摩書房.
加藤重広. 2010.「北奥方言のモダリティ辞」『北海道大学文学研究科紀要』130：125-157.
金田章宏. 2004.「青森県五戸方言形容詞の～クテル形式」『日本語のアスペクト・テンス・ムード体系―標準語研究を超えて―』(工藤真由美編). 134-165. ひつじ書房.
金田一春彦. 1950.「国語動詞の一分類」『言語研究』15：48-63.
國語調査委員會(編). 1917.『口語法別記』國定教科書共同販賣所.
倉沢進(編). 1986.『東京の社会地図』東京大学出版会.
黒田成幸. 2000.「解題 2　逆行同一名詞句削除及び関係節化」(原田信一. 2000. 795-803. 再録による)
松下大三郎. 1930.『改撰標準日本文法』中文館.
ロドリゲス，ジョアン. 1955.『日本大文典』(土井忠生訳注)三省堂(Joãn Rodrigez, *Arte da lingoa Japam, 1964-1968*, の翻訳).
真田信治. 1991.『標準語はいかに成立したか―近代日本語の発展の歴史』創拓社.
真田信治. 2001.『標準語の成立事情―日本人の共通ことばはいかにして生まれたか』PHP出版(真田信治. 1991. の増訂版).
Saito, Mamoru. 1982. *Case marking in Japanese: a preliminary study*. ms, MIT.
佐々木冠. 2006.「格」『方言の文法』(佐々木冠・渋谷勝己・工藤真由美・井上優・日高水穂). 1-46. 岩波書店.
佐々木冠. 2011.「水海道方言―標準語に近いのに遠い方言」(本書第 4 章)『日本の危機言語』(呉人恵編). 101-138. 北海道大学出版会.
柴田武. 1978.『社会言語学の課題』三省堂.
Shibatani, Masayoshi. 1973. Semantics of Japanese causativization. *Foundations of Language* 9: 327-73.
田中章夫. 1983.『東京語―その成立と展開』明治書院.
田中ゆかり. 2006.「都市の言語」『言語科学の百科事典』(鈴木良次ほか編). 380-381. 丸善.
Tsujimura, Natsuko (ed.). 1999. *The Handbook of Japanese Linguistics*. Oxford: Blackwell.
上田万年. 1895.「標準語に就きて」『帝國文學』帝國文學会(上田万年. 1897.『国語のため』50-66. 再録による. 冨山房.)
八亀裕美. 2007.「形容詞研究の現在」『日本語形容詞の文法』(工藤真由美編). 53-77. ひつじ書房.
八亀裕美. 2008.『日本語形容詞の記述的研究―類型論的視点から』明治書院.

第IV部

世界から見た
日本語の多様性

世界から見た日本語の多様性

角田　太作

1. はじめに

　私が主に研究している分野は以下の三つである。
　(a)　豪州原住民語学。東北部のワロゴ語(Warrongo)，西北部のジャル語(Djaru)，ワンジラ語(Wanyjirra)などを研究している。著書は Tsunoda (1981)などがある。
　(b)　言語類型論。世界の様々な言語を比べて，どのような共通性があるか，どのような違いがあるかを研究する分野である。著書は角田(2009)がある。
　(c)　言語消滅の危機と言語再活性化。言語がどのように消滅していくか，言語の消滅を防ぐにはどのような方法があるか，などを研究する分野である。著書は Tsunoda(2005)などがある。
　本章では，日本語と琉球語の性質を，言語類型論の観点から，即ち，世界の諸言語の中に位置づけて，考えてみる。
　私は日本語の共通語を言語類型論の観点から研究している。しかし，日本語の方言を研究したことは無い。琉球語を研究したことも無い。従って，本章で日本語の方言と琉球語およびその方言について語る時には，研究書や論文を読んで得た知識と，専門家から話を聞いて得た知識に基づいて語る。
　まず，日本語の共通語について述べる。略して「日本語」と言うことにする。

2. 日本語の共通語

　世界には，言語が 6,000 あるいは 7,000 もあると言われている。数ある言語の中で，日本語は特殊な言語であるというようなことを聞いた覚えのある方もいるだろう。私も聞いたことがある。日本語研究の大家，故金田一春彦(以下，敬称を略す)は，日本語は特殊な言語であると言っていた。(金田一(1981)などである。) その影響か，日本語は特殊な言語であると思っている人が大勢いるようだ。しかし，実は，調べて見ると，かなり多くの面で，日本語は世界の諸言語の中で，極めて普通の言語である。(このことを第 2.1 節で述べる。) ベルギー人の言語学者，故ウイレム・グロータース神父も，著書，グロータース(1984)で，そう言っていた。しかし，また，日本語には特殊な面もあるようだ。(このことを第 2.2 節で述べる。)
　以下では，文法の観点から話を進める。

2.1. 日本語の共通語(1)：普通の言語である側面

　どの言語にも他動詞文と自動詞文があるだろう。他動詞文には他動詞主語(「他主」と略す)と他動詞目的語(「他目」)があり，自動詞文には自動詞主語(「自主」)がある。日本語の例を挙げる。

　　(1)　太郎が(他主)　花子を(他目)　褒めた。
　　(2)　太郎が(自主)　笑った。

　例文(1)と(2)では，他主と自主を同じ形(「が」)で示している。一方，他目は別の形(「を」)で示している。他主の形と自主の形が同じで，他目の形が違う時，他主と自主を示す形を主格と呼び，他目を示す形を対格と呼ぶ。図１をご覧いただきたい。上に挙げた日本語の例文では，他主と自主が同じ形「が」で，他目は別の形「を」であるから，「が」を主格と呼び，「を」を対格と呼ぶ。まとめて，主格・対格型，あるいは，簡単に対格型と呼ぶ。
　対格型は世界中にあるようだ。例えば，英語でも人称代名詞(但し you と it は除く)は対格型である。代名詞 I の例を挙げる。他主の場合は I，自主の場合も I である。しかし，他目の場合は me である。従って，I は主格で，

図1　（主格・）対格型

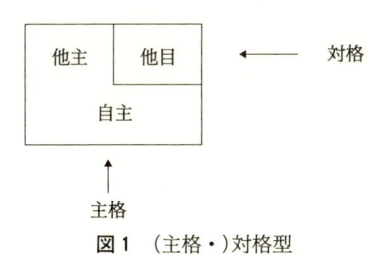

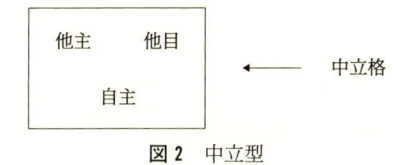

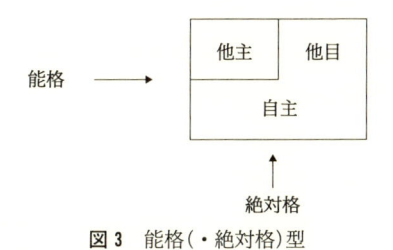

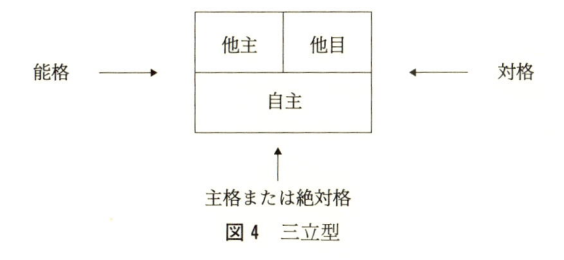

図2　中立型

図3　能格(・絶対格)型

図4　三立型

図5　他動詞文中和型

```
        動作格 →  | 他主 他目 |  ← 非動作格
                  | 自主 自主 |
```

図6　動作格型

me は対格である。

(3)　I（他主）　saw him.
(4)　I（自主）　laughed.
(5)　He saw me（他目）.

日本語では，特に話し言葉では，格助詞「が，を」を用いないで，(6)，(7)のように，言うことがある。(Øはゼロ記号と呼ぶ。何も無いことを示す)。

(6)　太郎Ø（他主）　花子Ø（他目）　褒めた。
(7)　太郎Ø（自主）　笑った。

例文(6)と(7)では，他主，他目，自主の全てが同じ形(Ø)である。格助詞無しである。他主，他目，自主の全てが同じ形である場合，中立格と呼ぶことにする。図2をご覧いただきたい。まとめて，中立型と呼ぶ。

中立型も世界中にあるようだ。例えば，英語でも，人称代名詞 you と it，および名詞では，他主，他目，自主の全てが同じ形である。即ち，中立型である。名詞 John の例を挙げる。

(8)　John（他主）　saw Mary.
(9)　John（自主）　laughed.
(10)　Mary saw John（他目）

ここまで，他主，自主，他目を同じ形で示すかどうかについて，見てきた。日本語にも英語にも，対格型と中立型の両方がある。この両方がある言語は世界各地にあるようだ。従って，この点では日本語は普通の言語である。英語も普通の言語である。

細かく見ると，日本語と英語では違いがある。日本語では，中立型は主に話し言葉で，しかも，くだけた話し方の場合に現れる。一方，対格型は書き言葉や，話し言葉でもくだけた話し方ではない場合に現れる。即ち，対格型

が現れるか，中立型が現れるかは，いわば文体のようなものによって決まる。一方，英語では，話し言葉か，書き言葉か，くだけた話し方かどうかは，関係無い。人称代名詞(但し you と it は除く)なら対格型で，名詞なら中立型である。いわば品詞によって決まる。

格には，対格型と中立型の他に，以下の型がある。図3〜図6までを，ご覧いただきたい。

図3 能格・絶対格型： 自主と他目が同じ形(「絶対格」)で，他主が別の形(「能格」)。

図4 三立型： 他主と他目と自主の全ての形が違う。仮に，他主を能格，他目を対格と呼び，自主を主格または絶対格と呼ぶことにしよう。

図5 他動詞文中和型： 他主と他目が同じ形で，自主が別の形。格の名前はよい名前が見あたらない。

図6 動作者格型： 自主のある種のものは他主と同じ形(「動作格」)で，自主の他のものは他目と同じ形(「非動作格」)。

図3能格・絶対格型(または，簡単に，能格型)は，豪州，インド北部，コーカサス，中米など，世界各地にある。ワロゴ語(豪州東北部)にもある。図4三立型は珍しいようだ。ワロゴ語など，豪州のいくつかの言語にある。図5他動詞文中和型も珍しいようだ。ロシャニ語など，パミール高原の言語にある。図6動作者格型は珍しくはないようだ。なんと，古代日本語にもあったらしい。

残念ながら，図3から図6の型について例を挙げて説明するスペースが無い。関心のある方は，角田(2009)の第3章をご覧いただきたい。

2.2. 日本語の共通語(2)：珍しい言語である側面

私は，角田(2009)で，日本語の文法は世界の諸言語の中で，極めて普通であると言った。しかし，調べてみると，珍しい側面もあるようだ。下記の文をご覧いただきたい。

(11) 明日，太郎が丸善で本を買う予定です。

(12) 私はやっと目標を達成した思いです。

(13) 外では雨が降っている様子です。

私たちは，日常，このような文を使っている。しかし，よく考えて見ると，奇妙な文である。意味の面でも，構造の面でも，奇妙である。(角田(1996)で詳しく述べた。)

[1] 意味の面。

例文(11)について言うと，「太郎」は人間である。予定ではない。例文(12)については，「私」は人間である。思いではない。例文(13)については，「雨」は自然現象である。様子ではない。以下のようには言えない。(＊は，言えない文であることを示す。)

(14) ＊太郎が予定です。
(15) ＊私は思いです。
(16) ＊雨が様子です。

それにもかかわらず(11)，(12)，(13)のような文を言う。実に奇妙である。

[2] 構造の面。

例文(11)，(12)，(13)は以下のように示すことができる。

(17) <u>明日，太郎が丸善で本を買う</u>　予定です。
(18) <u>私はやっと目標を達成した</u>　思いです。
(19) <u>外では雨が降っている</u>　様子です。

前半の部分は，それだけで，文になる。

(20) 明日，太郎が丸善で本を買う。
(21) 私はやっと目標を達成した。
(22) 外では雨が降っている。

即ち，前半の部分は，動詞述語文と同じである。一方，後半の部分は「名詞＋だ」なので，名詞述語文と同じである。名詞述語文とは，下記のような文である。

(23) 太郎が候補者だ。
(24) 私は学生だ。

(11)，(12)，(13)のような文は，体言で終わるので，私は「体言締め文」と名付けた。また，前半が動詞述語文と同じであり，後半が名詞述語文と同じである点では，人魚のようなものだ。人魚は上半身が人間で，下半身が魚である。私はこれらの文を「人魚構文」とも名付けた。

このように，人魚構文は意味の面でも，構造の面でも奇妙な文である。また，世界的に見ても珍しいようだ。人魚構文がある，または，ありそうな言語は，日本語の他に，アイヌ語，韓国・朝鮮語，モンゴル語，トルコ語，チベット語，などである。全てアジアの言語である。豪州の言語や欧州の言語には見つかっていない。従って，人魚構文が存在するという点で，日本語は珍しい言語であると言えそうだ。

ここまでは，日本語の共通語を他の諸言語と比べた。3節では，日本語の方言と琉球語の方言について述べる。

3. 日本語の方言と琉球語の方言

第2.1節では，格について，他主，自主，他目を同じ形で示すかどうかを，見た。以下では，同じことを，日本語の方言と琉球語の方言について見よう。世界の諸言語には，対格型と中立型の他に，4つの型があることを見た。日本語と琉球語には対格型と中立型だけが見つかっている。（また，動作者格型は古代日本語にもあったらしい。）

3.1. 日本語の水海道方言（茨城県）

佐々木(2004)の研究で，茨城県の旧水海道市(2006年に，旧石下町を編入合併して常総市となる)の言葉に，大変興味深い現象が見つかった。（ちなみに，旧石下町は長塚節の作品『土』の舞台だそうだ。）佐々木によると，水海道方言には，対格型と中立型の両方がある。話を分かりやすくするために，やや単純化して話すと，人間と動物の場合，即ち，有生物の場合は対格型で，無生物の場合は中立型である。有生物の場合は，他主と自主をゼロ＝Ø(主格)で表し，他目を＝godo(対格)で表す。（例文を挙げる。例文の示し方と訳などの付け方は少し変えてある。）

 (25) sensee＝Ø kodomo＝godo homeda.
    先生(他主) 子供(他目) 褒めた
    「先生が子供を褒めた。」

(26) mango＝∅　　hadaraederu.
　　 孫(自主)　　　働いている
　　 「孫が働いている。」

　無生物の場合は，他主，自主，他目の全てが，同じ形である。即ち，中立格である。形はゼロ＝∅を用いる。例文を挙げる。

(27) yama＝∅　　mizuumi＝∅　　kagonderu.
　　 山(他主)　　湖(他目)　　　囲んでいる
　　 「山が湖を囲んでいる。」

(28) tengami＝∅　　kyta.
　　 手紙(自主)　　　来た
　　 「手紙が来た。」

　水海道方言は，対格型と中立型の両方がある点では，日本語の共通語や英語と同じである。しかし，現れ方が違う。日本語の共通語では，書き言葉か話し言葉か，くだけた話し方かどうかが，問題である。いわば文体のようなものの違いだ。英語では人称代名詞(但し you と it は除く)か名詞かが，問題である。品詞の違いが問題だ。ところが，水海道方言では，代名詞と名詞が有生物を指すか，無生物を指すかが問題である。いわば品詞の下位分類が問題である。この点で，水海道方言は英語に似ている。

　水海道は東京の東北約 60 km の地にある。東京にこんなに近いところに，共通語とはこんなに違う現象が見つかったのは驚きだった。水海道方言については，本書の第 4 章もご覧いただきたい。

　実は佐々木(2004)の約 40 年前に，宮島(1956)が，水海道方言の格について，優れた分析を提示した。特に，「いきもの」の名詞と「もの」の名詞の格が違うことを指摘している。しかし，「いきもの」の名詞が対格型を，「もの」の名詞が中立型を持つことは述べていない。

3.2. 琉球語の波照間方言

　波照間島は琉球列島の最西端近く，八重山諸島の一つである。麻生(2009)の研究で，波照間方言にも大変興味深い研究が見つかった。この方言では(少なくとも主節では)，他主，自主，他目を表す格助詞は無い。全て，ゼロ

（＝∅）で表す。他主，自主，他目が全て同じ形なので，中立型である。例文(29)，(30)，(31)は代名詞 ba「私」の例文である。（例文は全て，麻生玲子が提供して下さったものである。例文の示し方と訳などの付け方は少し変えてある。）

(29) ba＝∅　　 da＝∅　　mitan.
　　 私(他主)　 あなた　　 見た
　　 「私はあなたをみた。」

(30) unu　　 pïtu＝∅　　ba＝∅　　 miri biryatan.
　　 あの　　ひと　　　 私(他目)　みていた
　　 「あの人は私を見ていた。」

(31) ba＝∅　　 paryan.
　　 私(自主)　走った
　　 「私は走った。」

次に，無生物名詞 fumon「雲」の例を挙げる。

(32) fumon＝∅　　sina＝∅　　hakosutan.
　　 雲(他主)　　 太陽　　　 隠した
　　 「雲が太陽を隠した。」

(33) aboa＝∅　　fumon＝∅　　miri biryatan.
　　 母　　　　 雲(他目)　　 みていた
　　 「母は雲を見ていた。」

(34) fumon＝∅　　ndan.
　　 雲(自主)　　 出た
　　 「雲が出た。」

既に見たように，日本語の共通語にも中立型がある。ある種の文体のようなもの(話し言葉で，くだけた話し方)の場合に現れる。一方，波照間方言では，他主，自主，他目を表す格助詞は無いから，文体などに関係無く，中立型が現れる。水海道方言にも中立型がある。無生物の場合にだけ現れる。一方，波照間方言では，有生物(代名詞を含む)であっても，中立型である。例文は(29)～(31)である。無生物であっても，中立型である。例文は(32)～(34)である。

更に，波照間方言は，日本語の共通語と水海道方言とは違って，対格型は無い。

琉球語の方言の研究で，これまで，中立型の存在の報告は無かったようだ。例えば，下地理則の研究によると，八重山諸島の東，宮古諸島の伊良部島の方言は対格型を持っているそうだ。例文(35)と(36)をご覧いただきたい。(例文はすべて，麻生(2009：76-77)から引用した。下地理則が麻生玲子に提供したものである。)

(35) kanu　　bikidum＝nu　　kanu　　midum＝mu＝du　　kurusitar.
　　　あの　　男(他主)　　　あの　　女(他目)　　　　殺した
　　「あの男があのおんなを殺した。」

(36) pztu＝nu　　budurtar.
　　　人(自主)　　踊った
　　「人が踊った。」

(＝du は副助詞のようなものと思われる。) この二つの例文では，他主と自主を同じ形(＝nu)で表し，他目を別の形(＝mu)で表している。したがって，＝nu を主格と呼べ，＝mu を対格と呼べる。即ち，対格型である。

日本語の方言も琉球語の方言も，研究は多数ある。そして，立派な成果を挙げている。しかし，他主，自主，他目を同じ形で表すかどうかについては，研究は従来非常に少なかったようだ。上で述べたように，水海道は東京からわずか60 kmの所である。しかし，佐々木冠の研究が現れるまで，水海道方言の格に，対格型と中立型の二つの型があることを，誰も指摘しなかったようだ。琉球語の方言の研究の場合でも，麻生玲子の研究が現れるまで，中立型が存在することは，誰も指摘しなかったようだ。(麻生玲子は僅か数ヶ月の調査で中立型を見つけた。)

第3節では，日本語の方言と琉球語の方言に見られる多様性を，格の観点から述べた。第4節では言語再活性化運動について述べる。

4. 言語再活性化運動

言語再活性化運動は以下の二つに分類できる。

(a) 言語保持運動：弱っている言語，消滅しかけの言語を保とうとする運動。
(b) 言語復活運動：消滅してしまった言語を復活しようとする運動。

言語再活性化運動は今世界各地で起こっている。日本でも，アイヌ語や琉球語で起こっている。しかし，言語を再活性化することは容易なことではない。私が見聞した範囲では，ニュージーランドのマオリ語の運動が最も成功しているようだ。以下では，私自身の豪州での，言語復活運動に関する経験について述べる。（アイヌ語については本書の第1章を，琉球語については第9章をご覧いただきたい。）

私はメルボルンのモナシュ大学(Monash University)の修士課程の学生だった時に，1971年から1974年にかけて，クイーンズランド州北部でワロゴ語を調査した。タウンズビル市の西北方向，ケアンズ市の南西方向で以前，話されていた言語である。ワロゴ語は1971年には既に，消滅の危機に瀕していた。主に，最後の話者アルフ・パーマー(Alf Palmer)さん（ワロゴ名：ジンビルンガイ Jinbilnggay）から記録した。パーマーさんは1981年に亡くなった。曲がりなりにもワロゴ語を話せる人は私一人になってしまった。

現地調査から4分の1世紀以上たった1998年に，現地の方々から私のところにe-mailが来た。言語復活運動を始めるから協力して欲しいという依頼だ。私は2000年3月と2001年3月にタウンズビルを訪問して，予備的な打ち合わせをした。ワロゴ語のレッスンを2002年の3月に始めて，2006年まで5回行った。1回につき，4日または5日である。下記の項目などについて，レッスンを行った。

(a) 発音と綴り。
(b) 語彙：基礎語彙，人名，親族語彙など。
(c) 単文：平叙文，疑問文，命令文など。
(d) 複文：目的節「…するために」の言い方。
(e) ミニ会話：(i)質問と答え，(ii)指示・命令と応答。

ゆっくりゆっくりではあるが，成果が挙がっていると思う。例えば，以下のような人がでてきた。(i)ワロゴ語の名前を欲しがる人または付ける人。(ii)レッスンの中でなくても，自然にワロゴ語の単語を言う人。(iii)簡単な

文ではあるが，文を言う人。(iv)英語の歌をワロゴ語に訳す人。

これは，レッスンの回数を考えたら，大きな進歩と言えるだろう。現地の方々は大変，意欲的で，これから参加したいという希望者も増えている。ワロゴ語を現地のジェームズ・クック大学(James Cook University)の科目にして欲しいという希望も持っている。

しかし，ワロゴ語の復活運動は前途多難である。一番大きな障害は財政の欠如である。財政的な事情で，レッスンに来たくても来られない人がいる。また，私も助成金を得ることができず，2006年以来，一度も行っていない。(数回，助成金を申請したが，全て失敗した。)

言語復活運動は人道的に重要であり，人類文化への大きな貢献である。しかし，助成金を得るのは非常に困難である。助成金(例えば，科学研究費補助金)のあり方を再考する必要があると思う。人道的な意義の大きい研究を高く評価して，助成金を出して欲しいと思う。

5. 何を記録すべきか？

ある言語(あるいは方言)を記録する時には，後でその記録を見た人が，その言語(あるいは方言)はどんな言語(または方言)であったか分かるように記録することが大切である(田村 2000：49)。そのためには，以下の二つが重要だ。

(a) できるだけ包括的に記録すること。
(b) できるだけ正確に記録すること。

(b)が重要であることは，自明であろう。記録が不正確では役に立たない。実は，(a)も重要である。例えば，言語再活性化運動を行うにも，(なるべく)包括的な記録が必要だ。調査者がある言語(または方言)を記録する時に，自分の興味ある側面だけを調査して，他の側面を調査しなかったとしよう。このような記録では，言語復活運動をしようとしても，大変不便である。発音は教えることができたが，単文は教えられなかった，あるいは，語彙は教えることができたが，複文は教えられなかったといった事態になってしまう。言語復活運動としては不十分である。

完全に包括的な記録を残すことは事実上不可能であろう。しかし，できるだけ包括的に記録することが重要だ。では，そのためには何をしたらよいだろうか？「ボアズの伝統」(The Boasian traditon)と呼ぶ記録方法がある。アメリカの学者フランツ・ボアズ(Franz Boas)が始めた方法と思われる。この方法では，ある言語(あるいは方言)を記録する時に，以下の三つを記録する。これを宮岡伯人は「三点セット」と呼んでいる。

(a) 文法：音韻(発音など)，形態(語の作り方)，統語(文の作り方)など。
(b) テキスト：物語を文字化して，訳，注釈などを施したもの。
(c) 語彙。

ある言語(あるいは方言)について，三点セットを記録することは，容易なことではない。例えば，物語を録音したものを文字化する作業はまさに苦痛である。しかし，三点セットを記録することは極めて重要である。

ボアズの伝統はアメリカで始まったものと思う。その後海外に広まっている。例えば，豪州では，ある言語(あるいは方言)を調査したら，三点セットを記録することは当然のこと(少なくとも，当然目指すべき目標)となっている。しかし，残念ながら，ボアズの伝統は日本ではあまり広まっていないようだ。

日本語の方言の研究も，琉球語の方言の研究も，今まで既に多大な成果を挙げた。しかし，多大な成果をもっと挙げることができると思う。そのために一番よい方法はボアズの伝統を採用することであろう。ある方言をなるべく包括的に記録しようとすると，様々な現象に気がつく。第3.2節で述べた麻生玲子の発見はその成果の例である。

三点セットの素晴らしい例は，豪州西北部のヌングブユ(Nunggubuyu)という言語を記録したジェフリー・ヒース(Jeffrey Heath)の研究である。テキストは556頁(Heath 1980)，辞書は388頁(Heath 1982)，文法は664頁(Heath 1984)という，実に驚くべき記録を残した。

私は言語類型論を研究している関係で，世界各地の様々な言語の「(a)文法：音韻(発音など)，形態(語の作り方)，統語(文の作り方)など」を読んだ。世界の諸言語の研究と比べて見ると，日本語の方言の研究でも，琉球語の方言の研究でも，文法が非常に少ない。琉球語または，その方言については，

文法概説の類は多数の成果がある。例えば Uemura(2003) である。しかし，包括的な記述をした文法書としての成果がまだ少なく，Shimoji(2008) の伊良部島方言(宮古諸島)の記録と Pellard(2009) の大神島方言(宮古諸島)の記録しか無いそうだ。日本語の方言については，このような記録は無いようだ。

　文法で私が最も感動し，最も影響を受けたのは，R.M.W. ディクソン(R. M.W. Dixon)による豪州東北部のジルバル語(Dyirbal)の研究である(Dixon 1972)。現地調査をする人に限らず，言語を研究する人全員に強くお勧めする。日本語の方言を研究する人でも，琉球語を研究する人でも，学ぶところが非常に多いと思う。

　豪州，北米，欧州などでは，博士論文としてある言語の文法を書く習慣がかなり広まっている。ディクソンのジルバル語の研究(Dixon 1972)(ロンドン大学の博士論文を出版したもの)と，私のオーストラリア西北部のジャル語の研究(Tsunoda 1981)(モナシュ大学の博士論文を出版したもの)はその例である。下地理則の琉球語伊良部島方言の研究(Shimoji 2008)(オーストラリア国立大学の博士論文)もそうだ。日本国内でも現れてきた。千田俊太郎のドム語(Dom)(パプアニューギニア)の研究(Tida 2006)(京都大学の博士論文)と，海老原志穂のチベット語アムド方言の研究(海老原 2008)(東京大学の博士論文)などである。

　日本語の方言の研究でも，琉球語の方言の研究でも，文法を書くことが活発になることを，そして，三点セットの記録をすることを期待している。従来の成果を越えた，一層多大な成果を挙げるようになると思う。

　日本語の方言の研究と琉球語の方言の研究では，音韻(発音など)と形態(語の作り方)の研究と比べると，統語(文の作り方)の研究がかなり未開拓のようだ。統語の研究も大事である。統語を記録しておかないと，言語再活性化運動で，文の作り方を教えることができない。文の作り方を知らなかったら，その言語または方言を話すことができない。

　最近になって，著しい進展が見られるようになった。例えば，格については，第 3.1 節で述べたように，佐々木冠が東京から僅か 60 km の地，水海道の方言に，そして，第 3.2 節で述べたように，麻生玲子はわずか数ヶ月の調査で，波照間方言に，それぞれ興味深い現象があることを見つけた。今後，

統語の面の研究もますます進展することを期待する。そして,今まで報告されている以上の多様性が見つかることを期待する。

[引用・参考文献]
麻生玲子. 2009.『琉球語波照間方言の動詞と助詞の研究』. 修士論文. 東京大学.
Dixon, R.M.W. 1972. *The Dyirbal language of North Queensland*. Cambridge: Cambridge University Press.
海老原志穂. 2008.『青海省共和県のチベット語アムド方言の研究』. 博士論文. 東京大学.
グロータース, W.A.(柴田武訳). 1984.『私は日本人になりたい—知りつくして愛した日本文化のオモテとウラ』大和出版.
Heath, Jeffrey. 1980. *Nunggubuyu myths and ethnographic texts*. Canberra: Australian Institute of Aboriginal Studies.
Heath, Jeffrey. 1982. *Nunggubuyu dictionary*. Canberra: Australian Institute of Aboriginal Studies.
Heath, Jeffrey. 1984. *Functional grammar of Nunggubuyu*. Canberra: Australian Institute of Aboriginal Studies.
金田一春彦. 1981.『日本語の特質』日本放送協会.
宮島達夫. 1956.「文法体系について」『国語学』25：57-66.
Pellard, Thomas. 2009. *Ōgami—Éléments de description d'un parler du Sud des Ryūkyū*. Ph.D. thesis. EHESS.
佐々木冠. 2004.『水海道方言における格と文法関係』くろしお出版.
Shimoji, Michinori. 2008. *A grammar of Irabu, a Southern Ryukyuan language*. Ph.D. thesis. Canberra: The Australian National University.
田村すず子. 2000.「危機言語の記録と資料提供の必要」『危機に瀕したげんごについて講演集(一)』(崎山理編). 33-72. (環太平洋の「消滅に瀕した言語」にかんする緊急調査研究, 2000, C001.) 大阪学院大学.
Tida, Syuntaro. 2006. *A grammar of the Dom language: A Papuan language of Papua New Guinea*. Ph.D. thesis. University of Kyoto.
Tsunoda, Tasaku. 1981. *The Djaru language of Kimberley, Western Australia*. Canberra: Pacific Linguistics.
角田太作. 1996.「体言締め文」『日本語文法の諸問題—高橋太郎先生古希記念論文集』(鈴木泰・角田太作編). 139-61. ひつじ書房.
Tsunoda, Tasaku. 2005. *Language endangerment and language revitalization*. Berlin and New York: Mouton de Gruyter.
角田太作. 2009.『世界の言語と日本語(改訂版)』くろしお出版.
Uemura, Yukio. 2003. *The Ryukyuan language*. Endangered Languages of the Pacific Rim (Series), A4-018. Osaka: Osaka Gakuin University.

付録 CD について

　付録の CD には，①おはよう，②こんにちは，③こんばんは，④さようなら，⑤お休みなさい，⑥すみません(詫びる時)，⑦すみません(礼を言う時)，⑧すみません(頼む時)，⑨おめでとう，⑩元気でね，などの挨拶ことばや小話(民話など)が，アイヌ語・北海道方言・秋田方言・水海道方言・東京弁・八丈方言・鹿児島方言・琉球語で収録されている。そのことばに関する情報やその時の状況について簡単に説明するとともに，聞き取りづらいのではないかと思われる方言については文字表記し，その標準語を記した。ただし音声をすべて文字化しているのではないので注意していただきたい。録音時の雰囲気をお楽しみいただければ幸いである。

[アイヌ語] / 佐藤　知己

　話者は，白沢なべさん(1905 年，千歳市生まれ。収録時 85〜88 歳)。1990〜1993 年にかけて断続的に収録。
1. 挨拶ことば[Track 01]
①おはよう。
　「おはよう」に相当する挨拶のことばはないようである。
②こんにちは。
　「こんにちは」に相当する挨拶のことばはないようである。昔はよその家を訪問した時，男性ならば家の外で咳払いの真似(録音音声参照)をして家の人が気づいて案内してくれるまで待った。女性ならば家の人が気づいてくれるまで外で下を向いて黙って座って待っていた。現在のように「ごめんください」と言って，案内も乞わずにいきなり家の戸を開けるなどということは昔はなかった。人に出会った時には，irankarapte という挨拶のことばも用いられるが，これは本来は長い間会わずにいた人に久しぶりに出会った時に使うことばのようである。
③こんばんは。
　「こんばんは」に相当する挨拶のことばはないようである。
④さようなら。
　辞去する時，お客は，yayitupareno an hani「気をつけていなさいね」，と挨拶する。これに対して，家の人は，yayitupareno arpa hani「気をつけて行ってね」，と挨拶する。
⑤お休みなさい。
　「お休みなさい」に相当する挨拶のことばはないようである。
⑥すみません：詫びる時。
　相手の足を踏んだ時などは，inunukaski「お気の毒に」と言って謝る。
⑦すみません：礼を言う時。
　礼を言う時は，iyayraykere「ありがとう」と言う。食べ物をもらったり，ごちそうになった時は，hap hap と挨拶する。
⑧すみません：頼む時。

k-eyramnukuri korka「私は心苦しく思いますが」という言い方がある。たとえば，物をつくってくれるように頼む時には，k-eyramnukuri korka kar wa en-kore yan「私は心苦しく思いますが，つくってください」のように言う。
⑨おめでとう。
「おめでとう」に相当する挨拶のことばはないようである。ただし，クマを獲った人に対して，hap hi oy oy「ありがたいなあ，すごいなあ」と言うことはある。hap は，肉の分配を受けることができるので「ありがたい」と言う気持ちを表し，hi oy oy は「すごいなあ，えらいなあ，感心するなあ」のような意味を表すことばである。
⑩元気でね。
別れの挨拶としては「4．さようなら」のように言うのが普通である。

2. 子守唄［Track 01］

話者白沢氏の御母堂が歌っていた子守唄。rrrrrr は舌先を震わせて出す音を仮にこのように表記したもの。

　　ho ho rrrrrr ho ho ho
　　ho ho rrrrrr ho ho ho
　　ho ho rrrrrr ho ho ho
　　ho ho rrrrrr ho ho ho
　　tapan matkaci ho ho ho　　これ，娘よ
　　tunas mokor ho ho ho　　早く寝なさい。
　　somo toyta-an kor ho ho no　　畑仕事をしないと
　　sirmata kor aep ka isam pe ne na ho ho ho　　冬になると食べ物がないんだよ。
　　ho ho rrrrrr ho ho ho
　　ho ho rrrrrr ho ho ho
　　e-mokor wa ne yak poronno ku-toyta kus ne na ho ho ho　　お前が寝たら私はたくさん畑仕事をするつもりだよ。
　　ho ho rrrrrr ho ho ho
　　poronno toyta-an kor ho ho ho　　たくさん畑仕事をしたら
　　mata aep poronno a-kor pe ne na ho ho ho　　冬の食べ物をたくさん持てるんだよ。
　　ho ho rrrrrr ho ho ho

［北海道方言］／菅　泰雄

1. 奥尻島方言の挨拶ことば［Track 02］

奥尻町は北海道の南西端，江差町の西北 61 km，瀬棚町の南西 42 km に位置する，東西 11 km，南北 27 km の離島。青森県・秋田県からの移住者が多い。小野米一『北海道方言の研究』では，奥尻島方言の音韻上の諸特色は東北方言にかようものがあり，そのような音韻上の特色が基底にあって，それが北海道内各地に広がり，内陸部を中心に北海道方言としての共通語化をすすめていったこと，北海道方言成立の下地として，奥尻島方言にみられるような特色をもった方言が存在していたことを指摘している。

話者は，安達次郎さん(1956 年，奥尻町生まれ。収録時 53 歳)で，水産加工会社を経営。2010 年 1 月収録。
①おはよう　　　　ハヨー
②こんにちは　　　オース

③こんばんは　　　オバンデス
④さようなら　　　シタラネー
⑤おやすみ　　　　オヤスミー
⑥すみません(詫びる時)　スマネガッタナー
⑦すみません(礼を言う時)　ドーモ　ワルガッダナ
⑧すみません(頼む時)　　ワリーンダケド
⑨おめでとう　　　オメデドサン
⑩元気でね　　　　なし

2. 北海道本別町における移住3世による談話[Track 03]

　話者は，粂田幸利さん(1924年，中川郡本別町生まれ。収録時80歳)。徳島方言(阿波弁)の要素を含んだ移住3世による北海道方言の談話。2004年2月収録。音声データは，2003〜2004年度科学研究費補助金基盤研究「徳島県から北海道への移住者に関する研究―言語変容を中心に」(代表者：小野米一)の調査の一環として，収録したものである。

①ムカシワ　アレダモンネ　オーツイ　ウチラ　サンジューイチネンニ
　メージサンジューイチネンニ　キタンデスヨ。アノ　オーツイ　ツキマシテネ　オーツ
　カラ　フネデ　イッシューカングライ　カケテ　コッチ　アガッテキタソーデス。
　昔は，あれだもんね，大津に　うちら31年に，明治31年に来たんですよ。大津に　着きましてね。大津から船で一週間ぐらいかけて，こっち上がってきたそうです。

②ドコノウチデモ　ムカシ　アレ　アッタカラネ　ウストキネトネ　ウン　ソレ
　ツイ　ダイタイ　アレダヨ　ヨーケ　ツクルヒトダッタラ　ダイタイ
　ヨナカゴロカラ　ネー　ナンボ　ウスモ　ヤットッタ。　オーキナウチワ。
　ウーン　ヨナカゴロカラ　ダイタイ　ハチジゴロマデ。　ウン　モチツイテタナ
　ムカシワ。ダイタイ　アレ　ジューニンイジョーダカラ　カゾクガ　ムカシワネ
　ヒトカゾク。ダカラ　コンナ　マルイテーブルデモネ　ジュー　ウチラモ
　イッツモ　ジューナンニン　オッタ。コンナ　マルイ　テーブルナンデスヨ。
　ソレデ　ケッコー　タベレタチューノネ　ツケモノ　マンナカ　オイテ
　ミソシルダケシカナイカラ　イマミタイニ　オカズガ　タクサンアッタラネ
　ヒトリデ　バショトル。サンニングライデ　トッチャウケド。ナニ　チャワント　アノ
　サラトダケダモノ。
　どこのうちでも　昔，アレ　あったからね，臼と杵とね，ウン　ソレ　ツイ　大体あれだよ，たくさん作る人だったら，大体夜中ごろからねえ，なんぼ臼も　やっていた(搗いていた)。大きなうちは。ウーン　夜中ごろから大体八時ごろまで。　ウン　餅ついてたな，昔は。大体，アレ，十人以上だから家族が，昔はね，一家族。だから，こんな丸いテーブルでもね，ジュー　うちらも，いっつも十何人いた。こんな丸いテーブルなんですよ。それで，けっこう　食べられたというのね，漬物真ん中置いて，味噌汁だけしかないから，今みたいにおかずがたくさんあったらね，一人で場所とる。三人ぐらいで，とっちゃうけど。ナニ　茶碗と皿とだけだもの。

③アノ　オブ　オブゲンシャチュ　オカネモチノウチ　オブゲンシャッテ
　イイマスヨネ。　オブゲンシャノウチワ　ジーサンダケ　ベツニ　オゼンガ　ムコニ
　アッテサ　オゼンデ　ジーサンダケ　コメノゴハンタベテ　アトワモー　…
　アノ　オブ　お分限者ちゅ，お金持ちのうち，お分限者って言いますよね。お分限者のうちは，爺さんだけ，別にお膳が向こうにあってさ，お膳で爺さんだけ，米のご飯食べて　あとはも…

④アノ　オレネ　イマデモ　オボエトルノワ　ココノ　ジーサンガ　シオカラ
　ベツニ　ソンナ　ハチニ　イレトッタ。イヤー　アノ　シオカラ　ハジメテミテ　イヤ

クイタクテ　クイタクテ　コドモノコロ　ウン　ナカナカ　シオカラナンテ
タベレナカッタデスカラネ。　　ウン　アレ　メメズミタイナモン　ナンダロト
オモッテ　ウン　ミトッタコトワ　アルワ。
　あの，俺ね，今でも覚えているのは，ここの(家の)爺さんが　塩辛を別にそんな鉢に入れていた。イヤー　アノ　塩辛初めて見て，イヤ　食いたくて食いたくて，子供のころウン　なかなか塩辛なんて食べられなかったですからね。ウン　あれ，みみずみたいもの何だろと思って，見ていたことあるは。

⑤ムカシ　ムカシ　ソノ　トクシマカラ　キタヒトガ　アノ　シバイネ
イナカシバイ　ヤッタンデスヨ。ユータリアタリ　トクニ。ウン　アノー　ソレデ
ココノ　ジーサンラ　ウチノ　オヤジラモ　イッショニ　シバイデ　アノ
ユータリノシバイタラ　アノー　キタミノホーマデ　イッタリ　ツルノホーマデ
イッタリシテ　マ　ホトンド　フユノアイダデスケドネ。
　昔，昔，その徳島から来た人が，アノ　芝居ね，田舎芝居やったんですよ。勇足辺り，特に。アノー　ここの爺さんら，うちの親父らも一緒に芝居で，アノ，勇足の芝居と言ったら，アノー　北見の方まで行ったり，つるのまで言ったりして，ほとんど冬の間ですけどね。

⑥ノーカノウチ　アレ　ブタオ　カットルンデスヨ。アノ　チョットシタウチワ
イッピキグライ　カットッテ　ソレオ　ツブシテ　ソシテ　アノ　ハコニ　イレテ
ユキ　イレテネ　シテ　レイトーガワリニシテ　ハルサキマデ　ユキ　イレカエテ
タベテオッタデスネ。アノ　アンマリ　カマドノ　ヨクナイウチワ　アシ　イッポン。
ブタノアシ　イッポン　カッテキテ　ウン　ソレオ　ソノ　ウン　シバラクワ
ユキンナカニ　イレテネ　アノー　トカ　アノー　イヌヤ　アレニ　クワレンヨーナ
ソーコノ　トコロニ　イレテ　ナ　ハルマデ　アレデモ　イケタヨナ　アノ
レイトーコ　ナクテナ。
　農家のうち，アレ　豚を飼っているんですよ。アノ　ちょっとしたうちは　一匹ぐらい飼っていて，それをつぶして，そして　アノ　箱に入れて，雪入れてね，そして，冷凍庫代わりにして，春先まで，雪入れ換えて，食べていたですね。アノ　あんまり経済状態のよくない家は，足一本。豚の足一本買ってきて，ウン　それを　ソノ　ウン　凍れるから，雪ん中に入れてね，アノ　トカ　アノー　犬やあれに食われんような倉庫の所に入れて，春まで，あれでもいけたよな。アノ　冷凍庫なくてな。

⑦モ　タイテーネ　ノーカノウチワ　イッピキ　グライ　タイテー
オッタモンダカラ　ソノー　マメノクズ　マメ　タイテ　クワシタリシテネ。
ソーユーノワ　マタ　オイシーンデスヨ，イロイロノモノ　タベテルカラネ。
ソレデモ　タイテー　ダカラ　アノ　ショーゲツカラ　ズーット　サンゲツゴロマデワ
ニク　ウン　アッタデスネ　エー。
　モ　大抵ね，農家の家は，一匹ぐらい，(豚が)大抵いたもんだから，ソノー　豆のくず豆炊いて食わしたりしてね。そうゆうのは，またおいしんですよ，いろいろのもの食べてるからね。それでも大抵，だから，アノ　正月からずうっと，三月ごろまでは，肉ウン　あったですね，ええ。

【主な特徴的要素】
①オーツイ(大津に)
②ヨーケ(たくさん)
③オブゲンシャ(お金持ち)
④オボエトル(覚えている)，メメズ(ミミズ)，ミトッタ(見ていた)
⑤トクシマ(トクシマ)　※￣は高アクセント。(以下，同)

⑥カットル(飼っている)，タベテオッタ(食べていた)，ユキ(ユ̄キ)
⑦オッタ(いた)，タイテ(煮て)，ショーゲツ(正月)，サンゲツ(三月)

[秋田方言]／日高　水穂

1. 秋田市大町の挨拶ことば
　秋田市大町は，秋田(佐竹)藩の久保田城下の外町(町人町)の中心部であり，現在も秋田市の中心商業地域である。この地域で生まれ育った男女各1名による挨拶ことばを紹介する。
(1)話者は，中谷久左衛門さん(1929年，秋田市大町生まれ。収録時81歳)。2010年12月23日収録。[Track 04]
①オハヨーガンシ。
②コンチワー。
③オンバンデシ。
④ヘンバ　マダー。
⑤オヤシミー。
⑥ワリガッタシナー。
⑦アエー　ワリゴドー。
⑧ゴメンシテケレー。
⑨オメンデトガンシ。
⑩マメンデナー。
(2)話者は，大友洋子さん(1939年，秋田市大町生まれ。収録時71歳)。2010年12月23日収録。[Track 05]
①オハヨーサン。
②コンチワー。
③コンバンワー。
④ヘンバ　マダナー。
⑤オヤシミー。
⑥ゴメナー。
⑦アエー　ワリゴド。
⑧ヘンバ　エシカ。
⑨オメンデトー。
⑩ヘンバ　ゲンキデナ。
2. 秋田県5地域における方言模擬会話
　秋田県教育委員会編『CD-ROM版秋田のことば』(無明舎出版，2003)に「秋田弁の会話例」として，県内5地域の模擬会話が収録されている。これは，方言の特徴が現れやすい語彙・文法項目を多く盛り込んだ模擬会話をあらかじめ作成しておき，それを話者自身のことばに翻訳してもらい，実演の音声を収録したものである。模擬会話の作成と音声収録は日高が担当した。
　秋田県の方言は，通常，大きく次のように区画される(市町村合併以前の地域名で示す)。これは，市町村合併前の市郡境による9区画に基づくもので，山によって遮られ，また，大きな川に沿った地域がまとまる，という点で自然の境界に一致した区画と言える。

秋田県の方言区画

北部方言	鹿角方言	①鹿角市・鹿角郡
	県北方言	②大館市・北秋田郡　③能代市・山本郡
中央方言	中央方言	④男鹿市・南秋田郡　⑤秋田市・河辺郡
南部方言	由利方言	⑥本荘市・由利郡
	県南方言	⑦大曲市・仙北郡　⑧横手市・平鹿郡　⑨湯沢市・雄勝郡

　本文中でも述べたように，この境界は強固なものではなく，個々の言語特徴は連続的に分布している。その連続的で多様な方言分布の様相をみるために，ここでは，鹿角方言，県北方言，中央方言，由利方言，県南方言のそれぞれの話者による模擬会話を紹介する。取り上げるのは，以下の「朝の会話」である。

朝　の　会　話	観点となる言語項目
A：早く，起きろ。	命令表現
B：まだ6時じゃないか。 　　もう少し寝かせろ。	ジャナイカ(確認) 命令表現
A：おまえ，今朝仕事に行く前に，畑を見に行ってくるって言ったじゃないか。	ジャナイカ(確認)
B：そうだな。じゃあ，まあ起きようかな。	意志表現
A：畑に行くのなら，トマトを取ってきてくれ。	依頼表現
B：トマトは，まだ小さくて，取れないだろう。	推量表現
A：キュウリは，どうだろう。	推量表現
B：キュウリなら，いいんじゃないかな。	ジャナイカ(推定)
A：じゃあ，キュウリを頼むよ。	
B：ああ，わかった。	
A：あれまあ。もう7時になるところだ。 　　子どもたちを起こさなければならないな。	当為表現
B：おれが起こしてくる。	
A：隣の部屋で寝ているおじいさんを起こすなよ。	禁止表現
B：わかっている。おまえの声で起きてしまうだろう。	推量表現

(1) 鹿角(鹿角市)方言の模擬会話[Track 06]

　話者は，Aが安保悦子さん(1958年，鹿角市十和田瀬田石生まれ。収録時44歳)，Bが安保雄一さん(1954年，鹿角市花輪生まれ。収録時48歳)。2002年収録。

A：ハエグ　オギロ。
B：マンダ　*ログンジンデネアナ。モー　シコシ　ネガヘロ。
A：オメァ　ケサ　シゴドサ　エグ　メァニ　ハダギサ　ミニ　エッテクルッテ　*ヘッ

タンベ。
B：ンダナ。*ヘンバ　マンジ　*オギロガナ。
A：シタラ　ハダギサ　*エグオンダラ　トマト　トッテキテケロ。
B：*トマトンダンバ　マンダ　*チャッコグッテ　トラエネァエンダ。
A：キューリンダンバ　ドンダンベ。
B：キューリンダンバ　エーオンデネァナ。
A：ヘンバ　キューリ　タノムデ。
B：オー　ワガッタ。
A：*アエンシカ。モー　シチンジニ　ナルドゴンダ。*コンドモンドゴドモ　*オゴサネァンバネァナ。
B：オレ　オゴシテクル。
A：トナリノ　ヘヤンデ　*ネデラ　ジッチャゴド　オゴスナヤ。
B：*ワガッテラ。オメノ　コエンデ　*オギデシマウゴッタ。

【語句解説】
ログンジンデネァナ：6時じゃないの。
ヘッタンベ：言っただろう。「言う」を「ヘル」という。「ベ」は推量を表す。
ヘンバ：それでは。じゃあ。
オギロガナ：起きようかな。一段動詞意向形の語尾が「〜ロ」となる。
エグオンダラ：行くのなら。「オンダラ」は「(の)なら」にあたる仮定条件の接続表現。
トマトンダンバ：トマトなら。トマトは。「ンダンバ」は，「なら」もしくは「は」にあたる表現。
チャッコグッテ：小さくて。
アエンシカ：あれまあ。失敗したときなどにあげる感嘆詞。
コンドモンドゴドモ：子どもたちをも。「ンド」は人の複数語尾。「ゴド」は目的語を表す助詞。
オゴサネァンバネァナ：起こさなければならないな。
ネデラ：寝ている。
ワガッテラ：わかっている。
オギデシマウゴッタ：起きてしまうだろう。鹿角地方および隣接する青森県東部，岩手県北部では，推量表現として「ゴッタ」を用いる。

(2) 県北(藤里町・峰浜村)方言の模擬会話[Track 07]
　話者は，Aが佐藤公子さん(1957年，藤里町藤琴生まれ。収録時45歳)，Bが皆川雅仁さん(1960年，峰浜村(現 八峰町)水沢生まれ。収録時42歳)。2002年収録。
A：ハヤグ　オギレ。
B：マンダ　*ログンジンダンデガ。モ　*サット　ネヘデケレジャ。
A：オメァ　ケサ　シゴドサ　エグ　メァニ　ハダゲ　ミニ　エッテクルッテ　*シャンベッテラッケンデガ。
B：アー　ンデアッタナ。シタラ　マンチ　オギッカ。
A：ハダゲサ　*エグゴッタンバ　トマト　トッテキテケレジャ。
B：*トマトンダンバ　マンダ　*チッチェンビョン。
A：キューリンダンバ　ドンダ。
B：キューリンダンバ　エーンビョン。
A：シタラ　キューリ　タノムジャ。
B：ワガッタ。
A：*アエシカ。*エッチニハ　シチンジンダ。*ワラシンドドゴ　*オゴサネァンバネァナ。

あえしか！
B：オレ　オゴシテクルジャ。
A：トナンノ　ヘヤンデ　*ネデラ　ジーサマドゴ　*オゴサネァエネシェヤ。
B：*ワガッテラジャ。オメカノ　デッケ　コエンデ　オギデシマウンベシャ。
【語句解説】
ログンジンダンデガ：6時じゃないか。
サット：少し。ちょっと。
シャンベッテラッケンデガ：言っていたじゃないか。単に「話す」「言う」ことも「しゃべる」という。「ッケ」は話し手が観察したことを報告する意味。
エグゴッタンバ：行くのなら。「ゴッタンバ」は「（の）なら」にあたる仮定条件の接続表現。
トマトンダンバ：トマトなら。トマトは。「ンダンバ」は，「なら」もしくは「は」にあたる表現。
チッチェンビョン：小さいだろう。「ンビョン」は「ンベモノ」の縮約形で推量を表す。
アエシカ：あれまあ。失敗したときなどにあげる感嘆詞。
エッチニハ：とうに。すでに。
ワラシンドドゴ：子どもたちを。「ンド」は人の複数語尾。「ドゴ」は目的語を表す助詞。
オゴサネァンバネァナ：起こさなければならないな。
ネデラ：寝ている。
オゴサネァエネシェヤ：起こさないようにしろよ。
ワガッテラジャ：わかっているよ。

(3) 中央(秋田市)方言の模擬会話［Track 08］
　話者は，Aが高橋保子さん(1958年，秋田市土崎生まれ。収録時44歳)，Bが武藤祐浩さん(1963年，秋田市新屋町生まれ。収録時39歳)。2002年収録。
A：ハヤグ　オギレ。
B：マンダ　*ログンジンダネァガ。モー　チョット　ネヘデケレ。
A：アンダ　ケサ　シゴドサ　エグ　マエニ　ハダゲ　ミニ　エグッテ　*エッテダッタヨナ。
B：ンダ。*センバ　マンジ　オギッカナ。
A：ハダゲサ　エグンダンバ　*トマトドゴ　トッテキテケレ。
B：*トマトンダンバ　マンダ　*チッチェンビョン。
A：キューリンダンバ　ナントンダンベ。
B：キューリンダンバ　エーンベ。
A：センバ　キューリ　トッテキテケレ。
B：ワガッタ。
A：*サエ。*エッチニ　シチンジンダ。*コンドモガダドゴ　*オゴサネァンバネァナ。
B：オレ　オゴシテクルガ。
A：トナリノ　ヘヤンデ　ネデル　ジーサンドゴ　オゴサネァヨーニナ。
B：*ワガッテダ。オメァノ　オーゴエンデ　オギデシマウンベサ。
【語句解説】
ログンジンダネァガ：6時じゃないか。
エッテダッタ：言っていた。「言っていてあった」の縮約形。
センバ：それでは。じゃあ。
トマトドゴ：トマトを。「ドゴ」は目的語を表す助詞。
トマトンダンバ：トマトなら。トマトは。「ンダンバ」は，「なら」もしくは「は」にあた

る表現。
チッチェンビョン：小さいだろう。「ンビョン」は「ンベモノ」の縮約形で推量を表す。
サエ：あっ。失敗したときなどにあげる感嘆詞。
エッチニ：とうに。すでに。
コンドモガダドゴ：子どもたちを。「ガダ」は人の複数語尾。「ドゴ」は目的語を表す助詞。
オゴサネァンバネァナ：起こさなければならないな。
ワガッテダ：わかっている。

(4) 由利(鳥海町)方言の模擬会話[Track 09]
　話者は，Aが小松裕美子さん(1951年，鳥海町(現 由利本荘市)栗沢生まれ)，B：が小松茂樹さん(1948年，鳥海町(現 由利本荘市)才ノ神生まれ)。2002年収録。
A：トーサン　ハエグ　オギルンダ。
B：マンダ　*ログンジンダネァガ。モ　*バッコ　ネシェデクエ。
A：ンダッテ　ケサナンバ　シゴドサ　エグ　メァ　ハダゲ　ミニ　エッテクルッテ　ユッタンデネァッケガ。
B：アー　ンダ　ンダ　*シェンバ　*オギロガナ。
A：ハダゲサ　*エグラ　トマト　トッテキテクエネァガ。
B：*トマトナンバ　マンダ　*ベッテァガロオノ。
A：キューリナンバ　ナッテナモンダロ。
B：キューリナンバ　エー　アンデァガ。
A：シタラ　キューリ　タノムジャ。
B：ン　ワガッタ。
A：ワア。シチンジンダデァ。*コンドモダドゴ　*オゴサネァモネァナ。わあ！
B：ンダガ。オレ　オゴシテクルデァ。
A：トナリノ　ヘヤサ　ネデル　ジッチャドゴ　オゴスナヨ。
B：ワガッタ。カエッテ　オメァナノ　オーゴエンデ　オギデシマウンダデァ。

【語句解説】
ログンジンダネァガ：6時じゃないか。
バッコ：少し。ちょっと。
シェンバ：それでは。じゃあ。
オギロガナ：起きようかな。一段動詞意向形の語尾が「〜ロ」となる。
エグラ：行くなら。「ガラ」は「なら」にあたる仮定条件の接続表現。「ク(形容詞活用語尾)＋アレバ」の縮約した形式で，原因・理由を表す「から」ではない。
トマトナンバ：トマトなら。トマトは。「ナンバ」は，「なら」もしくは「は」にあたる表現。
ベッテァガロオノ：小さいだろう。「ガロ」は推量を表す。「オノ」は「もの」に由来する終助詞。
コンドモダドゴ：子どもたちを。「ダ」は人の複数語尾。「ドゴ」は目的語を表す助詞。
オゴサネァモネァ：起こさなければならない。「〜ネァンバネァ」の「ンバ」が「マ」に変化し，さらに「モ」に変わったもののようである。

(5) 県南(大曲市・神岡町)方言の模擬会話[Track 10]
　話者は，Aが富山セツさん(1947年，大曲市(現 大仙市)藤木生まれ。収録時55歳)，Bが富山信一さん(1945年，神岡町(現 大仙市)神宮寺生まれ。収録時57歳)。2002年収録。
A：ハエグ　オギレ。
B：マンダ　*ログンジンダネァガ。モー　シコシ　ネガヘレデア。

A：オメァ　ケサ　シゴドサ　エグ　メァニ　ハダゲ　ミニ　エッテクルッテ　*シャンベッテラッケネァガ。
B：ンダナ。シタラ　マンジ　オギルガナ。
A：シタラ　ハダゲサ　*エグゴッタラ　トマト　トッテキテケレ。
B：*トマトナンバ　マンダ　*チチャケグデ　*トラエネァンベオン。
A：キューリナンバ　ナッタンダンベ。
B：キューリナンバ　エーナンデネァガ。
A：ヘンバ　キューリ　タノムデァ。
B：ンー　ワガッタ。
A：*アヤシカ。*アド　シチンジ　ナルドゴンデネァ。*ワラヘダドゴ　*オゴサネァネァナ。
B：オレ　オゴシテクル。
A：トナリノ　ヘヤンデ　*ネデラ　ジッシャドゴ　オゴスナヨ。
B：*ワガッテラ。オメァノ　コエンデ　オギデシマウンベオン。

【語句解説】
ログンジンダネァガ：6時じゃないか。
シャンベッテラッケネァガ：言っていたじゃないか。単に「話す」「言う」ことも「シャンベル」という。「ッケ」は話し手が観察したことを報告する意味。
エグゴッタラ：行くのなら。「ゴッタラ」は「(の)なら」にあたる仮定条件の接続表現。
トマトナンバ：トマトなら。トマトは。「ナンバ」は，「なら」もしくは「は」にあたる表現。
チチャケグデ：小さくて。
トラエネァンベオン：取られないだろう。「ンベオン」は「ンベ＋モノ」に由来する表現で推量を表す。
アヤシカ：あれまあ。失敗したときなどにあげる感嘆詞。
アド　シチンジ　ナルドゴンデネァ：もう7時になるところじゃない。
ワラヘダドゴ：子供たちを。「ダ」は人の複数語尾。「ドゴ」は目的語を表す助詞。
オゴサネァネァナ：起こさなければならないな。
ネデラ：寝ている。
ワガッテラ：わかっている。

3. 秋田県旧由利郡鳥海町猿倉における談話［Track 11］
　2001年6～7月に「消滅する方言文法・表現法の緊急調査研究」(代表者：真田信治)の調査の一環として，秋田県由利山間部において自然談話の録音調査を実施した。ここでは，そのうちの旧由利郡鳥海町(現　由利本荘市鳥海町)猿倉出身の真坂マサヨさん(1915年生まれ。調査当時86歳)の談話を紹介する。2001年6月27日収録。
　鳥海町を含む秋田県由利地方の方言は，南に隣接する山形県庄内地方の方言と共通する現象を多数備えており，秋田県の他の地域とは一線を画する独自の位置づけを持つ。由利地方の方言が，庄内地方の方言と共有する言語特徴のうち，代表的なものに推量の表現がある。東北地方の方言は全般的に，推量の表現に「ベ」を用いるが，由利・庄内地方では，由利海岸部と庄内地方で「デロ」，由利山間部で「ガロ」が用いられる。
　鳥海町を含む由利山間部の方言は，由利・庄内方言の中でもさらに特異な位置づけがなされるべきものである。由利海岸部の方言の特徴は，隣接方言(北部は秋田市方言，南部は庄内方言)からの影響関係で説明できる場合が多い。一方，汎用の推量辞として，形容詞の活用語尾である「ガロ」を用いるという現象は，由利山間部でのみ起いていることであり，この地域が他の地域と切り離されて，独自の言語使用を発達させる状況に置かれて

いたことを窺わせる。さらに，山形県境に鳥海山を頂く地理的な位置づけから，特に鳥海町は，この地域のことばの「吹き溜まり」ともなり，幾層にも重なることばの変遷過程を，かなり古い段階のものから見渡せる可能性を残した地域だと言える。

　話者は，真坂マサヨさん(1915年生まれ・女性・秋田県旧由利郡鳥海町猿倉出身。収録時86歳)，聞き手は日高水穂(1968年生まれで山口県柳井市出身)。2001年6月27日収録。下記の7点に注意のこと。①この資料は，上記の話者の昔語りを文字化したものである。②聞き手の発話は，――の後に漢字仮名交じり表記で示す。③話者の発話は，カタカナによる音声表記で示す。音声表記の表記体系は，本文中の表1(秋田方言モーラ表)に従う。④話者の発話は，基本的にひとまとまりの発話ごとに区切り，通し番号を付す。⑤標準語訳は可能な限り逐語訳となることを目指したので，標準語としては不自然な部分もある。⑥《　》は談話収録場面の状況説明および標準語訳の言い換え。⑦[　]は言語化されていない部分の補足。

【話　題】ウサギの食べ方，バンドリ(ムササビ)の皮の話
――ウサギって，獲ったらどうするんですか。食べるの？
01：ウン？　え？
――ウサギっていうのは食べたことあります？
02：アル。ある。
――どうやって食べるんですか。
03：ウン？　え？
――ウサギって，どうやって食べるんですか。
04：ウサギドゴガ。ウサギをか。
05：マンジ　アノ　アレァ　アシサ　《言い直し》　テー　ニホン　アシ　ニホン　アルガロ[1]。まず，あの，あれは，足に，手が2本，足が2本あるだろう？
06：シホン　アルガロ。[合わせて]4本あるだろう？
07：ヘンバ　コッチノ　ホー　ウシロ　ヘンバヨ　ウシロノ　アシァドゴ[2]　エッポンジジ　コー　ナワンデ　ユッチケデヨ　ナニガサ　コー　ユッチケルナヨ　アシァドゴ　エッポンジジ　ナワコンデ。そうしたら，こっちの方，後ろ，そうしたらよ，後ろの足のところを1本ずつ，こう，縄で結いつけてよ，何かに，こう，結びつけるのよ，足のところを1本ずつ，縄で。
08：ヘンバ　コゴノ　アダリ　コー　ハシュメデ　ナンボガ　キジコ　チケデ　カワコ　サエデヨ　ソシテ　アノ　コガダナコンデ　チチチード　タグルモンダ。そうしたら，ここのあたりを，こう，はさんで，いくらか傷をつけて，皮を裂いてよ，そして，あの，小刀でツツツーと剝くもんだ。
09：リョーホーノ　アシ　ヘッテ　タグッテ　ヘンバ　コンダ　コー　ハラノ　ドサ　クルガロ。両方の足をそうやって剝いて，そうすると，今度は，こう，腹のところにくるだろう？
10：ソーエッテ　ジーット　タグルナヨ。そうして，ずーっと剝くのよ。
――ああ，じゃあ，きれいに皮が剝けて……。
11：ンダ　ンダ　ンダ　キレーニ　ムゲデヨ。そうだ，そうだ，そうだ，きれいに剝けてよ。
12：ムガシナンバ　ソノ　カワンダテ　ミンナ　エダサ　ハッテヨ　クギンデ　ヒロゲデ　ハッテ　ソノ　カワ。昔は，その皮だって，みんな板に張ってよ，釘で広げて張って，その皮を。
13：コンダ　カワカエンデラ[3]　クルモンダッケァ　オラ　ベダァ[4]　ドギナンバナ。今度は，皮買いとかが来るもんだったよ，私が小さい時ならな。

14：オラ　アノ　ガッコーサ　デデルコロナンバ。私が，あの，学校に出ている頃なら。
15：ヨグ　モモヤゲ　アダリノ　ヒトダジダ　カワ　カウィー　クルモンダケ　ウサギノ　カワ。よく百宅《鳥海町の中の地名》あたりの人たちが，皮を買いに来るものだった，ウサギの皮を。
16：アレ　ナンボ　ゴンジュッセングレァモ　シタンデネァガ。あれ，いくら，50銭くらいもしたんじゃないか。
17：ウサギノ　カワンデラナノ　バンドリノ　カワンデラナノヨ。ウサギの皮だの，バンドリ《ムササビ》の皮だのよ。
——バンドリ？
18：バンドリデユーオナ　ヨル　デルナ。バンドリっていうものは，夜出るの。
19：ヨル　キカラ　キサ《言い直し》　アノ　バンドリデユーオナ　ヤッパリ　テッコド　ヨ　アシコド　コー　アルナヤ。夜，木から木に，あの，バンドリっていうものは，やっぱり，手とよ，足と，こう，あるのよ。
20：コノ《言い直し》　コゴノ　カワコ　チジエデルモンダオナ。この，ここの皮が，続いているんだものな。
21：ウッシーモンデヨ　コノ　カワコヨ。薄いものでよ，この皮がよ。
22：ソシテ　アノ　コノ　テッコド　アシコド　ハナシテ　ソレモ　ヤッパリ　コノ　シェナガノ　アタリ　コロット　シテルモンダハゲァ[5]　エダサ　ハルナヨ。そして，あの，この手と足を離して，それもやっぱり，この背中のあたりがころっとしてるものだから，板に張るのよ。
23：エダサ　ハレンバ　コゴノ　ハラノ　アダリノ　カワコヤ　ウッシーナヨ。板に張れば，ここの腹のあたりの皮は薄いのよ。
24：ソエナ　アノ　メッタニヤ。そういうのは，あの，滅多には……。
25：オラ《言い直し》　オラ　オヤンジダ　ソノ　マダギンダモンダッケンドモヨ　モシガ　アノ　ハラノ　アダリサ　アノ　ホラ　テッポノ　タマ　アダッタリヘンバ　アナコ　アグガロ。私，私の父親たちは，その，マタギだったけれどもよ，もし，あの，腹のあたりに，あの，ほら，鉄砲の弾があたったりすれば，穴が空くだろう？
26：ソノ　ウッシードサ　アナコ　アエダリヘンバ　ウラエネァナエナ。その薄いところに穴が空いたりすれば，売れないのよな。
27：ヘンバ　ソゴ　ジーット　オラ　モラッテ　トッテヨ　デ　アノ　コンドモダ　ベダ　ジギナンバ　アレァ　アノ　ボッチコ　コセァデ　ヨグ　アノ　コー　トンガッタ　アノ　サンカグボッチコ　ミダ　ゴダァ　ネァガ。そうすると，そこをずっと私がもらって取ってよ，で，あの，子供たちが小さい時なんか，あれは，あの，帽子を作って，よく，あの，こう，とがった，あの，三角帽子を見たことはないか？
——あー，はいはい。
28：ナ　ソレ　コゴサ　アレヤ　アノ　カワコァ　クッチーデルナ　アルモンダエンバ　ウルナモ。な，それ，ここにあれは，あの，皮がくっついているのがあるもんじゃない？　売るのも。
29：アーユーナ　コサ　コー　コノ　ハラノ。ああいうのをここにこう［飾りとして付けて］，この腹の［あたりの皮を］……。
30：ヨル　トンブンダドヨ　ソノ　バンドリデユーオナ　ジーット　ソノ　ハゲコンデ。夜，飛ぶんだってよ，そのバンドリというものは，ずーっと，その羽で。
31：ソノナ　コー　クッチケデ　コセァルド　マンジ　キレーンダモンダオナ。そのもの《皮》を，こう，くっつけて，［帽子を］作ると，まあ，きれいなんだもんな。
32：コー　アノ　コー　アレ　クッチケデ　アート　ハラノ　ソノ　カワコ　ヌエチケデ

ウッシーモンダハゲァ　コゴサ　コー　ウジサド　ソドサド　コー　ヌエンバ　コゴ
コー　ソノ　カワコ　シレグモ　ネァ　ウッシー　ナンボガ　アノ　コッテァンデ
ンダ　エロンダモンダモノナ。こう，あの，こう，あれ，くっつけて，えーと，腹の，
その，皮を縫いつけて，薄いもんだから，ここに，こう，内にと外にと，こう縫えば，
ここ，こう，その皮は白くもない，薄い，いくらか，こんなような《手元にあった
『イエローページ』の表紙を指して》色なんだものな。

33：キレーナモンダ　ソノ　シャッポコ[6]　デユーオノ　コセァデ　ワ[7]　エナサモ　カン
　　ブシテ　オラ　クエダ[8]　モンダ。きれいなものだ，その帽子っていうものを作って，
　　自分のうちの[子]にもかぶらせて，私はあげたものだ。
34：ヒトダ　ホレ　マダギ　シテネァナンバ　ネァガロッタ。[他の]人たちは，ほら，マ
　　タギをしていなければ，[バンドリの皮を手に入れることは]ないだろう？
35：オレァ　オヤンジァ　シタナ　ソレ　モラッテヨ。私は，父親が[マタギを]したのを，
　　それを，もらってよ。
36：マンジ　メンケモンダ。まあ，かわいらしいものだ。
37：ソエナ　コセァデ　クエダモンダ　ヒトダサ。そういうような[帽子を]作って，あげ
　　たものだ，人たちに。

【注】
1）推量辞として「ガロ」が用いられている。
2）「ドゴ」は「を」に相当する目的語を表す格助詞相当形式。
3）「デラ」は「ダヤラ」に由来すると考えられる副助詞相当形式。
4）「ベデァ」は「小さい」の意味。秋田県南部で用いられる。「ベッテァ」とも。
5）「ハゲァ」は「サカイ」に由来する原因・理由の接続助詞。サカイ系の原因・理由の接
　　続助詞の使用も，由利・庄内方言に共通する特徴である。
6）「シャッポコ」は「シャッポ(帽子)」に指小辞「コ」の付いたもの。
7）「ワ」は「自分」の意。「ワ　エ」は「自分の家」。
8）この地域の方言では，「くれる」は[r]が脱落して「クエル」と発音される。「クエル」
　　は，遠心的方向の授与(私が他者にやる)，求心的方向の授与(他者が私にくれる)のい
　　ずれの用法でも用いられる。

【付記】この文字化資料は，日高水穂「秋田県由利郡鳥海町方言の談話資料と文法解説」
(真田信治編『消滅に瀕した方言語法の緊急調査研究(1)』科研費研究成果報告書，2002
年，pp. 49-113)で報告したものの抜粋である。音源については，秋田県教育委員会編
『CD-ROM版秋田のことば』(無明舎出版，2003)にデータ提供し，「秋田を語る」の中に収
録されている。

[水海道方言]／佐々木　冠

　音声データは，大貫司郎さん(1928年，常総市大生郷生まれ。収録時82歳)によって提
供されたものである。2010年7月26日収録。
　以下にリストアップした挨拶表現は，複数の水海道方言の話者が用いているものであ
るが，決して網羅的なものではない。特に，対人関係によって表現が変わる挨拶の場合，一
定の秩序はあるものの，挨拶表現の使い分けに個人差がある。
1. 挨拶ことば[Track 12]
①おはよう。
　親や兄弟，子供：声かけなし。

オハヨー：学生時代の恩師，目上の人，配偶者の友人
オーウ：同年輩の人
オーウ，オハヨー：目下の人
②こんにちは。
なし(頭を下げる)：学生時代の恩師
コンニチワ：近所の目上の人，配偶者の友人
オーウ：同年輩の人，目下の人
③こんばんは。
コンバンワ
④さようなら。
イーヤ　コラ　スッカリナガイシッチャッテ，ヒマトラセッチャッタナ：長居したとき
ゴッツォサマ：家を出るとき
ジャ　マタ。ソノウチ　アーベナ：道で別れるとき
ンジャ　マタ　コーナ：客を送り出すとき
⑤お休みなさい。
オレワ　モー　ネルガラ；サギ　ヤスムガラナ
⑥すみません：詫びる時。
キョーワ　ヨー　デキチャッタカラ，イゲネガラ：誘いを断るとき
ワリゴドシチャッタ，コリャ；ワルガッタナ：謝罪のとき
⑦すみません：礼を言う時。
ワルイナ；アリガトー
⑧すみません：頼む時。
ワリーゲド，コレ　ヒトツ　ヤッテクンネーガ
⑨おめでとう
オメデトー：婚礼
オメデトー，ヨガッタネー；ジョーブンナッテ　ヨガッタネ：出産
⑩元気でね。
「④さようなら」を参照。

[東京弁]／秋永　一枝

発音者のあらましを次に記す。AよりHは発音・アクセント，F′G′Iより以下は挨拶など。
話者：生育地・生年・性(職業)[Track 13]
(A)TT：港区麻布・1898年・女性(下座ばやし)
(B)SS：墨田区本所・1899年・男性(洗い張り師)；KK：墨田区本所・1901年・男性(蒔絵塗装)
(C)SY：文京区小石川から本郷・1903年・女性(主婦)
(D)OD：中央区八丁堀・1905年・男性(板金業)；IK：中央区八丁堀・1907年・女性(畳屋)
(E)KH：台東区浅草・1905年・男性(浮世絵刷り師)；KN：台東区浅草・1922年・女性(主婦)
(F)HT：墨田区本所・1910年・女性(鳥屋)
(F′)　：Fに同じ

（G）IH ：港区芝・1921年・女性（主婦）
（G′）　：Gに同じ
（H）KA ：港区青山・1923年・男性（研究員）
（ I ）US ：台東区根岸・1917年・女性（主婦）

[八丈方言] / 金田　章宏

　話者は，最初が沖山恒子さん(1910年，末吉地区生まれ。収録時99歳)，2番目が福田栄子さん(1939年，中之郷地区生まれ。収録時70歳)である。2009年11月30日収録。民話「おっかしくすぐり」は，奥山熊雄さん(1916年，三根地区生まれ。収録時84歳)である。2001年8月5日収録。
1-1. 挨拶ことば(1)沖山恒子さん[Track 14]
①朝の訪問の挨拶(家族同士ではやらない。)
　　オキターカーイ。起きたかい。
②日中の訪問の挨拶
　　対等以下に対して：イェン　アロカーイ？　家にいるかい？
　　目上に対して：イェン　オジャロカーイ？　家にいらっしゃいますか？
③日中に道で会って
　　ドキー　ウェーターイ？　どこへ行ったの？
　　カイモノダラー。買い物だよ。：返事
④夕方～夜，道で会って
　　アッタ　コノ　ヨル　ドキー　ウェーター？　この夜にどこへ行ったの？(アッタにとくに意味はない)
⑤ふつうの別れの挨拶
　　アバヨーイ。さようなら。
⑥寝る前の挨拶
　　ハリャ　ネロジャ。もう寝るよ。
⑦謝罪
　　ザンメーヨーイ。ごめんなさいね。
⑧一般的なお礼
　　オカゲサマー。ありがとうございます。
⑨お祝いのためにその家を訪ねて。「おめでとうございます」に相当するものはない。
　　ユウェーダッチージャーイ。ワレモ　モッテ　キタラヨー。お祝いだそうですね。私も(祝いの品を)持ってきたよ。
⑩別れの挨拶(帰る人に)
　　ノー　オジャレヨーイ。またいらっしゃいね。
(2)福田栄子さん[Track 15]
①朝の挨拶
　　家族同士ではやらない。
　　ヤスミヤッタカー？　休みましたか？
②日中の挨拶
　　ゲンキデオジャローカー？　元気でいらっしゃいましたか？
③ふつうの別れの挨拶
　　アバヨーイ。さようなら。

④寝る前の挨拶
　　ハラ　ネロワ。もう寝るよ。
⑤謝罪
　　アリアリ　カンベンシテ　タモーレヨー。あらあら，許してくださいね。
⑥一般的なお礼
　　オカゲサマデー。ありがとうございます。
⑦お祝いの挨拶：訪問して
　　「おめでとうございます」に相当するものはない。
　　キーワ　テンキモ　ヨクテ　ヨカロアジャー。きょうは天気もよくてよかったね。
⑧別れの挨拶：長い別れ
　　オモワレロジャノー。マタヨー。思われるねえ。またね。
⑨すみません。
　　「すみません」に相当するものはない。
2. 民話「おっかしぐすぐり」[Track 16]
①ムカシ　ムカシ　ママコト　ホンコノ　フタイオトーネガ　アララッテイガ　ソノ　ママホーガ　ソノ　ママコ　ホンコウ　ブンナベデ　ソダテテ　アララッテイガ
②イツノカ　ヒ　ホンコニワ　フツーノ　メショ　ニテ　ナナチャン　ヨソッテ　カマセナガラニ　ノウ　ソノ　ママコガラワ　ミッツブゲーヨ　ニトッテイ　シッカリ　カマセロ　フーニ　ボーウケ　ドンブリー　ヨソッテ
③ジンジョウ　メーレ　ヨウテッチャ　グスグリ　ジンジョウ　メーレ　ヨウテッチャ　グスグリ　シタラッテイガ　ソゴンスト　ソノ　ママコガ　チョウド　ソレイ　シッツーロ　ナセン
④ジンジョウ　メーレ　ヨウテッテ　グスグルトワ　ソノ　フタツブ　ミッツブシカ　ヘーテ　ナッケ　コメツブー　シッツーリナガー　ワローローデ　ノドン　ヒッカケテ　マルバラッテイジョウテノ　ハナシ

①むかしむかし，継子と実子の二人きょうだいがいたそうだが，その継母が，その継子・実子を別ナベで育てていたそうだが，
②ある日，実子にはふつうのご飯を炊いて茶碗によそって食べさせながら，また，その継子の分には，三粒粥を炊いて，たくさん食べさせているように，大きなどんぶりへよそって，
③たくさんお食べ，といってはくすぐり，たくさんお食べ，といってはくすぐったそうだが，そうすると，その継子がちょうどそれをすする拍子に，
④たくさんお食べ，といってくすぐると，その，二粒，三粒しか入っていない米粒を飲みながら，笑ったので，のどにひっかけて死んだそうだという話。

[鹿児島方言] / 木部　暢子

1. 挨拶ことば [Track 17]
　　話者は，海江田和子さん (1927年，鹿児島市出身。収録時83歳)。2010年12月11日収録。
・待遇度が関係する場合は「目上へ」と「同等・目下へ」の注記をつけた。注記がない場合は，「目上」「同等・目下」のどちらにも使える。どちらかというと，丁寧な言い方である。
・高く発音する部分の上に線を入れた。

①おはよう。
　ハヨ　ゴアンガ：目上へ
　ハエ　ナー：同等・目下へ
　キュワ　マダッ　ゴアシタ。今日はまだでございましたね(一日のうちで初めて会った時の挨拶)。
②こんにちは。
　コンニチワ　マダッ　ゴアシタ。今日はまだでございました。
③こんばんは。
　ヨカ　バン　ゴアス　ナー。いい晩でございますね。：目上へ
　ヨカ　バン　ナー。いい晩ですね。：同等・目下へ
　シメヤシタ　カ。(夕食は)済みましたか。
④さようなら。
　ホンナラ　マタ　ゴアンソ。それならまたでございましょう：目上へ
　ソィナラ。それなら：同等・目下へ
　マタッ　ゴアンソ。またでございましょう。
　インマッ　ゴアンソ。今でございましょう(このあとまた会う時に使う)。
　メニッ　ゴアンソ。明日でございましょう(明日会う時に使う)。
⑤お休みなさい。
　オヤスミヤンセ
⑥すみません：詫びる時。
　スンモハンジャシタ。すみませんでした。
　ゴブレサア　ゴアシタ。ご無礼様でございました。
　コラエッタモンセ。こらえてください。：目上へ
　コラエックィヤィ。こらえてください。：同等・目下へ
⑦すみません：礼を言う時。
　アィガトモシアゲモシタ：目上へ
　アィガトゴアシタ：同等・目下へ
　オーキニ：同等・目下へ
　スンモハンジャシタ
　メン　タシ
⑧すみません：頼む時。
　スンモハンドンカラ　タノンミャゲモンデ。すみませんけれども頼み上げ申しますので。
⑨おめでとう。
　オメデトゴザィモス
　ヨカ　コッ　オジャシタ。いいことでございました。
⑩元気でね。
　タッシャデ　オジャンセ　ナー。達者でいらっしゃいませ。：目上へ
　タッシャデ　ナー。達者でね。：同等・目下へ
　ゲンキ　シッ　オジャンセ。元気にしていらっしゃいませ。

2. (1)「ンベ」の話。(　)は省略された内容を補ったことを表す。[Track 18]
　話者は池田フサ子さん(1935年，鹿児島県日置郡伊集院町生まれ。収録時64歳)，入佐一俊さん(1934年，宮崎県小林市生まれ。収録時65歳)。1999年11月17日収録。
①アケビチュタ　コー　ヒラットガ。コンマエナ　ソィコソ　テレビデ　ユゴッタ。ホタ　アタィゲンヘンナ　ホラ　ムベチイワンジ　アン　ンベチュモシタ　ナー。
②ウチャ　テゲ　ヒラクノワ　ネコンベチュ。

③ネコンベチュタ　アタィゲンヘンナ　アオカト。アオカトガ　アンデヤ。ヒラットガ。ソヨ　ネコクソンベチュ。
①アケビというのは，こう(実が)開くのが。この前ね，それこそテレビで言っていた。それで，私の家のあたりは，ほら，ムベと言わないで，あの，ンベと言いましたねえ。
②うちはだいたい，(実が)開くのはネコンベと言う。
③ネコンベというのは，私の家のあたりは，青いの(を指す)。青いのがあるからね。(実が)開くのが。それをネコクソンベと言う。
(2)「節句」の話。(　)は省略された内容を補ったことを表す。[Track 18]
　話者は池田フサ子さん(収録時66歳)。入佐一俊さん(収録時67歳)。浜田順子さん(鹿児島県国分市生まれ)。2001年11月21日収録。
①Ａ：ムカシャ……。
②Ｂ：ヒシモチトカ　ナンカ　カザッタ　カナ。
③Ｃ：アマザケワ……。
④Ａ：アマザケワ　ツクッテ　マア　シオィオシタドンナー。
⑤Ｃ：アマザケト　フツノモッモ　アッタヨナ　カンジガ……。
⑥Ａ：フッノ　モチャー。フッノモット　コメンモット　アカモット　マルモチデ。ヤドヘンナ　ヒシモチテラ　センカッタヨ。
⑦Ｂ：コガ　オウマレヤシタ　トキャ　コーハクノ　モチオ　ツクルデスヨ。ショクベニオ　イレテ。
⑧Ｂ：ヒガンワ……。
⑨Ｃ：コレ　ヒガント……。
⑩Ｂ：ヒガンダゴチュトワ……。
⑪Ａ：ヒガンダゴオ　スィバッカィ。ソヤ　ベツニ……。
⑫Ｂ：ヒガンダゴチャ　イケナトオ　ツクィオシタ　デスカ。
⑬Ａ：ヒガンダゴワ　イヤ　コムッノコーデ　シゴシタィ　ナー。
⑭Ｂ：ハー。
⑮Ａ：コムギコオ　シタィ。モチョ　チッ　トコィモ　アシタ　ナー。
⑯Ｂ：ハー。
⑰Ａ：モ　ソヤ　シロモチバッカィ。ヒガンダゴ　チュタラ。ソィコソ　ヒガンダゴチコン　カライモンモッノヨナトオ　シタィ　ナー。
①Ａ：昔は……。
②Ｂ：ひし餅とか何か飾ったかな。
③Ｃ：甘酒は……。
④Ａ：甘酒は作って，まあ(ひな祭りを)しておりましたけどねえ。
⑤Ｃ：甘酒とフツ(蓬)の餅もあったような感じが……。
⑥Ａ：フツ(蓬)の餅。フツ(蓬)の餅と米の餅と赤餅と丸餅で。私の家の辺りでは，ひし餅などはしなかったよ。
⑦Ｂ：子がお生まれになった時は紅白の餅を作るんですよ。食紅を入れて。
⑧Ｂ：彼岸は……。
⑨Ｃ：これ　彼岸と……。
⑩Ｂ：彼岸団子というのは……。
⑪Ａ：彼岸団子をするばかり(するだけ)。それ以外には……。
⑫Ｂ：彼岸団子というのは，どのようなのを作っておられましたか。
⑬Ａ：彼岸団子は，いや，小麦の粉でしていましたよね。
⑭Ｂ：はー。

⑮A：小麦粉をしたり。餅を搗くところもありましたねえ。
⑯B：はー。
⑰A：もう，それは白餅ばっかり。彼岸団子といったら。それこそ，彼岸団子というのは，このカライモの餅のようなのをしたり，ねえ。

3. 鹿児島県上甑町瀬上方言[Track 18]
　話者は森尾照彦さん(1932年生まれ。収録時68歳)，木原辰雄さん(1917年生まれ。収録時83歳)，柳是一さん(1929年生まれ。収録時71歳)，大良ソノエさん(1923年生まれ。収録時77歳)，浜田広三さん(1925年生まれ。収録時75歳)，松田喜三さん(1930年生まれ。収録時70歳)，大良照雄さん(1925年生まれ。収録時75歳)，浜田セキノさん(1927年生まれ)。生地はみなさん薩摩川内市上甑町瀬上。2000年9月16日収録。
①ハナゲー　ナエ。裸になれ。
②キョーネー。兄弟。
③カーニ　ヂャー。火事だ。
④ヒンニーバ　マグーユ。肘を曲げる。
⑤キーヌノ　チーレ。傷がついて。
⑥クーヌガ　チヤガッチョ　アー。屑が散らかっている。
⑦ツーキガ　デラー。月が出た。
⑧イロガ　ウナイラ。糸がもつれた。
⑨クーヂノ　トガ。口が太い(大きい)。
⑩ネーヅノ　アット。熱があるよ。
⑪アブヤガ　ナガゴド　ナッター。油がなくなった。
⑫コモイバ　スー。子守をする。
⑬イモロガ　トーイ　オーユ。妹が一人いる。
⑭ワライィエ。綿入れ。
⑮イヨノ　キイェーカー。色がきれいだ。

[琉球語] / 西岡　敏

　首里方言を収録した。話者は伊狩典子さん(1931年，首里儀保生まれ。収録時79歳)。2010年7月27日収録。
1. うちなーぐち基本会話例[Track 19]
①こんにちは。
　　チュー　ヲゥガナビラ。
　　ミウンチ　ヲゥガナビラ。(女性・丁寧な言い方)
②ごめんください。
　　チャービタン。
　　チャービラタイ。(女性)
　　チャービラサイ。(男性)
③いらっしゃいませ。
　　メンシェービティー。
④お願いします。
　　ウニゲーサビラ。
⑤いただきます。
　　クヮッチーサビラ。

⑥ごちそうさま。
　　クヮッチーサビタン。
⑦とてもおいしかったです。
　　イッペー　マーサイビータン。
⑧ありがとうございます。
　　ニフェーデービル。
⑨お出かけですか。
　　ピチカイル　メンシェービーガヤー？
⑩気をつけて行ってらっしゃい。
　　チー　チキティ　メンシェービリヨー。
⑪遅れて失礼しました。
　　ウクリティ　グブリーナトーイビーン。
⑫教えてくださいね。
　　ナラーチ　ウタビミシェービリ。
⑬今日はよくがんばりましたね。
　　チューヤ　ユー　チバミシェービタンヤー。
⑭失礼します。
　　グブリーサビラ。
⑮お元気で。
　　ウガンジューサ　シミシェービリ。

2. 挨拶ことば[Track 20]
①おはようございます。
　　ウキミシェービティー。（早朝に限る）
　　ウウキミシェービティー。（早朝に，丁寧）
②こんにちは。
　　チュー　ヲゥガナビラ。（時間に関係なく）
　　ミウンチ　ヲゥガナビラ。（時間に関係なく，丁寧）
③いらっしゃいませ。
　　メンシェービティー。
④はじめまして。
　　ハジミティ　ウィーチェー　ヲゥガナビラ。
⑤また，おめにかかりましょう。
　　マタ，クヌアトゥ，ウィーチェー　ヲゥガナビラ。
⑥さようなら。
　　グブリーサビラ。
⑦お疲れになったでしょう。
　　ヲゥタミシェービタラヤー。
⑧お元気で。
　　ウガンジューサ　シミシェービリ。
⑨気をつけてお帰りください。
　　チー　チキティ，メンシェービリヨー。
　　ユー　ククリティ　ウムドゥミシェービリ。（丁寧）

3. 話しかける時[Track 21]
①すみませんが，……
　　グブリー　ヤイビーシガ，……

②ご用件は何でしょうか。
　　ユージュムチェー, ヌーヤイビーガヤー？
　　チャヌヨーナ　ユージュヤイビーガヤー？
③何かお困りですか。
　　チャー　シミシェービタガ？
④○○さんでいらっしゃいますか。
　　○○サン, ヤミシェービーミ？
4. 質問する時[Track 22]
①お名前は何と言いますか。
　　ナーヤ　ヌーンディ　イャビーガ？
　　ウナーヤ　ヌーンディ　イミシェービーガ？（丁寧）
②どちらにお住まいですか。
　　ヤーヤ　マーヤイビーガ？
　　マーヲゥティ　クラシガタ　ソーミシェービーガ？（丁寧）
③出身はどこですか。
　　ゥンマレー　マーヤイビーガ？
④お仕事は何をなさっていますか。
　　シクチェー　ヌー　ソーミシェービーガ？
⑤ご家族の構成はどうなっていますか。
　　ヤーニンジョー　イクタイ　ヤイビーガ？
　　ヤーニンジョー　イクタイ　メンシェービーガ？（丁寧）
5. 応答する時[Track 23]
①はい／いいえ
　　ウー／ヲゥーヲゥー
②何とおっしゃいましたか。
　　ヌーンディ　イミシェービタガ？
③もう一度お願いします。
　　ナー　イチドゥ　ウニゲーサビラ。
④よろしいですよ。
　　ユタサイビーンドー。
⑤はい, かしこまりました。
　　ウー, ワカヤビタン。
⑥ちょっと無理かと思います。
　　ウムヨーグヮー　ムチカサランディ　ウマーリヤビーン。
⑦よくわかりません。
　　ユー　ワカヤビラン。
⑧申し伝えます。
　　ウンヌキトーチャビーン。
⑨もう一度, おこし願えませんか。
　　ナー　イチドゥ　メンシェービリヨー。
　　グミンドーヤイビーシガ, ナー　イチドゥ　メンソーチ　ウタビミシェービランガヤー？（丁寧）
6. 場所を教える時[Track 24]
①まっすぐ行って, 角を左(右)に曲がったところです。
　　マットーバ　ゥンジ, カドゥ　フィジャイ(ニジリ)ンカイ　マガタル　トゥクル　ヤイ

ビーン。
②その件なら総合案内所です。
　　ウヌクトゥヤレー，ソーゴーアンナイショヤイビーン。
③レストランは，○○ホテルの3階にあります。
　　レストラノー，○○ホテルヌ　サンケーン，カイ　アイビーン。
④自動販売機は，2階，エレベーターに向かって右側にあります。
　　ジドーハンバイケー，ニーケー，エレベーターンカイ　ンカティ　ニジリムティーンカイ　アイビーン。
⑤コンビニエンスストアーは，○○銀行の向かい，那覇に向かって左側にあります。
　　コンビニエンスストアーヤ，○○ギンコーヌ　タンカー，ナーフゥンカイ　ンカティ　フィジャイバランカイ　アイビーン。
7. 手続きを教える時［Track 25］
①この（あの）用紙に記入してください。
　　クヌ（アヌ）　カビンカイ　カチミシェービレー。
　　クヌ（アヌ）　カビンカイ　カチ　ウタビミシェービリ。（丁寧）
②しばらくお待ちください。
　　イチットゥチ，マッチョーチミシェービリ。
　　イチットゥチ，マッチョーティ　ウタビミシェービリ。（丁寧）
8. お礼の表現［Track 26］
①ありがとうございます。
　　ニフェーデービル。
②ありがとうございました。
　　ニフェーデービタン。
③どういたしまして。
　　ヲゥーヲゥー。（にこっと笑顔で答える）
9. お詫びの表現［Track 27］
①失礼しました。
　　グブリー　ナイビタン。
②お待たせして，失礼しました。
　　ウマチシミソーラチ，グブリー　ナイビタン。
③遅れて，失礼しました。
　　ウクリティ，グブリーナトーイビーン。
④お話し中，失礼ですが，……
　　ウハナシソーミシェーニ，グブリーヤイビーシガ，……
⑤お手数をおかけして，すみません。
　　グミンドー　ウカキッシ，グブリーナトーイビーン。
⑥お役に立てなくて，すみません。
　　ウヤクニ　タチューサビラン，グブリーナトーイビーン。
10. その他の日常会話［Track 28］
①ごきげんいかがですか。
　　ウクタンディン　ネービランガヤー？
　　ウクタンディン　サーミシェービランガヤー？
②沖縄方言はよくわからないので，教えてくださいね。
　　ウチナーグチェー　アンスカ　ワカヤビランクトゥ，ナラーチ　ウタビミシェービリ。
③お召し上がりください。

ウサガミシェービリ。
ウサガティ　ウタビミシェービリ。
④お熱いうちに，お召し上がりください。
ウカニヌ　サートーイニ，ウサガティ　ウタビミシェービリ。
⑤いい天気ですね。
ヰー　ウヮーチチ　デービル。
⑥明けましておめでとうございます。
ヰー　ソーグヮチ　デービル。
アキマドゥシ　ンケーティ，ウユルクビ　ウンヌキヤビーン。
11. 場所を示すことば [Track 29]
　クマ。ここ
　ゥンマ。そこ
　アマ。あそこ
　クマリカー，クリカー。この辺
　ゥンマリカー，ウリカー。その辺
　アマリカー，アリカー。あの辺
12. 数の数え方（カッコ内は速読み）[Track 30]
　　　　沖縄語　　　　　　　共通語
　ティーチ(ティー)。　　ひとつ(一つ)
　ターチ(ター)。　　　　ふたつ(二つ)
　ミーチ(ミー)。　　　　みっつ(三つ)
　ユーチ(ユー)。　　　　よっつ(四つ)
　イチチ(イチ)。　　　　いつつ(五つ)
　ムーチ(ムー)。　　　　むっつ(六つ)
　ナナチ(ナナ)。　　　　ななつ(七つ)
　ヤーチ(ヤー)。　　　　やっつ(八つ)
　ククヌチ(ククヌ)。　　ここのつ(九つ)
　トゥー(トゥー)。　　　とお(十)
13. 人数の数え方 [Track 31]
　チュイ。　　　　　　ひとり(一人)
　タイ。　　　　　　　ふたり(二人)
　ミッチャイ。　　　　さんにん(三人)
　ユッタイ。　　　　　よにん(四人)
　グニン。　　　　　　ごにん(五人)
　ルクニン。　　　　　ろくにん(六人)
　シチニン。　　　　　しちにん(七人)
　ハチニン。　　　　　はちにん(八人)
　クニン。　　　　　　きゅうにん，くにん(九人)
　ジューニン。　　　　じゅうにん(十人)
14. 月の数え方 [Track 32]
　ソーグヮチ。　　　　いちがつ(一月・正月)
　ニングヮチ。　　　　にがつ(二月)
　サングヮチ。　　　　さんがつ(三月)
　シングヮチ。　　　　しがつ(四月)
　グングヮチ。　　　　ごがつ(五月)

ルクグヮチ。	ろくがつ(六月)
シチグヮチ。	しちがつ(七月)
ハチグヮチ。	はちがつ(八月)
クングヮチ。	くがつ(九月)
ジューグヮチ。	じゅうがつ(十月)
シムチチ。	じゅういちがつ(十一月・霜月)
シワーシ。	じゅうにがつ(十二月・師走)

索　引

【ア行】
アイヌ語　15
アイヌ政策推進会議　16
アイヌの先住民族認定を求める決議　16
アイヌ文化振興・研究推進機構　16
アイヌ文化振興法　16
あいのしゅく　140
合の宿　140
青物市場　141
阿嘉・慶留間方言　208
秋田方言モーラ表　68
あきづ　215
アクセントの解説　142
アクセントの下がり目の移動の減少　149
アスペクト　175,183
アスペクト・テンス体系　69
東歌　154
麻生玲子　274
頭高型の減少　148
当て漢字　213
奄美語　206
奄美諸島　204
奄美方言　208
淡路島　44
淡路のことば　54
阿波弁　44
暗記　226
伊江島方言　209
石垣方言　218
いじょく　150
居職　150
伊是名島　217
已然形　216

イ段音　192
一時的状態　253,255,256
一時的存在　177
一寸法師　144
イッスンボシ③　144
糸満　210
伊波普猷　206,218,227
伊平屋島　217
意味処理　249,251
意味転化　62
移民社会　224
移民送出県　41
イメージ言語　83
イル　175
インターネット　225
韻文　224
韻文的表現　221
受身文　214
ウ段音　192
ウチナーヤマトゥグチ　223
ウルトラマン　225
ウンタマギルー　226
英語　211,228,266
英語の進行形　174
詠嘆　159
エスノセントリズム　221
江戸語の形成　43
江戸方言　241,242
江戸町奉行支配地　137
海老原志穂　278
沿岸方言　40
おあてくださいましよ　143
大神島　211
大神方言　212
大きいばった　140

小木新造　137
沖縄学　218
沖縄県　205
沖縄語　203, 206
沖縄古典語　218
沖縄芝居　224
沖縄諸島　204
沖縄戦　220
沖縄対話　219
沖縄中南部方言　204, 224
沖縄北部方言　209
沖縄文字　213
沖永良部島　210
オシロコ　147
オーストラリア原住民語学　265
尾高型の減少　148
おっかさん③　142
オッカサン③　144
おつもり(になる)　140
オート　140
音が詰まる　191, 194
おとっつぁん②　142
オトッツァン②　144
オビョー①しめる②　145
オメーサマワ０　143
オメーッチ　143
オモ]イキル　150
おもろさうし　218, 224
居り　216
オル　176
折れ口　141
おわす　217
音韻　277
音節文字　213

【カ行】
外国語　228
開始の時間限界　179
開始前の段階　180
開拓民　41
外的な終了限界　181

外来語の使用　41
係り結び　164
ガ行鼻音　145
カ行変格活用　126
拡張他動詞文　250
格の二重表示　167
格の明示の厳格化　167
歌劇　224
加計呂間島　209
過去形　184
鹿児島方言のアクセント　201
過去の「き」　163
過剰適用　121
仮想方言　69
活格型　109
学校教育　219
カッツァライ０　144
仮定形のアクセントのずれ　149
仮名表記　213
可能動詞形　238
上方方言　241, 242, 243
上甑島瀬上方言　197
カムチャツカ半島　15
からいも普通語　202
樺太　15
漢字仮名交じり表記　213, 222
完成　172, 173
完成後　172, 173
完成相　216
完成前　172, 173
間接目的語　105, 107
感嘆文　159
関東大震災　138
漢文　207
完了の助動詞「り」　216
消えつつある言葉　140
喜界　211
危機言語　206
北前船　39
北やんばる地域　211
北琉球方言群　204, 216

索引　307

喜納昌吉＆チャンプルーズ　226
機能負担の平準化　238
宜野座村　208
宜野湾市大山　210
規範主義　236
起伏型動詞＋動詞の複合動詞のアクセントが平板型から中高型へ　149
起伏式形容詞の連用形　149
疑問の係り結び　164
共感理論　123
供給の関係　119
強調の係り結び　164
共通語化　43
共謀　121
享保年間の総人口　138
キリル文字　195
金城哲夫　225
近代化　207
金田一春彦　148,266
金武町　208
久志・辺野古　208
屈折形態法　124
国頭語　206
組踊　218,224
クリル諸島　15
玄人　141
（ウイレム・）グロータース神父　266
グロットグラム調査　76
くろと　141
グローバル化　222
敬意の逓減　218
経験者格　106
形態　277
形容詞のエ段連体形　154
言語再活性化運動　274
言語消滅の危機と言語再活性化　265
言語政策　219
言語的多様性　6,9
言語の危機の度合い　4
言語破産　218
言語復活運動　275

言語保持運動　275
言語類型論　265
検定試験　228
コ]キツカウ　150
語彙　277
語彙音韻論　123
御維新　138
硬音記号　196
硬化　112
口蓋化　210
講釈場　141
恒常的状態　253
口承文芸　223
構造的類縁性　5
喉頭化音　208,212
候補連鎖理論　123
語学教育　228
古語　215
語中の狭母音音節　192
古典語　217
孤島苦　206
ことばと文化　27
ことわざ　221
個別的な訛り　147
駒形　143
コマカタ0　143
語末子音　209
語末の狭母音　192
コマンド−0　143
古文書のアイヌ語　23
コンクール　228
ゴンザ　194
痕跡　180

【サ行】
再活性化　223
再活性化運動　224,227
再生　228
最適性理論　120
防人歌　154
冊封体制　204

佐々木冠　274
札幌　42
薩摩語　195
薩摩侵入　204
サハリン　15
「ざーます」ことば　147
佐和田方言　212
三点セット　277
賛美歌　227
散文　207
子音終わりの単語　209
時間限界　178
歯茎音　199
歯茎音の弱化　199
寺社奉行支配地　137
自称詞　27
持続性の中和　117, 119
舌先母音　212
実地調査　24
シテアル　173, 183
シテイル　173, 183
時点　214
辞典　222
自動詞主語　266
自動詞文　266
シトル　172
シマ　221
姉妹語　203
島痛み　206
しまくとぅばの日　224
シマチャビ　206
下地勇　226
下地理則　274
斜格主語　105, 107
しゃくば　141
シュ・ジュの直音化現象　146
終止形　216
集団移住　62
周辺　215
終了の時間限界　179
主格　266

主格・対格型　266
朱引内　137
首里方言　204, 214, 216
上位江戸方言　244
助詞「に」　214
ショル　172
白沢なべ　25
ジルバル語　278
素人　141
しろと　141
新オモロ　227
唇音弱化　116
進行過程　179
進行相　216
人頭税　205
新聞　225
新方言　43
衰退しない訛り　145
衰退する訛り　145
推量　66
推量のナモ　160
鈴木孝夫　27
スピーチコンテスト　226
墨引内　137
スル　172
生成音韻論　120
成節的な子音　211
成層最適性理論　123
正統性　228
声門閉鎖音　191, 208
舌先母音　212
狭母音　192, 194
狭母音音節　192
狭母音化　207
狭母音の脱落　196, 197
狭母音の無声化　192, 196, 197
瀬良垣方言　209
セリフ劇　224
全国共通語の影響　42
先住民族　15
戦争体験　226

索 引　309

相互理解可能性　4,6
促音の挿入　147
祖語　211
祖国復帰　226
尊敬語　217
存在を表す動詞　175

【タ行】
第1中止形　217
第2中止形　217
第3中止形　216
対格　266
対格型　109
待遇表現　27
ダイグロシア　241,243
体言締め文　270
第三下町　244,245
第三類動詞　32,33
対称詞　27
高嶺剛　226
タ行子音　199,200
ダ行子音　198,199,200
濁音　211
竹富方言　212
他家の葬式　141
多言語的　226
奪取の関係　119
脱方言島　243
他動詞主語　266
他動詞文　266
他動詞目的語　266
他動性交替　8
田村すず子　279
多様性　228
多良間方言　212,218
炭鉱地帯　41
団体入植　44
談話文脈　233
地域アイデンティティ　79
地域共同体　221
知識文脈　233

千島列島　15
千田俊太郎　278
千歳方言　25
知名定男　226
知名町　211
チベット語アムド方言　278
地方共通語　56
地方語　213
中止形　216
忠実性制約　121
中舌母音　24,209,212
中立格　268
中立型　109,268
超神ネイガー　226
長母音　189
地理×年齢調査　76
筒っぽ　144
つとめて　215
角田太作　279
強めの意味を持つ起伏型動詞＋動詞の複
　合動詞　149
ディクソン, R.M.W.　278
テキスト　222,277
照屋林賢　226
伝承者　228
テンス　175
デンボイン①　145
伝法院　145
東京旧市内　138
東京区分図　139
東京新方言　60
東京大空襲　138
東京地区対照表　139
東京都区画図　139
東京の下町方言　190
東京弁アクセントの減少　147
東京弁辞典　140
東京弁の生命　140
東京　137
同系性　4
統語　277

310 索　引

動作の行き着く先　214
動作の時点　215
動作の目的　215
動詞　177
動詞述語文　270
動詞のオ段連体形　156
動詞のノマロ形　158
道南方言　40
東北地方　15
東北方言　66, 190, 200
透明な関係　119
徳島藩　44
特定時における具体的な出来事　184
独立性のない「ィ」　192
とじ　215
ドム語　278
トリコエ　143
鳥越　143
屯田兵　41

【ナ行】

なる　215
内的再構　257
内破音　191
長い母音　189
中舌母音　24, 212
仲宗根政善　220
長浜方言　212
長母音　189
中やんばる地域　211
今帰仁村　210
名瀬方言　209
南奥方言　66
軟音記号　196
二型アクセント　201
西日本方言　216, 223
西日本由来の語　51
二重敬語　237
二重ヲ格制約　111, 240, 247
鰊漁　40
日常語　215

日琉祖語　207, 216
日本語　203
日本語会話入門　196
日本語の多様性　86
人魚構文　270
人称代名詞　266
ネオ方言　7
ネーネーズ　226
能格型　109

【ハ行】

廃藩置県　219
ハ行音　209
歯茎音　199
歯茎音の弱化　199
破擦音化　210
はしょ②渡る　142
ハショー②渡る　145
派生形態法　124
撥音の脱落　147
波照間方言　212, 272
パーマー，アルフ　275
ハレ　223
ハワイ　224
反規範主義　236
反供給型の不透明性　118
反奪取型の不透明性　119
坂東声　241, 242
汎用性　221
比較言語学　216
東をシガシ　145
比嘉豊光　226
引き音の脱落　147
ヒース，ジェフリー　277
否定推量　126
非文　235
表記　68
標準語　172, 182, 203, 213
標準語化　76, 78
標準語教育元年　220
標準語の影響　42

索　引　311

ファミレス・コンビニ用語　62
フォークロリズム　79
不完全適用　121
フキッツァラシ⓪　144
二つ仮名　200
二つ仮名弁　114
不透明な関係　118
ふるさと資源　79,82
プレステージ　40
文体　269
文法　277
文法化　216
文法書　222
米軍　220
平板式形容詞終止形が中高型　149
へへのの③もへじ⓪　143
変化結果　179
変容方言　7
ボアズの伝統　277
母音・半母音の連続　189
母音間閉鎖音の有声化　113
母音体系　212
母音の長短の区別　24
母音の無声化　145
母音の連続　190
方言　204
方言イベント　82
方言矯正　81
方言区画論　65
方言グッズ　82
方言語彙理解度調査　74
方言コンプレックス　80
方言詩　225
方言辞典　222
方言島　242
方言収録事業　67,81
方言ニュース　225
方言による命名　85
方言の価値　86
方言の危機　78
方言の島　210

方言の集積体　203,228
方言ブーム　56
方言蔑視　219
抱合　29,32
北奥方言　66
ポジティブ・ポライトネス　233
補助動詞　216
ポストクリオール連続相　242
北海道　15
北海道旧土人保護法　16
北海道地域共通語　41
ポリグロシア　242

【マ行】
真喜志康忠　225
巻き舌　146
摩擦音化　211
摩擦的躁音　212
マスメディア　225
マッツグ③　144
松原敏夫　225
松前藩　39
万葉集　221
短い母音　189
水海道方言　271
南琉球方言群　204,213,217
宮古語　206,225
宮古諸島　204
宮古方言　211,212
宮島達夫　279
民族　15
民族中心主義　221
民話集　222
無気喉頭化音　208
麦茶　141
ムキミヤサンテ⓪　144
麦湯　141
無声化　113,114,118,192,194,212
無生物　271
名詞　268
名詞述語文　270

命令形　216
召しおわる　218

【ヤ行】
八重山語　206
八重山諸島　204
八重山方言　212
やじょく　150
屋職　150
やっちゃば　141
有情物の空間的な存在　175
有生性　102
有生物　271
有声閉鎖音　211
勇足地区　54
勇足弁　55
有標性制約　121
ユネスコ　3,206
用法拡大　62
与格　105
吉屋チルー物語　225
四つ仮名　200
与那国語　206
与那国方言　208,212
与論　211

【ラ行】
ライマンの法則　116
ラ行音の撥音化と促音化　146
ラ行子音　199
ラ行動詞化　217
ら抜きことば　235,238,239
琉歌　224
琉球音楽　226,228
琉球空手　228
琉球語　203
琉球国　204
琉球語の教科書　221
琉球士族　219
琉球祖語　216
琉球舞踊　228

琉球文化　228
琉球方言　203
琉球列島　203
琉神マブヤー　226
りんけんバンド　226
連体修飾格　104
連濁　112,115
連母音の融合　147
連用形　217
露日語彙集　196

【ワ行】
話者の言語の形成　140
話者の生活環境　150
和泊町　211
和文候文　207
ワロゴ語　275
をり　216

【記号】
18世紀初頭の薩摩語　196
18世紀の薩摩語　197
3項型　109

【B】
B級グルメ　83
bleedingの関係　119
(The) Boasian traditon　277

【C】
Candidate Chain Theory　123
conspiracy　121
counter-bleeding型の不透明性　119
counter-feeding型の不透明性　118

【D】
Dixon, R.M.W.　278
Dom　278
Dyirbal　278

索　引　313

【F】
feedingの関係　119

【H】
Heath, Jeffrey　277

【L】
Lexical Phonology　123

【M】
[mma]　145
[mme]　145
[mmoれる]　145

【N】
[ni]の母音脱落　146
[no]の母音脱落　146

【O】
opaqueな関係　118
Optimality Theory　120

overapplication　121

【P】
Palmer, Alf　275

【S】
Stratal-OT　123
Sympathy Theory　123

【T】
Thomas, Pellard　279
transparentな関係　119

【U】
Uemura Yukio　279
underapplication　121

【W】
World Atlas of Language Structures　109

執筆者紹介

秋永　一枝（あきなが　かずえ）
　1928年生まれ
　早稲田大学大学院文学研究科博士課程修了
　早稲田大学名誉教授　博士（文学）
　第Ⅱ部第5章執筆

加藤　重広（かとう　しげひろ）
　1964年生まれ
　東京大学大学院人文社会系研究科博士課程修了
　北海道大学大学院文学研究科教授　博士（文学）
　第Ⅲ部執筆

金田　章宏（かねだ　あきひろ）
　1955年生まれ
　埼玉大学教養学部卒業
　千葉大学大学院人文社会科学研究科教授　博士（文学）
　第Ⅱ部第6章執筆

木部　暢子（きべ　のぶこ）
　1955年生まれ
　九州大学大学院文学研究科修士課程修了
　国立国語研究所教授　博士（文学）
　第Ⅱ部第8章執筆

工藤真由美（くどう　まゆみ）
　1949年生まれ
　東京大学大学院人文科学研究科博士課程修了
　大阪大学大学院文学研究科教授　博士（文学）
　第Ⅱ部第7章執筆

佐々木　冠（ささき　かん）
　1966年生まれ
　筑波大学大学院文芸・言語研究科博士課程修了
　札幌学院大学経営学部教授　博士（言語学）
　第Ⅰ部・第Ⅱ部第4章執筆

佐藤　知己（さとう　ともみ）
　1961年生まれ
　北海道大学大学院文学研究科博士課程修了
　北海道大学大学院文学研究科教授
　第Ⅱ部第1章執筆

菅　泰雄(すが　やすお)
　1951年生まれ
　北海道大学大学院文学研究科博士課程修了
　北海学園大学人文学部教授
　第Ⅱ部第2章執筆

角田　太作(つのだ　たさく)
　1946年生まれ
　Monash 大学大学院言語学科博士課程修了
　国立国語学研究所教授　PhD
　第Ⅳ部執筆

西岡　敏(にしおか　さとし)
　1968年生まれ
　東京大学大学院人文社会系研究科博士課程修了
　沖縄国際大学総合文化学部教授　博士(文学)
　第Ⅱ部第9章執筆

日高　水穂(ひだか　みずほ)
　大阪大学大学院文学研究科博士課程修了
　関西大学文学部教授　博士(文学)
　第Ⅱ部第3章執筆

呉人　惠（くれびと　めぐみ）
　1957年に山梨県甲府市に生まれる
　東京外国語大学大学院外国語学研究科アジア第一言語専攻（修士課程）修了，北海道大学文学部助手，富山大学人文学部助教授をへて，現在，富山大学人文学部教授　博士（文学）（北海道大学）
主　著　『モンゴルに暮らす』（1991，岩波新書），『怒れる神との出会い　情熱の言語学者ハリントンの肖像』（訳，キャロベス・レアード著，1992，三省堂），『危機言語を救え――ツンドラで滅びゆく言語と向き合う』（2003，大修館書店），『コリャーク言語民族誌』（2009，北海道大学出版会）

日本の危機言語――言語・方言の多様性と独自性
2011年6月25日　第1刷発行

編　者　呉人　惠
発行者　吉田克己

発行所　北海道大学出版会
札幌市北区北9条西8丁目 北海道大学構内（〒060-0809）
Tel. 011(747)2308・Fax. 011(736)8605・http://www.hup.gr.jp/

㈱アイワード　　　　　　　　　　　　　© 2011　吉田　克己

ISBN978-4-8329-6747-2

コリャーク言語民族誌	呉人 惠著	A5・398頁 価格7600円
言語研究の諸相 —研究の最前線—	北大文学研究科 言語情報学講座編	A5・304頁 価格6600円
北のことばフィールド・ノート —18の言語と文化—	津曲敏郎編著	四六・276頁 価格1800円
知里真志保 —人と学問—	北大北方研究 教育センター編	四六・318頁 価格3400円
ことばについて考える	北海道大学放送 教育専門委員会編	A5・168頁 価格1600円
言葉のしくみ —認知言語学のはなし—	高橋英光著	四六・220頁 価格1600円
イタクカシカムイ〈言葉の霊〉 —アイヌ語の世界—	山本多助著	菊判変・186頁 価格2600円
ペルシア語が結んだ世界 —もうひとつのユーラシア史—	森本一夫編著	A5・270頁 価格3000円
ウイルタ語辞典	池上二良編	A5・320頁 価格9700円
北東アジアの歴史と文化	菊池俊彦編	A5・606頁 価格7200円
東北アジア諸民族の文化動態	煎本孝編著	A5・580頁 価格9500円
ツングース・満洲諸語資料訳解	池上二良編	B5・532頁 価格13000円
西フリジア語文法 —現代北海ゲルマン語の体系的構造記述—	清水誠著	A5・830頁 価格19000円
ロマンス語再帰代名詞の研究 —クリティックとしての統語的特性—	藤田健著	A5・254頁 価格7500円
英語学と現代の言語理論	葛西清蔵編著	A5・288頁 価格5600円
環北太平洋の環境と文化	北海道立北方 民族博物館編	A5・328頁 価格5700円
アイヌ研究の現在と未来	北大アイヌ・先住民 研究センター編	A5・358頁 価格3000円
アイヌ絵を聴く —変容の民族音楽誌—	谷本一之著	B5・394頁 価格16000円

北海道大学出版会

価格は税別